2022 年第 1 辑

价值论研究
RESEARCH ON AXIOLOGY

2022，No.1

孙伟平　陈新汉/主编
上海大学价值与社会研究中心 /编
中国辩证唯物主义研究会价值论研究专业委员会

上海大学出版社
SHANGHAI UNIVERSITY PRESS

图书在版编目（CIP）数据

价值论研究.2022年.第1辑／孙伟平，陈新汉主编
.—上海：上海大学出版社，2022.8
ISBN 978-7-5671-4515-3

Ⅰ.①价… Ⅱ.①孙… ②陈… Ⅲ.①价值论（哲学）
—研究 Ⅳ.①B018

中国版本图书馆 CIP 数据核字（2022）第 147832 号

责任编辑　王悦生
封面设计　柯国富
技术编辑　金　鑫　钱宇坤

价值论研究（2022 年第 1 辑）

孙伟平　陈新汉　主编

上海大学出版社出版发行
（上海市上大路 99 号　邮政编码 200444）
（https://www.shupress.cn　发行热线 021-66135112）
出版人　戴骏豪

*

南京展望文化发展有限公司排版
上海华业装璜印刷厂有限公司印刷　各地新华书店经销
开本 710mm×1000mm　1/16　印张 15　字数 230 千
2022 年 8 月第 1 版　2022 年 8 月第 1 次印刷
ISBN 978-7-5671-4515-3/B·127　定价　79.00 元

版权所有　侵权必究
如发现本书有印装质量问题请与印刷厂质量科联系
联系电话：021-56475919

《价值论研究》编委会

主　　　任　李德顺
副 主 任　孙伟平　陈新汉
委　　　员　（按姓氏笔画为序）
　　　　　　马俊峰　王天恩　文　兵　尹　岩
　　　　　　冯　平　宁莉娜　刘进田　闫坤如
　　　　　　江　畅　孙伟平　李德顺　邱仁富
　　　　　　汪信砚　陈新汉　胡海波　段　勇
　　　　　　黄凯锋　韩　震

主　　　编　孙伟平　陈新汉
副 主 编　尹　岩　邱仁富　刘　冰
执 行 编 辑　（按姓氏笔画为序）
　　　　　　伏志强　杨　丽　吴立群　张亚月
　　　　　　张艳芬　张响娜　赵　柯　姚毅超
　　　　　　夏晨朗　彭学农

名家访谈

价值论研究：路径依赖和中国实践
　　——黄凯锋教授采访录 ················· 黄凯锋　陈新汉 / 003

我国价值论研究主要著作巡礼

"价值王国"的探索者
　　——读李连科的《世界的意义——价值论》 ············· 杨　丽 / 031

社会主义核心价值观研究

偏向与守正
　　——社会主义核心价值观践行的长效监管机制研究
　　··························· 吴增礼　肖　佳 / 045
新时代高校思政课教师价值引领论析 ············· 李怀杰 / 061
近年来社会主义核心价值观根基研究述评 ··········· 焦　娇 / 074
论中国传统家训涵养社会主义核心价值观的理论逻辑 ····· 金莉黎 / 088

价值论基础理论研究

论马克思主义的价值立场、思维方式及其辩证统一
　　··························· 徐国民　缪　英 / 103
新时代我国意识形态理论总问题的研究维度及其实践效应
　　··························· 张国启　谭　琴 / 123

文化与价值研究

"后真相"时代的价值共识困境及对策 …………… 刘宝福　尚培筠 / 137
施特劳斯论审慎与隐微主义 ……………………………… 赵　柯 / 146
影响现代家庭责任担当的三重变奏与贯通化解 …………… 漆仲明 / 157
浅论家庭的现代演变与启示 ………………………………… 骆月明 / 173
道德属性与第二性
　　——简论麦克道威尔对唯科学论的反思 ……………… 袁　褚 / 182

价值实践问题研究

"人类卫生健康共同体"历史地位、价值原则及理论渊源 …… 贺善侃 / 195
新时代党的领导方法创新与建设质量提升的价值意蕴 ……… 王金伟 / 206
后金融资本主义时代的信息剥削问题 ……………………… 姜浩正 / 222

Contents

Celebrity Interview

Research on Axiology: Path Dependence and Chinese Practice
— An Interview with Professor Huang Kaifeng
Huang Kaifeng and Chen Xinhan / 003

A Tour of the Main Works on the Study of Axiology in China

The Pioneer of "Value Kingdoms"
— Reading Li Lianke's *The Meaning of the World: Axiology*   *Yang Li* / 031

Research on Socialist Core Values

Bias and Righteousness: Research on the Long-Term Supervision
Mechanism for the Practice of Socialist Core Values
Wu Zengli and Xiao Jia / 045

Analysis on the Value Guidance of Ideological and Political Course
Teachers in Colleges and Universities in the New Era   *Li Huaijie* / 061

A Review of the Research on the Foundation of Socialist Core
Values in Recent Years   *Jiao Jiao* / 074

On the Theoretical Logic of Chinese Traditional Family Instruction
in Cultivating Socialist Core Values   *Jin Lili* / 088

Research on Basic Theory of Axiology

On the Value Position, Thinking Mode, and Dialectical Unity of
　Marxism　　　　　　　　　　　　　　　*Xu Guomin and Miao Ying* / 103
The Research Dimensions and Practical Effect of the General Problem of
　Ideological Theory in China in the New Era　*Zhang Guoqi and Tan Qin* / 123

Research on Culture and Value

The Dilemma and Countermeasures of Value Consensus in the
　"Post-Truth" Era　　　　　　　　　*Liu Baofu and Shang Peiyun* / 137
Leo Strauss on Prudence and Esotericism　　　　　　　　*Zhao Ke* / 146
The Triple Variation and the Comprehensive Solution Affecting
　the Modern Family Responsibilities　　　　　　　*Qi Zhongming* / 157
On the Modern Evolution and Enlightenment of the Family　*Luo Yueming* / 173
Moral Attribute and Secondary Qualities
　——Brief Discussion on McDowell's Reflection on Scientism　*Yuan Chu* / 182

Research on Value Practice

Historical Status, Value Principles, and Theoretical Origin of
　"Human Health Community"　　　　　　　　　　　*He Shankan* / 195
The Value Iimplication of the Innovation of the Party's Leadership
　Method and the Improvement of the Party's Construction Quality
　in the New Era　　　　　　　　　　　　　　　　*Wang Jinwei* / 206
Information Exploitation in the Post-Financial Capitalism Era
　　　　　　　　　　　　　　　　　　　　　　Jiang Haozheng / 222

名家访谈

Celebrity Interview

价值论研究：路径依赖和中国实践

——黄凯锋教授采访录

黄凯锋　陈新汉

【黄凯锋教授简介】黄凯锋，女，1968年4月生于江苏，研究员，博士生导师，上海社会科学院中国马克思主义研究所所长，全国辩证唯物主义研究会价值论专业委员会副会长。1998年毕业于中国人民大学，获哲学博士学位，同年供职于上海社科院。1998年7月至2004年11月在社科院邓小平理论研究中心从事学术研究工作，2000年被聘为副研究员。2004年12月至2007年5月，担任科研处副处长（挂职锻炼），兼任院青年学术交流中心主任，2005年底聘为研究员。2007年6月至2014年10月任党委宣传部部长，2013年8月至2014年3月赴美国费城Villanova大学访学。2014年11月至2016年12月，任上海社科院党政办公室主任，兼任上海社科院智库建设基金会秘书长。2017年1月至2018年6月，任哲学研究所副所长。个人主要著述有《价值论视野中的美学》（学林出版社2001年版）、《审美价值论》（云南人民出版社2005年版）、《价值论及其部类研究》（学林出版社2005年版）、《建设社会主义核心价值体系》（与唐志龙教授合作，上海人民出版社2007年版）、《变量共生、组合创新与意识形态——多维视野下的中国特色社会主义文化》（学林出版社2012年版）、《人文情思录》（学林出版社2013年版）、《安妥今生——信仰生活的价值观研究》

（上海社会科学出版社 2016 年版）。主编《当代中国价值观研究新取向》（学林出版社 2006 年版）、《价值观研究：国际视野与地方探索》（学林出版社 2014 年版）、《价值哲学：理论路径与中国实践》（上海社会科学出版社 2018 年版）、《当代国民素质现状与发展报告（2020）》（上海社会科学出版社 2021 年版）等。承担、组织和参与多项国家和上海市哲社规划项目。在《光明日报》《哲学动态》《求是》《马克思主义与现实》《社会科学》等刊物上发表论文数十篇。近年来，关注中国特色社会主义文化建设的理论和实践，关注上海思想文化创新研究，为相关主流媒体撰写多篇评论文章，主持、参与多项中宣部、国家高端智库和上海市委宣传部委托的专题研究项目。曾获中宣部"五个一"工程论文奖、上海市第十届网络理论宣传优秀成果奖、第十四届哲学社会科学优秀成果中国特色社会主义理论类著作二等奖（集体）、学科学术类著作二等奖（集体）。

陈新汉（以下简称"陈"）：从中国当代价值论研究来说，您是后起之秀，成果斐然。请结合学术经历说说您从事价值论研究的缘起？

黄凯锋（以下简称"黄"）：陈新汉教授邀请我参与这个"名家访谈"栏目，盛情难却，就当是给各位学界前辈和同行报告下我有缘加入价值论研究领域的一些认识和体会吧。

1992 年我考入中国人民大学哲学系读硕士，研究方向是美学。其间有机会听到李德顺教授价值论研究的专题讲座，正如后来一起读博的师兄孙美堂所言，李老师的课是思想的盛宴，入耳入脑也入心，幽默睿智且严谨，令我领受了价值论的理论之魅。正巧硕士导师蒋培坤先生叮嘱我多关注美学研究的方法论基础，自此我也就逐步留意 20 世纪 50 年代以来多次美学讨论的观点之争，包括背后的理论视野。及至 1995 年读博，成为李德顺教授的弟子，我才慢慢懂得感兴趣与术业专攻的距离，常常觉得吃力，看似明白，自己却时不时地把自己绕得云山雾罩，抽象思维的能力毕竟有限。还记得李老师提供了一份长长的中西方价值理论书单，带着我们跑中国社科院资料室，一本一本地啃，难免囫囵吞枣。根据我硕士阶段的学习基础，向李老师请教后，我确定以"价值论视野中的美学"为博士论文选题。当时的我还完全谈不上对价值论本身有什么思考，只是花了不少时间去认真研读导师的成名作《价值论——一种主体性的研究》（中国人民大学1987年版），对其中阐明的义理心悦诚服，还阅读了当时母校出版的《价值论译丛》（共12册，李德顺主编，中国人民大学出版社1989—1993年陆续出齐）。美学研究方面，我得到中国人民大学哲学系张法、吴琼、王旭晓以及中国社科院哲学所章建刚等诸位老师的指导和帮助。1998年我的博士论文通过答辩，到上海社科院工作。这就是我加入价值论研究这个学术群体的缘起。

陈：博士论文后来出版了吧？《价值论视野中的美学》在方法论方面与以往的研究有什么不同？最主要的观点是什么？

黄：我的博士论文于2001年在上海的学林出版社以《价值论视野中的美学》为名正式出版。在这本书中，我首先回顾当时和此前40余年美学研究的发展历程，发现各家各派无论具体观点如何，他们都是由一定哲学起点和逻辑出发点来支撑整个框架建构的，换句话说，各自都有基本的理论方法和研究视野。概括起来主要有如下几种。

第一，物性论或机械唯物主义视野。这种视野将美的本质归结到物自身，归结为客体方面的属性。这方面的代表人物是蔡仪先生，他认为美是客观的自然属性、审美是一种反映、美在典型、美的规律就是美的事物的本质等观点。物性论的研究视野后来被逐渐放弃。

第二，认识论（唯物主义或唯心主义）反映论视野。联系我国美学原理数十年的研究，这种视野在朱光潜先生那里表现得更为明显一点。朱先生在编《西方美学史》时就一再强调："美学实际上是一种认识论，所以它历来是哲学的一个附属部门……"这种将美感看成是一种认识和反映的思考方法，由于没有更好地揭示审美活动的特质也逐渐被放弃。

第三，社会实践论视野。以社会实践为哲学基点来研究美学基本问题的思考方式在当时的美学理论界曾有很强的学术魅力，它对美学的有关问题曾作出历史和社会学的解释，为美学研究提供了一种有说服力的方法论。当然，对实践范畴本身的理解尚待进一步完善。

第四，情感心理学视野。这是继实践美学之后提出的新构想。这种思考与西方人本主义流派、与中国美学研究的传统都有渊源关系，也确实抓住了审美活动的一些特质。但作为方法，它在处理个体审美体验与一般的审美价值关系上还缺乏足够的说服力。

需要补充说明的是，20年前概括的这几种研究视野和方法未必适用于今天美学方法论研究的实际进展。根据了解，我发现近年来关于美学方法的研究已不再作为一个独立的专门话题，也少见专门系统论述美学方法论的文章，但在具体领域的研究方法方面，创新和突破仍在进行，并呈多样化的发展态势，比如出现了身体美学、现象学美学、接受美学、解构美学、实践美学、后实践美学、生命美学、生态学美学、日常生活美学、休闲美学、电影美学、阐释美学等，其中值得注意的是如下几方面的趋势和特征。

第一，马克思主义美学在意识形态上仍占据主要地位，但审美人文主义、审美人类学等试图超越美学的阶级性、意识形态性，而在更广范围的人文精神、人类主义范畴中来研究探讨美。与科学方法强调观察、实验、推理、演绎不同，人文主义美学方法强调体验、理解和领悟。

第二，由于其他学科的发展，比如心理学、脑科学等，带动了美学研究方法的创新。比如神经美学借助脑影像技术的运用及其实验实证成果的支撑，探究人脑的审美活动脑区及相关神经机制，以带动解决传统哲学审美研究的瓶颈问题。

第三，在中国古代美学的转型研究方面，以中国学派、中国话语体系的立场，对古代美学的方法论进行了总结，比如古代审美创作方法论的"活法"说、"定法"说、"用事"说、"赋比兴"说，以及美学理论方法论的"训诂""折中""类比""原始表末""以少总多""假象见义"等。

把博士论文出版前40年和后20年联系起来看，无论是我概括的前三种视野（其实都是对马克思主义哲学的一种理解，包括曲解和误解），还是第四种视野（对由前三种理解造成结果的反驳与补正）以及近年来审美活动具体领域的创新探索，都不能否认马克思主义哲学对美学研究的理论基础作用和指导意义。关键的问题不在于要不要哲学指导，而在于到底要以什么样的哲学来具体指导。我当时认为，马克思主义哲学即实践唯物主义是美学研究的哲学基础，而价值论则是美学理论研究的具体哲学基点和思考视野。

实践是人改造世界的现实的活动，而不是精神的非感性的活动；实践活动中的主体是实践的主体，而非神秘抽象的主体。马克思所讲的主体性是从事改造现实世界的现实的人的主体性,而不是虚幻的主体性。正是对这样的实践和主体性的强调使马克思主义哲学区别于唯心主义和一切旧唯物主义。实践唯物主义的深刻之处在于,从不抽象地看待人、谈论人,而是立足于历史的发展着的实践来考察和解决人的本性、人的价值和人的解放等一系列重大问题,从而指出人实现自身价值与自我解放的正确道路。美学研究,毫无疑问,应以实践唯物主义为总的哲学指导。

这种总体哲学指导的可行性也是由美学自身活动的根本特征决定的。审美活动是最集中体现主体创造价值、追求生命自由完满的活动,审美价值正是主体性活动成果之一。这种特征决定主体建构、主体性质、主体内在层次分析对审美活动及其价值研究的重要性,同时这种研究又规定着主体活动的环境和条件。我不主张再以反映论作为美学研究的哲学基础,因为它无法体现审美活动的根本特征,也使审美主体与一般认识主体没有区别。实践唯物主义中的价值论研究成果更适合作为美学原理研究的具体哲学基点。当时我曾作过如下分析。

第一,审美活动本质上是一种价值活动。审美活动主要是创造价值的活动,审美关系的特征主要不是认识而是价值。我们不否认唯物主义反映论对美学探讨的重要意义,但人类的审美意识所反映的绝非孤立的物或物的属性,而是作为主体的人与作为客体的物之间具有价值特性的审美关系。反映论只说明意识的来源,无法说明审美关系的本质。固然在人类的审美活动中包含有人对对象的认识和反映,但不能把在这种活动中建立起来的审美关系仅仅归结成认识论关系。人类正是通过审美的实践活动才使自身"处在"具体的审美关系中,而非先处在这种关系中然后才有审美活动。审美关系是有审美需要的人通过实践活动,在对客体的那些能满足需要的属性的把握或"占有"过程中建立起来的,表现为一种价值关系。

第二,价值论是最具基础性的马克思主义哲学分支之一。马克思主义新型价值论的建立与全面深刻把握实践唯物主义基本精神是相互呼应、密切相关的。以往有一种看法,把哲学中的"价值"看作是马克思"商品价值"范畴直接移植或衍生概念,认为对马克思来说,只有一个价值概念,即《资本论》中所讲的"商品价值"概念。这种看法有其合理之处,但总体来看并未超出经济学特殊范围,如果坚持其为唯一就会导致事实上取消马克思主义哲学的价值论。按照马克思主义的立场、观点和方法，价值这个范畴最一般的含义是对主客体关系的一种特殊内容的表达，这种内容的特质就在于客体对主体的作用是否同主体的结构、尺度或需要相符合、一致或接近。以实践唯物主义为基础的价值论研究是一种主体性研究，即把考察价值特性的依据、解决价值问题的出路更多地放在对价值关系中的主体研究方面。例如要说明什么是美，主要揭示审美主体心理结构、审美需要、审美能力与审美活动特征等。围绕评价标准等问题，价值论进行了一系列以实践唯物主义为基础的研究，这种研究对以主体性活动为特征的审美活动及其价值生成具有具体的指导作用。

在明确了从价值论角度思考美学原理问题的方法论后，我也提出了相应的研究思路。

第一，探讨人类的需要和审美需要。因为审美价值就在于审美客体与审美主体需要之间的关系。审美需要归属于人的需要中的"发展需要"层次，人类的审美需要实质上就是人类自由表现自己生命的需要，就是从这种表现中获得享受的需要。它也是一种被意识到的对象性的"乐生"需要。审美活动是一种通过自由生命实现获得愉快的活动，这一活动的独特魅力反过来不断加强人类对它的需要程度。

第二，探讨审美活动发生。主要包括两个层次的内容，即审美活动的历史文化发生和个体心理发生。审美感官和审美意识是审美活动历史文化发生的主体方面的条件，而对象一定的距离和环境构成客体条件。个体审美能力生成是特定时代审美实践的产物。

第三，研究审美主体。应概括、梳理中西方关于审美主体的主要研究成果。价值论美学对审美主体的内涵有三个基本规定，即：审美主体是价值活动的主体，具有一般价值主体的基本内涵及特征；审美主体是以情感体验为重要心理基础的个体主体；审美主体是以个体性、精神性、超越性为鲜明特征的主体。有必要对审美主体进行分层研究，如可分为创作主体、欣赏主体、鉴赏主体，还可分为作者、读者、文本主人公等。分层研究使审美主体的特征具体而丰富。

第四，研究审美客体。价值论美学对审美客体的分析较以往有所不同。审美对象与物象、意象有别。它在结构上包括两方面的条件：一定的感性形式和具有审美意义的社会内容。审美客体不是与主体审美感受无关的客观存在,也不是只要主体采取审美态度即成的虚拟之物,它是主客体相互作用建构而形成的审美感性客体。客体特定的质料和结构形态是它转化成审美对象感性形式的潜在因素,主体的建构是这种自然结构形态转化成审美对象感性形式的必要条件。

第五,研究审美价值。这是价值论美学的核心内容。审美价值不等于对象的属性,也不同于狭义意义上的"美",它是审美活动中客体的属性对主体审美需要的满足,反映客体主体化的特殊成果。它与其他价值形式相比具有更鲜明的超功利性、精神性,以满足主体自由生命实现之需要为最高价值,它对客体形式的依赖不可忽视。审美价值是艺术价值的核心,但不能替代艺术价值的全部丰富性,艺术价值是审美价值追求的重要方面,但后者有更广泛的存在领域。审美价值生成是一个看似直观而实质上包含理性和判断的过程,虽然这个过程往往不易被意识到。

第六,研究审美评价。审美评价中所采用的主体性尺度不仅是价值主体的尺度,而且是评价主体的尺度,因此要求评价主体与价值主体的需要具有重合或同一关系。美学史中所讨论的审美趣味、审美理想、前结构、期待视野等范畴,实际上就是审美评价的主观标准。它必须以价值主体真实的审美需要为客观依据,也受到日益丰富的艺术实践的制约。审美评价以感觉、意象为特殊表现手段。在审美评价中观念的作用是潜在的。

第七,研究审美文化形态。审美价值的表现形态是多种多样的,以历史学和形态学相结合的方法概括审美价值生成的文化模式,有助于具体理解审美活动的具体历史性和审美价值生成的历史风貌。从中国的传统和现实来说,这些模式主要有:整体的和谐、柔性的悲剧意识、退隐式的逍遥;从西方的传统和现实来说,这些模式主要有:对立的和谐、毁灭性的悲剧意识、超越性的崇高、荒诞、游戏等。

陈:博士论文出版后,您的研究兴趣和领域发生变化了吗?转向哪个领域?

黄:刚刚参加工作的两三年里,我参加了导师组织的一套丛书的撰写,算是青年读物,云南人民出版社出版,我负责的一本是《审美价值论》,主要观点与博士论文基本一致,表达方式更加通俗易懂。2002年前后,我才逐步加深对价值哲学本身的了解和研究，对作为价值论基础的另一门支撑学科——伦理学也有了更多关注。我参与了当时院里哲学研究所陆晓禾研究员有关经济伦理的专题研究，也向华东师范大学赵修义教授请教社会主义市场经济条件下伦理辩护的问题。我和同事一起就上海市黄浦区城区思想道德建设的实践进行专题调研，在理论与现实的结合处作了一些探索性思考，我作为主笔撰写的论文在《求是》发表并获得中宣部"五个一"工程论文奖。后来，偶然的机会我读到一篇讨论广义文史哲和价值判断能力的演讲稿。这篇稿子强调综合人文素养离不开广义的文史哲：文学，让我们看见，既看见岸上的白杨树，更看见白杨树在水中的倒影，看到人性的侧面和纵深；历史，如沙漠玫瑰，让我们知晓辗转曲折千丝万缕的来历进而避免武断；而哲学，如迷宫中的星斗，可能帮我们找到方向和道路。这些文字深深触动我，令我思索人文社会科学相关相近学科共同面临的价值问题。袁吉富的《历史认识的客观性问题研究》（北京大学出版社 2000 年版）和黄慧珍的博士论文《信仰与觉醒——生存论视域下的信仰学研究》（后由人民出版社于 2007 年出版）对我的研究转向有很大启发意义。我还重读了赵修义、童世骏的《马克思恩格斯同时代的西方哲学》（华东师范大学 1994 年版），补读了马克思主义经典作家在相关文献中对价值问题的具体论述，学习借鉴了师兄孙伟平《事实与价值》（中国社会科学出版社 2000 年版）中对西方不同流派的评述，也回溯了关于价值论基本问题的问答逻辑。冯平的《评价论》（东方出版社 1994 年版）、江畅的《现代西方价值理论研究》（陕西师范大学 1992 年版）、陈新汉的《社会评价论》（上海社会科学院出版社 1997 年版）、《民众评价论》（上海人民出版社 2004 年版）、《权威评价论》（上海人民出版社 2006 年版）以及《自我评价论》（上海人民出版社 2011 年版）等系列著作、何怀宏的《良心论》（上海三联书店 1994 年版）、赵汀阳的《论可能生活》（生活·读书·新知三联书店 1994 年版）、李泽厚的《历史本体论》（生活·读书·新知三联书店 2002 年版）、《实用理性与乐感文化》（生活·读书·新知三联书店 2005 年版）等也使我受益良多。

所有这些阅读和思考的经历促成我由价值论美学起步而拓展到伦理、历史、信仰等人文学科涉及得更为广泛而具体的话题。经过近三年的阅读和思考，在阐述价值论基本概念、基本问题及问答逻辑、比较了不同的价值论叙事方式和思维框架后集中展开对历史价值、信仰价值、伦理价值、审美价值的分析研究。2005 年具体体现上述研究成果的《价值论及其部类研究》由学林出版社正式出版。

陈： 在《价值论及其部类研究》一书的后记中，您专门谈到价值论研究的路径依赖问题，您怎么会去关心所谓"研究的研究"？

黄： 我有时也会问自己这个问题。尽管我有缘进入价值论研究领域，但说老实话，并没有什么资本妄议价值论本身的研究路径，也就是您提出的"研究的研究"，现在想来只能说是有感而发。

在《价值论及其部类研究》这本著作中，我花了一定的笔墨比较了马克思主义"主客体关系论"和"情境论"，也许是路径依赖研究的一个契机。

我在《价值论及其部类研究》一书中主要以方迪启（Risieri Frondiz）为"情境论"的代表（其实美国实用主义思想代表人物杜威也强调在"情境"和"关系"中理解价值）。方迪启是南美阿根廷人，年轻时曾留学美国哈佛大学，是哲学家怀德海的学生，在怀德海、科勒、培里等名师指导下获得博士学位。曾任布宜诺斯艾利斯大学校长及该校伦理学教授，并先后担任宾州大学、耶鲁大学、哥伦比亚大学哲学系客座教授，著有《哲学思维的起点》和《自我的本质》，颇受学者好评。他的名著《价值是什么》发表于 20 世纪 60 年代初，是一本导论性的著作。我熟读的不是原版，而是导师李德顺教授复印给我们的台北联经出版事业股份有限公司 1984 年的中译本。书中回顾了主观论和客观论价值学说的主要代表人物及其观点，并分别指出主观论和客观论的错误，提出用"情境"范畴来克服主观论和客观论的对立。如果"情境"（situation）一词用来指称个人的、社会的、文化的以及历史的因素和情况等的综合体，那么方迪启认为，价值只有在一种特定的情境中才存在并具有意义。他进一步想说的意思大概是：价值在一定的情境中，但又不是情境中各种要素（社会、文化、主观、客观等）的简单相加。价值不能与经验性质分开，又不能化约为经验的性质。一个诚实的人既不等于两个诚实的半个人，也不等于两个半诚实的人。方迪启对价值概念下的定义是，价值是一种完形性质，是综合主观与客观的优点，并且只在具体的人类情境中才存在。他所强调的建立于情境基础上的"完形说"，与其说更多地着眼于主体，还不如说更钟情于客体，因为价值是一种

"完形"性质。

马克思主义的"主客体关系说"与对价值的这种"完形"性质或"情境"理解不同,首先依据实践活动的特点把主观与主体、客观与客体作了具体区分,强调主体人的行为、需要、能力、尺度所具有的客观性含义并进而把价值理解为实践活动的成果之一——客体主体化。当然实践活动中的主客体关系有多个层次。主体就可以分为个人主体、群体主体和人类主体;也决定了实践活动中的每一个主客体关系不是单纯的外部关系和物质关系,而是物质和精神的双重关系;也决定了实践活动中的主客体关系不仅有外向的,还有反身内向的,即自我主客体关系。实践中主客体关系的复杂多样性其实也就是人的现实存在方式的复杂多样性。一方面,人有按客观规律办事的自觉意识,并善于用科学的知识武装自己,提高行为的正确性,把客体的尺度变为主体的尺度,即"主体客体化";另一方面,人又始终都在按自己的面目和需要去选择和改变对象,把自己的内在尺度运用到对象上去,即"客体主体化",所谓"登山则情满于山,观海则意溢于海"。价值的本质就是一种以主体尺度为尺度的主客体关系,就是客体主体化的过程、结果。

这个定位强调的是价值的属人性,强调价值只是主客体统一的一个方面,而非人类生活中的全部,也强调了只有以主体的本性、需要、能力为尺度去衡量客体时,主客体之间才构成价值关系。在对价值有明确定位和理解后,这种分析思路才论及主观论和客观论的分歧及其误区。一方面,批评客观唯心主义和主观唯心主义的错误,认为它们既在理论上经不起反驳又在实践上得不到证明;另一方面也批评实体说和属性说,认为它们充其量只不过是庸俗唯物主义,混淆了属性与有用。与此同时,这一分析思路为避免"主体"与"主观"的混淆和误解,提出"主体客观性""价值事实"等概念,说明价值的客观性是一种属人的主体的客观性。客体主体化的效果如何,是好是坏,要看与主体相关的事实而不是主体对它的观念和态度。

无论从思路的清晰还是解决问题的彻底性来说,马克思主义"主客体关系说"具有明显的优势。不过我当时比较的目的不尽于此,而更关注两者叙事方式和效果上的不同特点。方迪启在《价值是什么》一书中尤其是在对主观论和客观论的评述上采用的方法是:较为详尽地陈述他者的立场并尽可能说明这些立场的合理性成分，然后逐条驳斥他们的看法，甚至不惜把这些观点推至极端以显露其弱点。这种角度和方法我们可以在他对主观论代表谢勒的批评中十分清楚地感受到。然后他寻找主观论和客观论看似彼此对立却又相互转化的可能并强调两者之间亦此亦彼的关系。也许因为还没有较为彻底的价值概念的厘定，这种分析和评述给人一种枯燥沉闷之感，一时间真还找不到北，甚至无法准确判断方迪启本人究竟站在什么立场上。但通过他，我们可以比较详细地了解近现代西方价值理论中有关基本问题争论的焦点、偏执的原因及走出迷宫的可能性。

在充分展示并评析主观论和客观论的基础上，方迪启展开他关于价值本质的演绎逻辑。他还是着眼于主观论和客观论的主要观点并分别扩展它们，进而把克服两者对立的出路放在"情境"中，把客观因素、主观因素、社会文化因素乃至风俗、传统、宗教信仰和历史发展阶段等都熔于一炉，说明主客观关系及其张力的复杂性，这些分析是有见地的，而且也是他用"情境"概念提炼价值本质的重要原因——尽管在事实上他有一种把评价和价值混用的缺点。最后，他得出价值是一种"完形"性质、是"综合主观和客观的优点并且只在具体的人类情境中才存在"的结论。我认为关于"完形"的分析已涉及主客体关系及其统一问题，与马克思主义"主客体关系说"有相通之处，只不过他关注的重点仍在客体，这从他对交响乐团和插花艺术的个案分析中就可以看出来。类似的例子也常常在符号学美学和结构主义中见到。

虽然方迪启在评述价值的主观论和客观论之前，有过对价值本质和定位的分析，但毕竟只是导言性、铺垫性的，不像马克思主义"主客体关系说"那样，一层层经过严密的逻辑言说并以之作为剖析主观论和客观论的立论基础。所以方迪启分析价值本质的思路和方法总体来说是一种从具体到抽象的过程，即从主观论和客观论的具体论点出发，逐步分析推演出自己关于价值性质的理解，其特点是议论和分析总与具体的流派观点联系在一起，一定要全部读完才能感受到贯穿其中的作者的价值立场，最后也才能透过各种引文和叙述对他的立意豁然开朗。就我个人的阅读经验来说，至少在读完整本《价值是什么》后，基本上可以判断：方迪启虽在价值问题上主张主客体关系的统一，也注意到在"情境"中的主体作用，但关注客体仍多于关注主体。这种叙述的长处在于：可以通过哪怕是一个基本问题的详细评述，使我们从细微处了解西方价值理论的一个侧面，理解那些思想家（比如罗素）何以持存某个观点，而不是给他们一顶简单的唯物主义或唯心主义的帽子就完事大吉了。进一步说，这种叙述方法可以帮助我们在对一个事件或人物进行评价时不至于太武断，因为已经了解其中的思维特点，了解不合理中的合理性成分。

而"主客体关系论"尤其是对主观论和客观论的分析基本上是一种由抽象到具体的叙述，也就是先在理论上明确并充分论述价值的本质和定位，然后以此为尺度具体分析批评主观论（包括极端主观论）和客观论（包括客观唯物主义和客观唯心主义）的错误，再以主体客观性来弥合两种观点的对立，比较彻底地回答这个理论难题。这种解答方式是很有说服力的，尽管它从提出、与其他观点论争到被最终接受也经过了一段不短的时间，但终究还是以理论上的彻底性和逻辑推理的严密性赢得大多数同行学者的认可。这个叙述方法的特点就是目的明确，对症下药，基本观点一以贯之。好像故意绕一个圈子开始叙述，不是谈主观论和客观论有什么错误和局限，而是宏大叙事式的从人类实践活动的特点和两个尺度切入，为价值概念的出台层层铺垫，一旦人们通过理性分析明确价值是实践活动中客体主体化的成果，是主客体关系的一个方面，价值的本质也就呼之欲出了。而当价值的本质和定位一旦明确，主观论和客观论的问题和不足也就十分清楚了。就个人的阅读和研究经验而言，我觉得这种叙述方式非常有利于一针见血地抓住价值基本问题的实质，从根上解决纷争，廓清概念缠绕和认识误区，并对具体价值问题的分析具有重要指导意义。从具体到抽象，从抽象到具体，究竟选择怎样的叙述方式和理论路径才好，要看解决问题的实际效果。这既不是方法本身所决定的，也不随方法运用者主观随意的态度而变化，这本身又成为一个价值选择问题。

陈：原来是"情境论"和"主客体关系论"的比较促使您研究价值论的路径依赖，那您对路径依赖有什么具体的看法和意见？

黄：应当承认，当时我对这个问题的思考和分析还是非常粗疏的，以"代后记"的方式收入《价值论及其部类研究》这本小册子中。大体上谈到了如下几点还不很成熟的想法。

第一，以马克思主义哲学为路径，催生有别于原产地的价值论。

价值论无论在其发源地还是在中国都被看成是哲学的一个部分，主要对价值及其意识的本质、规律和实践方式进行研究。回溯我国价值论当年的发展轨迹，与其说它是哲学的一个分支，还不如直接说它是马克思主义哲学的一个分支。价值论源于西方的德国和奥地利，不久传入英语国家，20世纪30年代东渐日本，但当时在中国没有引起太大反应。真理标准问题大讨论使价值论的传播和发展有了可能，因为讨论只要深入下去，必然涉及实践本身的价值和意义问题。就学科产生背景和研究切入点来看，我国价值论研究从一开始就是在马克思主义世界观方法论的基础上展开的，直到今天，这个基础和路径仍然是主流。

应该看到，一方面，以马克思主义哲学和哲学观为研究路径，在特定的历史时期催生出有别于原产地的中国式的价值论；另一方面，我国价值论的成长也使马克思主义哲学研究有了自己独特的一个视角，使得人们能借此对哲学的本性和多年来定型的思维方式进行反思，创造出更加符合现代实践和认识水平、更加有利于人的发展的哲学理论。在这个意义上，应当充分肯定以马克思主义哲学和哲学观为路径进行价值论研究的重大意义。当然，这一特定的路径依赖并非完全没有副作用，当我们对马克思主义哲学和哲学观的理解还有所偏差时，这种副作用就更加明显。如果我们所依赖的研究路径是一个需要不断解释和丰富发展的开放的体系，那么这种意义上的价值论研究就可能面临无穷后退的处境——解释本身还需要进一步的解释，而进一步的解释又需要别的理由和依据。

研究"哲学一般"意义上的价值论还是马克思主义价值论，明显是两条不同的路径，但由于我国价值论研究者学科背景和知识结构方面的因素，他们对马克思主义哲学更熟悉，而对西方价值哲学了解不多，尤其对作为价值理论支撑学科的伦理学和美学不十分熟悉，这使得他们一开始进入价值论研究就有明显而不自觉的导向。这个导向是靠近马克思主义哲学而不是靠近一般意义上的哲学。也就是说，他们是以相对稳定的现成的路径为前提进入价值论研究的。只有发展到21世纪初，对路径依赖的问题意识才逐步形成。不少研究者已逐步认识到：没有怀疑、没有反思、没有分析和比较，也就没有危机感、没有理论的发展，终其一生，他都可能认定自己所采用的方法和路径依赖是不证自明的,就可以在不证自明的方法论前提下孜孜不倦地研究价值论的内部问题。而实际上,任何一种方法从哲学的角度来说都不能是独断论的,没有一种普适一切领域的方法。

第二,以各门具体价值学科为路径,构建综合学科。

我的导师李德顺教授在主编《价值学大辞典》(中国人民大学出版社1995年版)的《总说明》中就曾提及:把价值作为一个专业术语而正式采用,首先出现于经济学中,马克思认为决定商品交换价值的真正尺度是商品的内在价值,即商品中凝聚的一般人类劳动。与经济学含义不同的价值,更广泛意义上的价值,是一个兼有"好""有用""善""美""宝贵""重要""有意义"等含义的概念。这个意义上的价值,在哲学、伦理学、美学、政治学、法学、历史学、社会学、宗教学、教育学和科学技术中日益被普遍采用。这些学科分别就各自层次和领域中的价值问题加以研究,从它们的内在联系和发展趋势来看,存在相互结合的必要和可能,因此有不少学者提出预测和建议,认为建立和发展一门以价值为对象的新型综合学科——价值学的时代已经到来。

按照这种预测和建议,价值论实际上就是由各门具体价值学科关于价值的研究所构成的一门综合学科。这种学科定位决定着研究价值论的路径依赖不再只是一定理解基础上的马克思主义哲学,而是具体的价值学科,历史哲学中的客观性与价值渗透问题,信仰研究中的信以为真、真以为信的价值组合和优选问题,艺术理论研究中的特殊评价方式和评价尺度问题,伦理学中的义务论与目的论的争论等都是可以进行深入讨论的对象。具体价值学科研究成果的进展直接影响着作为综合学科的价值学的发展和前景。为此,应该在价值学与各门具体价值学科之间建立良性的互动关系。当然,不能因为价值哲学是综合学科,就认定它一定在各门具体价值学科之上或之外,就像哲学并不在各门具体学科之上或之外一样。以具体的价值学科为路径依赖,就会在价值论与认识论、价值与真理、评价的标准、价值思想史和价值观念研究等一系列方面产生和形成不尽一致的看法,甚至改变这些概念范畴结构和言说方式本身。

第三,以重大理论和现实问题研究为路径,回应时代主题,推动意义世界生成。

这一路径在我写《价值论及其部类研究》时还未明确，只是一些模糊的感觉，关注到了具体的价值学科的表现，比如美学研究从实践论视野、认识论视野、机械唯物论视野和情感心理学视野转向现实的审美生活及其价值生成就是一个例证。尽管有人尖锐地批评美学生活化甚至庸俗化倾向，但面对实践，探索学科生命力的出路难道不是一种值得肯定的尝试？

2017年我组建的价值论伦理学创新团队，在进一步探讨理论路径和中国实践时已明确认识到：面向生活实际，从应用出发，开启针对现实的价值观念研究，是价值哲学本土化的客观需要。中国特色社会主义理论和道路为这个领域的研究提供了样本。社会主义核心价值观培育和践行实际上就需要传承和创新中华五千年文明的核心理念，重视革命文化和社会主义先进文化，实现马克思主义中国化和中国传统文化现代化的互动融合。来自改革开放实践的理论总结及其标识性概念的提炼，是当前和今后较长一段时间内理论工作者的使命和分内之事。以价值和意义为研究对象的价值论，理应追随和回应这个堪称伟大的时代。

陈：这么多年来您一直在关注价值论研究的理论路径吗？与当年相比，现在又有哪些新的观点和认识？

黄：2016年底，因上海市委宣传部资助我们院第一轮创新工程项目的需要，我组建"价值论伦理学"研究团队，成员来自马克思主义哲学、中国哲学、西方哲学、伦理学等不同专业，也引发我进一步思考价值论研究的理论路径问题，并提出另外两条理论路径。

一是西方伦理与人文精神。

熟悉我们这个研究领域的同行都知道，原产地的价值论与西方伦理和人文精神内在契合，主要体现为两个方面。一个方面是广义的价值研究，其对象是构成西方人文精神的重要观念。譬如，在个人主义的外表下，传统西方宗教的伦理观念通过世俗化运动，转变为现代西方社会的一般价值，成为凝聚西方社会的内在精神力量，如果仅仅以拿来主义将其可取之处当作现代社会的一般要求来推广，则很可能无法适应现代中国社会。研究西方宗教伦理观念对于更好地理解西方人文精神与构建当代中国特色社会主义核心价值观则有借鉴意义。又譬如，西方现代的理性主义精神源于笛卡儿，从笛卡儿开始，西方强调独立思维对于人文精神的意义与伦理选择的价值，研究笛卡儿的伦理学能帮助理解西方人文精神的理性传统。

另一个方面是狭义的价值哲学的研究。狭义的价值哲学的提出源自以文德尔班、李凯尔特等人为代表的德国新康德主义，他们明确将"价值"作为精神科学或人文科学的研究相关项而提出。狭义的价值哲学关注自然科学与人文科学之间的真正差异，即：自然科学研究的是抽象的普遍规律（自然科学的定律、定理），而人文科学所要研究的是具体的特殊事物（历史事件、生命活动）之间的差异。其结果是自然科学未必时时需要做出价值判断，而人文科学则必须把价值判断作为自己不可缺少的一部分，价值哲学的整体关乎人类生命意义的研究，这使得以狄尔泰为代表的生命哲学成为西方价值哲学的重要领域。

以西方伦理与人文精神为路径，概括、梳理、借鉴和分析价值论研究的他者视野事实上已经成为同行学者的重要路径之一，复旦大学杜威研究中心的成立并组织翻译出版杜威后期著作，正是这个理论路径拓展取得的一项成果。

二是儒释道传统及其现代转化。

中国的价值论研究实际上需要传统文化及其价值资源的滋养，前辈学者赵馥洁先生的成就和意义与此密切相关。宋明时期，儒释道思想多元并进交融，儒学在此期间吸收佛老，形成新的理学结构和形态并确立中国精神和气度的核心。宋明理学对于宇宙、人生意义及天人关系等的思考通过理、气、心、性、情、意等一系列关键概念加以展开。思想家结合自身的修养实践进行了不同的阐释，这些阐释虽名同实异，但不乏会通之处。儒释道融合，最终成为中国文化的核心话题之一。

降至近代，尤其是19世纪中叶至20世纪中叶，随着西学东渐和中国现代化进程的开展，一套现代的价值系统在中国初步成型，可称之为中国的现代传统。据学者总结，现代传统主要包括了"进步""竞争""创造""民主""科学""大同""平民化理想人格"等价值观念。现代传统在形成过程中曾采取激烈反对古代传统尤其是儒家传统的表面形式，但两者之间不仅有断裂，还有内在深层的延续。当今思想界对20世纪上半叶的激烈反传统潮流多有反思，进而试图直接从古代儒释道传统出发，来寻找应对当代问题的知识资源。但这并不意味着我们能够绕过20世纪中国思想的探索成果，可以说，这种文化保守主义复兴的潮流是现代传统形成所应经历的辩证阶段。在这个意义上，以更公允的态度回顾20世纪上半叶传统价值的现代转化过程，将为我们今天的文化自信与文化自省、实现传统文化的创造性转化和创新性发展，提供有益的经验教训。

儒家之外，中国佛教和道教在近现代也经历了一场变革风暴，对自身神圣价值和社会意义进行着深度改写。佛教和道教转变，实际围绕中国社会在近现代的转型展开，背后充满着民族主义、现代化、国际化、市场化、世俗化、科学化等种种话语，也不乏"经济利益"和"社会地位"的刺激鼓动。然而，近代以来这些深有意味的佛教和道教现象是否是中国宗教发展的良好途径，其发展与转变对当代中国构成怎样的价值，都是有待探究的问题。这已不仅仅是纯粹的学术问题，而已经成为我们正在面对的现实。

总体来说，我认为，从马克思主义哲学、西方哲学和中国哲学出发，以价值论与马克思主义哲学共生、西方伦理与人文精神、儒释道传统及其现代转化为切入口，我们可以具体分析三种路径依赖的优势、特色、局限并加深对综合创新必要性的认识。当然，即使如此，每一门具体的价值学科还是有它们自身的问题域（如伦理学面临的自由原则与公正原则的矛盾），有它们实际面临的价值悖论（如审美价值中形式与内容的悖论），价值论研究路径的综合创新能在多大程度上有助于各具体价值学科解决问题？

自己的问题其实还是要自行解决，方法的借鉴是重要的，但真正适合具体价值学科的方法和原则恐怕首先还要来自自身的摸索，然后才有概括、总结、反思和提升的可能性。价值论可以提供的也许更多的是一些总体性方法和前提。

陈：您后来关于社会主义核心价值观的研究、关于信仰生活的价值观研究等主要倾向于哪一种路径？

黄： 十多年前我非常希望推动至少是参与一场深刻的关于价值论的研究路径和哲学前提的反思活动。通过反思，梳理价值哲学与具体价值学科的内在联系，也就是所谓元理论与分支学科的关系；通过反思，还要进一步思考在现时代价值哲学究竟何为、价值哲学应该以什么样的面貌出现在具体价值学科面前；通过反思，还要促进价值哲学和具体价值学科之间的良性互动，夯实价值哲学的学科支撑基础，至少我们也可以写出一本研究具体价值学科的著作。只有这样才能逐步促使具体价值学科共同关心价值论的建设,这样的建设才可能是真正的共生共荣。这种"共建",就是一定程度上的"战略联盟",围绕着价值论,也能产生一些边缘性、交叉性和横断性的学科。这样一来,价值论就不是什么科学的科学,而是一种桥梁,一种各门具体价值学科沟通、了解、借鉴和合作的桥梁。限于能力精力等种种因素,这个愿望尚未达成。

《价值论及其部类研究》出版后,路径依赖问题暂时搁置,我转向单点突破的尝试。杨国强教授关于"清代的士人与世相"、熊月之先生对西学东渐和上海近代史研究对我触动很大,促使我针对历史虚无主义思潮尤其是西方新历史主义史学,专门讨论历史事实与历史认识、历史价值与历史评价、历史规律与历史教育等内在关系,也许史学界认为我胡说八道也说不定,但我自有我的一份清醒和理性,有经过思考后的笃定,发表《历史认识中的评价活动及其边界》(《社会科学》2008 年第 8 期),承担上海市哲社规划系列之"坚持科学历史观",并以英文论文《历史认识与历史评价》参加第 23 届世界哲学大会等,都是我这方面的一些努力。

中国特色社会主义文化和社会主义核心价值观研究也是我希望单点突破的领域之一。我相继出版了《建设社会主义核心价值体系》(与唐志龙教授合作,上海人民出版社 2007 年版)、《变量共生、组合创新与意识形态——多维视野下的中国特色社会主义文化》(学林出版社 2012 年版)。在这两本书中我主要强调了如下观点和认识。

第一,合理面对核心与外围的关系。党的十八大报告公布前,就十六届六中全会提出的"社会主义核心价值体系"的理解和阐释问题,我强调合理处理"核心与外围"的关系,主张坚守核心放宽外围。主张结合实际,实事求是地说明阶级、阶层在矛盾斗争中的妥协、协调和合作的常态;除了考虑劳动价值论的历史哲学和伦理学的意义,还要考虑可操作性、可计算性等。

第二,合理把握稳定与流变的关系。一年结一次果,就是树的节奏。一棵树听信传言,说一年可以结五次果子,这棵树就疯了。同理,以核心价值理念表现出来的价值目标应该是具有较强稳定性的范畴,如果频繁变动,叠床架屋,广大民众就会感到疑惑和费解,久而久之容易产生厌倦情绪,容易造成"口号疲劳"。事实上,社会主义核心价值体系从中央文件到理论宣传再到具体领域的贯彻落实,最后真正化为大众自身的"筋骨"和"血肉",需要很长的时间。不考虑接受视野,不考虑效果评估,难免消化不良。

第三,合理处理主导与主流的关系。社会主义核心价值体系无论在理论上还是在广大民众的心目中都是我们党主导的价值观,对凝聚各种价值观、维护社会稳定具有指导意义。主导价值观还不直接等于整个社会生活的主流价值观。分清主流与主导,对我们认识问题,把握主导的艺术和方法,也是很有必要的。一个社会和谐稳定的时候,主导价值观与主流价值观总体上才是一致的。

中央明确提出"社会主义核心价值观"24字表述后,我结合上海国际文化大都市发展的理论和现实,先后主持或参与"社会主义核心价值观培育与践行的上海经验""上海城市精神""文化软实力落深落细落小系列""国际文化大都市建设系列""上海重大文化设施建设空间布局""上海现代公共文化服务体系建设""上海'十四五'国际文化大都市发展规划编制""上海'十四五'精神文明建设规划编制"等一批"接地气"的项目,推动了我把社会主义核心价值观的思考融入一线实践和人民群众的日常智慧,推动实现理论与现实的双向互动,其间发表了不少报刊文章。

第一类:关于社会主义核心价值观阐释研究和传播方式。

以《推动人格示范常态化》(《文汇报》2013年4月1日)、《青少年价值观培育需要示范和养成》(《光明日报》2014年12月19日)为代表,强调了文化建设与人格示范的内在关系、时代性与超时代性的统一、职业道德向理想人格的转化、人格示范向精神象征的升华都需要逐步养成和培育。中华儿女优秀的道德品质、高尚的家国情怀、积极的文化担当,逐步凝练为理性有为、自强不息、大德行天下的君子人格。经过现代转化,君子的理想可成为今天青少年理想人格的宝贵精神资源,要用好具有传统优势的传播方式,积极搭建新的人格示范的各类平台,健行致远,修身立德;以《东方智慧:"接着讲"高于"照着讲"》(《解放日报》2014年10月2日)为代表,提出了源于农耕文明的传统文化与社会主义市场经济如何契合的核心理念问题,包括"仁义理想与有道德的市场经济""经世致用与富有人情味的契约意识、竞争意识""中庸之道与不断发展的社会主义",认为只有结合现代中国的经济社会发展"接着讲",进一步弘扬传统文化并对其进行创造性的转化,才能从孔子的东方智慧中汲取推动中国不断前进的精神养分;以《孝道是否纳入社会主义核心价值观的思考和建议》(相关"高端智库专报",2017年10月25日)为代表,在肯定孝道落实传统社会伦理关怀、顺应民心、推行家风家教等方面积极意义的基础上,提出孝道的范围仅限于家庭层面,属于私德,虽也可以看作是社会主义核心价值观的文化资源之一,但尚不足以上升到核心价值的范畴;现代社会的结构与古代传统家族制已有很大差异,而社会主义核心价值观需要强调的恰恰是超越血缘、家庭的最根本的文化理想;从社会德性教化的意义上说,与其提倡"孝道",不如推行"忠恕"之道等观点,说明传统文化的现代转化要充分关注社会形态的变化。

第二类:关于中华优秀传统文化的国际传播。

以《中国发展道路的文化阐释》(*China Forum* 2015年第3期)为代表,认为中国文化提倡"海纳百川,有容乃大",主张吸纳百家优长、兼集八方精义。儒家的"致中和"、倡"中庸"、重"秩序"、讲"和谐";墨家尚"兼爱"、主"非攻"与"尚同";道家的"法自然"、崇"无争";在人与自然的关系上信守"天人合一";在人与人的关系上坚持"群体本位";在身心关系上,力求通过修身养性,追求内在和谐,所有这些文化元素都构成"东方和平主义"的理论基础;发展到今天,演绎成应对全球化挑战和困境的战略思维,在历史与现实中具有独特的地位与价值。以《怎样讲好中国故事》(《解放日报》2015年8月25日)、《汉语妨碍了中国软实力?"对话"美国汉学家莫大伟》(《解放日报》,2016年7月2日)为代表,认为合理处理寻求共识与自我意识、语言学习与文化自信、价值偏好与客观理性的关系,是讲好中国故事、传播好中国声音的理论基础。跨文化交流的结果,不是把我变得跟别人一样,而是用别人能理解的方式告诉别人我的不一样。所以"国际化"的关键,是要找到那个"别人能理解的方式"。今天强调中国文化软实力、重视中国故事的传播效应,说到底就是要在西方强势文化(包括语言)背景下重塑中国人的自我意识。外语学习如果说曾经是近代以来中国走向现代化的一种不得已选择,那么今天则完全可以把它看成是在全球化背景下多一个转换插头的责任、权利和能力。以《中华文化走出去的标识性概念和主平台探析》(《上海文化》2020年第6期)为代表,认为推动中华文化走出去战略的有效实施，需要对中华文化走出去的标识性概念进一步阐释和提炼，也需要对中华文化走出去的交流传播平台进一步开展精细化研究。应把"和而不同""公平正义"和"人类命运共同体"分别作为反映中华五千年文明、中国特色社会主义核心价值观以及融通中西文明的标识性概念。孔子学院、海外中国文化中心和"世界中国学论坛"等主流平台具备很强的引领性和影响力，应对这些主平台进行精准定位、分类施策，以更好地发挥其在中华文化走出去工程的引领作用和独特优势。

第三类：关于人民群众鲜活的文化样式。

这是近年多次深入基层一线调研而获得的研究视角。"市民文化节""文化上海云"等原本由党和政府发起的群众性、信息化平台逐步走向自主参与、自我管理和社会化运作的良好态势提醒我们，一定要关注实际生活中人民群众精神世界的存在方式。一个对专业诚实的文化和价值的研究者需要不断跳出某种固化的意识，挣脱惯性思考的束缚，用新鲜、大胆的眼光重新理解身边的文化。究竟什么是真正的中国？什么是真正的中国文化？什么是中国特色社会主义文化？中国有五十多个民族，我们究竟理解其中多少个民族的感觉？把一个饱学宿儒、一个上海郊区农民、一个青年白领、一个苗族老人集合在一起，让他们分别描述什么是中国，什么是中国文化。我们所得到的答案，可能距知识分子眼中的文化相去甚远。文化是一条滚滚大河，主流、支流、逆流和漩涡彼此激荡撞击才造成河流的面貌。

中国特色社会主义文化除了明确的意识形态属性之外，发生作用的机理究竟是什么？与民众心理的关系又怎样？社会主义作为一种文化理想和道德追求，同时作为一种制度究竟如何并可能与市场经济结合，产生良性效应？中国特色社会主义文化的合理性和生命力在哪里？经济增长的强势逻辑是不是可以不证自明地保证并优化中国特色？问题的复杂性需要我们立足活生生的丰富复杂的现实，立足人民大众实实在在的文化需求。

陈：您刚才谈到暂时搁置路径依赖的思考，转而寻求历史价值和文化价值研究的单点突破，听后感到充满了探索的足迹，还有什么领域您也希望有所突破呢？

黄：第三个点上的突破涉及信仰生活的价值观问题。一直以来，在研究价值哲学的过程中，我有个愿望，想认真梳理一下具体宗教信仰的教义内涵、伦理规范、情感体验以及信仰方式，并借此思考中国人的非宗教性的信仰生活，进而探讨其中的理性力量、总体优势和可能存在的局限性。宗教尽管一定是某种信仰的体系，也是信仰的既普遍又特殊的表达方式，但信仰不一定都成为宗教，并不是什么信仰都一定成为宗教或者必须成为宗教。我们对科学、知识、真理以及对人的理性的信仰，并不需要成为宗教，而这样的信仰生活却更大量、更经常地出现在我们身边。中国哲学努力解决的人与人、人与自然、人与自我关系的基本信念既与佛教、道教有关，又与非宗教的世俗伦理相关。

从大的宏观制度和顶层设计层面上来说，中国特色社会主义作为一种政治信仰不存在所谓的危机，认同度也越来越高。但"高、大、上"的政治信仰和社会生活中人们对中观层面上的制度、规则、理念的确信之间恐怕还有不小的距离，也与个人精神和心灵生活中所渴望的精神权利存在一定距离。我们不得不承认，社会政治理想和信仰上的相对稳定性并不完全等同于对具体制度、规则和基本价值理念上的确信，更不能用来代替安妥今生的个人信仰。而传统中国以儒释道合一来解决人与人、人与自然、人与自我关系的精神生活系统并不能直接原封不动地移植到今天，因为时间、场景和人心均已发生很大变化。近10年来，中国社会主义核心价值观建设的理论和实践在国家、社会、个人三个层面上多有成果，接续着家国同构的传统文脉。且不说社会主义核心价值观本身是否需要再提炼，在目前主体多元多样的客观现实面前，国家、社会和个人这三者之间恐怕还需要一些更加具体的中介，需要一些过渡的桥梁。

当前所谓的信仰危机主要不是对中国特色社会主义、社会主义核心价值观、中国道路等比较宏大政治理念的危机，而是对中观层面的制度、规则和基本价值理念的危机，也包括个人信仰生活中的危机。最关键的一个问题是整个社会陷入了一种普遍的低度信任状态：不信任医生，不信任公务员，不信任专家，不信任司法。想依赖而不得，想求助而恐惧，想敬重而虚妄，精神上体现为显著的不安全感。涉及到个体信仰生活，生而何来？成本和奋斗有无意义？去向何方？肉身寂灭后精神如何可能存在？这些生死大问在宏大叙事里是得不到明确答案的，而中国传统文化又历来敬鬼神而远之，存而不论，保留一种模糊、浅尝辄止的文学性意会态度。另一方面，医疗技术、天际探索和脑科学的进展又不能一劳永逸地解决每一个人心中的疑问。当具体制度、规则和基本理念层面的信任危机和个人安妥今生的信仰危机叠加在一起，整个社会难免弥漫一种焦虑不安、精神紧张、迷茫无措的心理困顿。

2016年，我把信仰生活中的疑问和思考写进了《安妥今生——信仰生活的价值观研究》。在李德顺的《论中国人的信仰》（《学术月刊》2012年第3期）、黄慧珍的《论信仰的本质及其历史形态》（《哲学研究》2000年第5期）、《信仰及其危机和转机》（《哲学动态》2002年第12期）和王鼎钧的《心灵与宗教信仰》（尔雅出版社2001年版）等论述启发下，我总结了非宗教信仰的几个特点。

第一，内在影响外在、暗在作用于明在。

讨论信仰生活，讨论宗教问题，总离不开看得见的和看不见的。王鼎钧先生用外在与内在、明在与暗在的范畴来说明其间的关系，姑且借来一用。在《安妥今生》一书中我通过交往伦理、情绪释放以及人格示范三个角度切入来分析宗教信仰的启发意义，说到底是想弄明白在人的自我意识发展过程中，内在如何影响外在、暗在又如何作用于明在的机理。宗教为解决人类共同的生死忧患和时限大问做了不少努力，用种种具体的形象比喻接引信众，但又天然有一个期待信徒永久驻留某种具体信仰的偏好，客观上存在分化众生、割裂人群、经营各式"吃教"壁垒的趋向，妨碍和谐社会。当然宗教本身也一直在发展中，在不断根据时代需求进行这样那样的适应性调整，也许一教一派真的无法包揽全人类的救赎，事实上每一家宗教都尺有所短、寸有所长。所谓信仰自由，也意味着可以有多样选择，各家宗教自身则需要多多合作。西医治不好的病还有中医，火车到不了的地方还有汽车，不能坐飞机的还可以乘邮轮。它们都只是信仰的形式。谁也不能规定世界上的人只准学一种乐器。

没有宗教，依然可以有信仰生活。非宗教的信仰生活事实上也有一个处理内在和外在、暗在和明在的关系。只不过相对于物质世界的外在形式，宗教更加关注精神世界的内在形式；相对于当下人间的明在，宗教更加关注非人间的各种暗在。孔子、孟子并非传教士，但费尽思量建立父子有亲、君臣有义、夫妇有别、长幼有序、朋友有信的外在人伦秩序，以安人心。

祭神如神在，敬鬼神而远之，不深究并不等于不承认，暗在毕竟留下一块空白。佛教中国化是不是向外探寻暗在的实践？冯友兰先生所谓"极高明而道中庸"算不算对内在外在、暗在明在的解决方式？

居于信仰生活中心的是人的心灵，信仰生活追求的是灵性上的满足。心灵交通的最高层次是不用交通。各式各样的宗教之所以存在，也许在培养我们处理外在和内在、明在和暗在的关系上历练我们的心灵感受和情操。我们在宗教的超自然里感动觉悟，但是我们不在超自然里生活。所有的寓意和通达都是为了启示现实人生。

第二，信仰生活和对信仰的反思同在。

人类不仅是一种客观存在物，而且能意识到存在并不断反思这种存在方式，因此信仰生活与在此生活中对信仰的反思几乎是同步的。在人类生活早期，东西方都流传有大量自然崇拜、图腾崇拜、祖先崇拜的神话，这些神话折射出人类早期对信仰对象和信仰生活的一种自我认识和理解。而今天，在钢筋水泥的丛林里，在上天入地的科学探索中，这样的神话灰飞烟灭，失去存在的土壤和理由。但这并不意味着现在的人类没有自己的信仰生活，随着自我意识的发展和变化，信仰对象和信仰生活的内容和形式也发生很大的变化。信仰与对信仰的反思同在，怀疑长在信仰里。打破各种具体信仰形式、信仰内容的对立，探索各种具体信仰形式和信仰内容的共同点，深入研究信仰的一般本质，成为一种必要而且必然的趋势。

时至今日，主体化、个体化、多样化和务实化的增强和明朗是总的趋势，这些变化和特征在信仰层面上一定会有所反映。一方面，信仰本质上是自由的、富于主体性的，社会上信仰现象的多样化从来都是一个基本的现实，不能因为它表现出来而乱了阵脚、惊慌失措，而是要积极探索和发展面对多样化局面进行正面建设的新方法、新形式；另一方面，也要相信，符合人民大众生存发展要求的"正信"一定会在生活实践中成为主流，当然从信仰危机到出现转机再到重建信仰有一个可能较长的阶段。

第三，科学的信仰和科学地对待信仰有别。

无论具体对象是什么，信仰这种精神形式的特征都在于把某种价值信念置于统摄思想和行动的地位，成为自我意识活动的中枢。因此，信仰的确立是对人整个生存方向的把握，人们信仰什么归根到底就反映了这种把握的程度。在这个意义上,我们可以肯定地说,信仰确实也有一个自觉与不自觉、科学与不科学、先进与落后的区别。

信仰的科学化,有两种解释,即对科学的信仰和科学地对待信仰。科学虽然不能直接证明上帝不存在,也不能证明天堂和地狱不存在,但它能不断提供我们所需要的关于世界各个领域的知识和真理,同时它也代表和倡导一种健康积极的人类精神。所谓"弘扬科学精神",包括科学地对待一切非科学的、非理性的东西。科学当然不能代替价值和价值观念,科学本身不等于信仰,但科学能够帮助我们历史地、深入地说明价值观念并指导其建设。我们要重视用科学的、理性的态度去对待那些不属于科学认识领域的现象,如兴趣、愿望、情绪、体验、信仰等,提供适合其特点的引导。科学评价的核心,是解决对象本身各种意义上的"真实性"问题,包括事实发生和存在的真相、依据、条件、范围、变化的可能性空间以及主要趋势等,对有重大影响或争议的社会问题包括信仰对象,要首先落实科学评价的程序,让科学评价先于政治、经济、道德等功利评价,在弄清"事实"的基础上再来权衡价值。

应该看到各种宗教在处理明在和暗在、内在和外在关系上的探索,借鉴吸收其基于人性和心理的方法和艺术,但不能因此就被某些教义牵着鼻子走。人世的问题可以有超人世的想象和思考,却不能在超人世中解决,"做好人"的承诺归根到底也要在人生一世中得到归位和落实,这是一个基本常识。随着人均寿命的延长,离退休老龄人口的增加,个人的精神需求和投入开始具有更加普遍的社会意义,这是"安妥今生"的新情况,也是一个能够反过来影响社会进程的巨大思想文化空间。这个领域,如何使健康合理的生命观、幸福观、事业观、道德观、家庭观引领主流就是一个具有重要意义的社会问题,严肃的科学精神应在其中起作用。

陈:最后请您谈谈今后研究的一些计划和设想。

黄: 从20世纪80年代至今,我国价值论研究的力度和规模,曾出现爆发式增长,并已加入这一领域前沿的国际对话。正如中国价值哲学研究会前会长李德顺教授所强调的那样:我国的价值理论并不是先学了西方再来模仿的产物,也不是在原有哲学教科书体系框架内重组和发挥的产物,而是反映了"文革"之后一种历史反思和理论重建的趋势。20世纪70年代末的"真理标准问题大讨论"既是它的历史起点,也是它的逻辑起点。这种研究的基础、取向和风格，既有普遍的哲学理论和逻辑根基，又有特殊的中国历史文化和当代实践根基，是以理论和实践中的"问题"为对象，跨越了单纯学习和引进的阶段，用中国式的体验、话语和风格，走向了这一领域的深处。诚然，目前的理论体系未必成熟，研究的方法和观点也存在着许多争议。但我们首先要正视并理解这段历史，珍惜这段历史，并在总体上看作是我国学者结合当代现实在理论上进行自主创新的尝试，看作是"马克思主义中国化"的一个具体表现和环节，具有构建当代中国哲学部分话语的意义。

李教授的这一段肺腑之言和理性判断是富有深意的概括，总体来说，我今后要在尊重珍惜已有同行研究成果的基础上"接着讲"，做到"接着讲"对我来说并不容易。基于我们院哲学所长期和美国华盛顿麦克林教授创立的价值研究中心的多年合作情谊，2018年6月我和导师一行专程前往拜访，建立新的学术联系。2019年起我接替何锡蓉老师担任全国辩证唯物主义研究会价值论专业委员会副会长，深感压力和责任。希望今后能继续进行价值论理论路径的研究，争取写出一本充分反映各具体价值学科内生逻辑和成长成熟历程的价值学著作。

2018年8月，根据组织安排，我到中国马克思主义研究所工作，对马克思主义中国化意义上的价值论有更多关注，先后承担了国家高端智库、中宣部委托的"新时代中国特色社会主义思想若干问题""讲好中国故事，增强中国话语体系的国际影响力""跟踪阐释研究重大理论与现实问题机制"等专项课题。

一路走来，我基本是在利用业余时间做研究。尤其是2004年到2016年的这12年间，我不停地在上海社科院各个职能处室轮岗，科研处3年，党委宣传部7年，党政办公室2年，其间还曾兼任第四届青年学术交流中心主任、第一届和第二届世界中国学论坛副秘书长。我绝大部分精力都被大量事务型工作占据，只有夜深人静的时候才能坐下来阅读写作，尽量跟上同行专家的步伐。虽然研究成绩比较有限，却也已尽心尽力，至少我没有偷懒。当然，一路上，我也一直有导师在学术前沿披沙淘金的感召，有随时的提点和关键时刻的精神支持。很是想念那些稍纵即逝的时光。

【执行编辑：孙伟平】

我国价值论研究主要著作巡礼

A Tour of the Main Works on the Study of Axiology in China

"价值王国"的探索者

——读李连科的《世界的意义——价值论》

杨 丽[*]

【摘 要】《世界的意义——价值论》（人民出版社1985年版）是我国第一部马克思主义价值论专著，是我国价值论研究"奠基时代"最重要的学术成果之一。这本书不仅阐明了马克思主义价值论存在的理论依据，也确立了价值范畴的主体性范式，还明确了价值论的实践向度。《世界的意义——价值论》不仅远未过时，而且仍然是影响中国价值论研究的主要作品之一，是我们反思价值问题的主要思想来源之一。这一点，特别由于我们当前社会生活的实际经验，将得到更加明确有力的凸显。

【关键词】《世界的意义——价值论》；价值论；价值本质；主体需要的客观社会性

"任何真正的哲学都是自己时代精神的精华。"[①] 20世纪80年代初在中国兴起的作为一种哲学理论的价值论正是我国改革开放的产物。在此意义上，不管我们出于何种理论兴趣或现实关怀，倘若要回顾和展望中国价值论研究的兴起、演进和发展，那么就绝不可能绕过我国改革开放这一"宏

---

[*] 杨丽，上海大学马克思主义学院讲师，主要研究为方向价值论。
[①] 马克思、恩格斯：《马克思恩格斯全集》第1卷，人民出版社，1956，第121页。

大叙事"。对此，著名出版家丛晓眉在评述李连科的另一部重要学术成果(《价值哲学引论》)之时，就曾开门见山地说："在本世纪绝大部分的时间里，价值哲学在中国杳如黄鹤……只是到了中国改革开放之后，人的问题、人性的问题、人道主义问题、人的价值问题才一同被提了出来。首先是人的解放成为前提，人的哲学成为可能，其次才是价值哲学成为现实。"①《世界的意义——价值论》就是在这样的背景之下写成的。

如果说价值论是"在中国姗姗来迟而又忽如一夜春风来的最后绽放的花朵"②，那么，毫无疑问，《世界的意义——价值论》是在改革开放的春风中绽放得最耀眼的花朵之一。李连科作为20世纪80年代中国"价值热"思潮兴起最重要的参与者和中国价值论研究最主要的奠基者之一，他为了建立一种科学的、系统性的马克思主义价值论，长久以来一直在辛苦钻研价值问题，最终在1985年出版此书。在这本书中，李连科充分运用了自己在主体和客体、人的需要、人的本质、社会主义人道主义等问题上的研究成果，为中国价值论的探讨提供了广阔的视野和宽厚的理论背景③。学界一致认为这本书是"我国哲学界第一本马克思主义价值论专著"④，它的出版"标志着我国价值问题的研究进入了一个新的阶段"⑤。而在《世界的意义——价值论》出版之后，李连科又相继出版了《哲学价值论》(中国人民大学出版社1991年版)、《价值哲学引论》(商务印书馆2001年版)。他在完成其研究价值问题"三部曲"的同时，一步一步把价值论研究推进到一个新的学术层面，从而极大地推动了中国价值论研究的发展。

一 《世界的意义——价值论》的问题意识

改革开放之后，价值问题在社会变革中表现出来的复杂性和现实性，一开始就为思想家们所感知和思考。《世界的意义——价值论》集中反映了

---

①② 丛晓眉:《人的哲学与价值哲学——读李连科〈价值哲学引论〉》,《中国出版》1999年第7期。

③④⑤ 袁贵仁:《价值学是一门科学——读〈世界的意义——价值论〉》,《社会科学辑刊》1986年第6期。

以刘奔、李连科为代表的那一代学人从当时所处的社会背景出发对价值问题的反思和研究。按照李连科自己在《前言》中的表态,《世界的意义——价值论》的使命在于达成对关于"世界的意义"的"价值"问题的深切考察,并认为此举是那一代人对"面向现代化、面向世界、面向未来"的积极回应。

李连科彼时对《世界的意义——价值论》一书的自我推许中说:"过去,我们常说:认识世界是为了改造世界。但是,改造世界又是为了什么呢?人们对此却讳莫如深。其实,改造世界,就是为了创造价值,以满足人们日益增长的物质文化需要。忽视这一点,就可能在实践上导致不关心人民的物质文化生活的改善,在理论上放弃对价值问题的研究。其实,人们如果不是为了生存和发展的需要,不是为了精神愉快和自身全面的发展,他们何苦去劳神费力地认识世界和改造世界呢?如果人们在认识世界和改造世界时,没有正确反映需要的目的、动机和愿望,那么,他们的活动岂不是成了盲目的与动物没有区别的本能活动了吗?因此,人们不仅应当认识世界是什么样的这个科学问题,也应当弄清楚世界的意义,即世界对人的各种需要意味着什么的这个价值问题。"① 李连科在《后记》再次明确表态:这部著作要力求成就一种决定性的契机,即建立一种马克思主义价值论。为此李连科说:"价值论,在我国哲学的领土上,还是一片荒僻之壤,我这个不敢在哲学沃土上深耕细作的无名之辈,能涉足于此,既感振奋,又觉不安。"②

由此看来,当我们在肯定《世界的意义——价值论》之于中国价值论研究的理论开启之功时,那么应该强调的是,这本书把价值作为最内在的核心问题来系统性讨论的重要意义。这一点作者似乎与新康德主义弗莱堡学派创始人文德尔班(Wilhelm Windelband)关于西方哲学发展之势的思考有着异曲同工之妙。因为文德尔班也曾经强调:我们的时代需要一种全新的哲学,价值问题一定是这一哲学的中心;哲学只有作为普遍有效的价值的科学才能继续存在。正是在此意义上,我们认为《世界的意义——价值论》理论突破的取得首先是由于它"开辟了哲学探讨的一个新领域,提供了哲

---

① 李连科:《世界的意义——价值论》,人民出版社,1985,第 2 页。
② 李连科:《世界的意义——价值论》,人民出版社,1985,第 246 页。

学思考的一条新思路"①。然而，我们又不得不注意的是，《世界的意义——价值论》的整体立场与新康德主义弗莱堡学派的价值哲学是不完全一致的。《世界的意义——价值论》是试图在马克思历史唯物主义的理论框架下，阐明一种唯物主义的价值观，从而建立一个系统的价值论体系。因此，我们可以清楚地看到，《世界的意义——价值论》这一"新领域"和"新道路"是伴随着它对一系列根本问题的着力追问而展开的。在这里，为了更加清楚地呈现上述"新领域"和"新道路"的完整图景，请允许我做一回"文抄公"，将《世界的意义——价值论》关于价值问题的追问摘句搜章如下。

例如，马克思主义哲学是否包含价值观点呢？是否如某些人所说的成熟时期的马克思和恩格斯及其后继者再也不谈论价值问题了呢？无产阶级阶级的革命功利主义是不是一种价值观点呢？价值观点与历史唯物主义的生产力决定论是什么关系呢？又如：我们说谈的价值问题，是否是从现代西方哲学照搬而来的呢？如果不是，二者的根本区别在哪里呢？如何认识现代西方价值学呢？又如：马克思主义价值观应当包含哪些内容呢？如何理解主体—客体问题呢？如何理解主体需要的客观性和社会性呢？主体—客体间的价值关系与其认识关系和实践关系有何区别和联系呢？又如：价值与价值评价有什么区别和联系呢？价值评价与科学认识有什么区别和联系呢？认识这些问题有什么意义呢？又如：什么叫物质价值呢？生态环境为什么属于自然价值呢？经济价值与政治经济学讲的价值有什么关系呢？又如：什么叫精神价值？知识作为科学认识为什么也具有价值属性呢？道德价值的含义是什么呢？审美为什么是一种价值属性呢？又如：什么叫人的价值呢？人的价值与其创造的价值是个什么关系呢？人的价值与其占有的价值又是什么关系呢？人的价值与马克思说的人的全面而自由的发展又是什么关系呢？又如：当前改革与价值观有什么关系呢？价值观能否改变呢？价值观为什么和怎样既指导改革、又适应改革呢？②

上述追问明确宣告了《世界的意义——价值论》的问题意识和理论定位，那就是从思想上为现代化建设贡献一种新价值、新文化、新学科。若

---

① 袁贵仁：《价值学是一门科学——读〈世界的意义——价值论〉》，《社会科学辑刊》1986年第6期。
② 李连科：《世界的意义——价值论》，人民出版社，1985，第3—4页。

没有哪一代学人在 20 世纪 80 年代对上述价值问题的根本性追问，中国"价值论转向"是不可思议的。与此同时，当《世界的意义——价值论》完成对这些根本性问题的追问之际，也就同时决定了它关于价值问题的理解视域，因此，我们可以清晰地看到，作者对这些根本性问题的回答构成了这本书的主干内容，而全书标题也鲜明地标示出了作者关于这些决定性问题的立场和观点。

二 《世界的意义——价值论》的主要内容

毋庸置疑，学界对《世界的意义——价值论》的高度评价是与李连科的开拓性工作有着莫大的关联的。而为了全面理解这一开拓性工作，我们在点明了《世界的意义——价值论》问题意识之后，还有必要进一步考察这本书的主要内容。上文已经提及，这本书的核心要义是，试图在马克思主义哲学基本原理的指导下建构一个相对完整的价值论的理论框架。

而为了给这一理论框架搭建一个坚定的基石，《世界的意义——价值论》首先探究了马克思主义价值论存在的理论根据。《世界的意义——价值论》明确主张"马克思主义哲学包含价值观点"[1]。《世界的意义——价值论》做出这一论断的主要根据在于，对马克思主义哲学的理论性质和使命关怀的整体理解和深刻把握。《世界的意义——价值论》认为，马克思主义经典作家虽然没有创立一个价值论体系，却始终没有忽略价值问题，因为"当他们创建并发展他们的哲学学说时，就不会不研究所发现的诸规律对人类对社会的意义，即社会价值"[2]。换言之，按照《世界的意义——价值论》的观点，马克思主义哲学要完成揭示社会本身固有的矛盾和规律、批判资本主义之种种压抑和贬低人性现象以及憧憬和科学预言人类未来社会的发展方向的理论任务，就势必不能脱离价值问题来探讨。所以，《世界的意义——价值论》通过对马克思主义发展史的系统回顾与反思，指出了《黑格尔法哲学批判》《论犹太人问题》《经济学—哲学手稿》《资本论》《共产党宣言》等文本中对价值问题的大量论述，并在此基础上进一步认为，"马

---

[1] 李连科：《世界的意义——价值论》，人民出版社，1985，第 5 页。
[2] 李连科：《世界的意义——价值论》，人民出版社，1985，第 6 页。

克思主义的价值观点,集中地表现在无产阶级革命的功利主义上"①,从而有力地论证了"马克思主义哲学包含价值观点"这一论断。

《世界的意义——价值论》在确立了马克思主义价值论存在的理论根据之后,紧接着,从最根本性的价值问题入手尝试构建价值论理论体系。为了更加深刻地把握价值问题,《世界的意义——价值论》把研究工作再度指向了马克思主义哲学。马克思认为,价值的本质是客体和主体需要之间的一种特定关系②。显然,《世界的意义——价值论》吸收了马克思关于价值问题的本质思考。对此,作者曾这样写道:"我正是在对人的需要和主客体关系的研究中,逐渐形成了自己的价值体系。"③ 由此,《世界的意义——价值论》进一步展开了一种唯物主义价值论的理论构建。

《世界的意义——价值论》要着力探讨的是价值本质问题,因为对其他价值问题的谈论归根结底都奠基于对价值本质问题的理解上。众所周知,由于长久以来,人们总是把价值作为西方资产阶级哲学的专有名词而加以批评,所以学界一直不敢研究价值问题,生怕由此误入唯心主义的理论歧途。《世界的意义——价值论》正是要撕掉长久以来一直附着在价值概念上的"标签",因此这本书特意选评了几种有代表性的西方价值哲学,从根本上厘清了唯心主义价值观和唯物主义价值观的区别。按照《世界的意义——价值论》的理解,我们可以在以下两种含义上理解唯心主义价值观,"一是否认价值来源于客体的属性,二是把主体需要混同于一种主观经验形态的目的、情欲和意志"④。《世界的意义——价值论》总结指出,新康德主义弗莱堡学派虽然主张价值的本质是一种关系,但他们认为这种关系"不过是一种精神或心理的过程"⑤,并没有从现实客体出发明确这种关系的具体规定;实用主义价值观不仅否认价值的客观来源,把价值同主观经验联系起来,还把真理的价值属性混同于其科学属性或本质属性⑥;新托马斯主

---

① 李连科:《世界的意义——价值论》,人民出版社,1985,第17页。
② 李连科:《世界的意义——价值论》,人民出版社,1985,第55页。
③ 丛晓眉:《人的哲学与价值哲学——读李连科〈价值哲学引论〉》,《中国出版》1999年第7期。
④ 李连科:《世界的意义——价值论》,人民出版社,1985,第91页。
⑤ 李连科:《世界的意义——价值论》,人民出版社,1985,第35页。
⑥ 李连科:《世界的意义——价值论》,人民出版社,1985,第45页。

义价值观和人格主义价值观虽然不把价值归结为一种主观心态的东西，但是却把价值归结为作为一种客观精神的神、上帝①。另外，《世界的意义——价值论》还进一步分析认为，不管是以新康德主义弗莱堡学派和实用主义为代表的主观唯心主义价值观，还是以新托马斯主义和人格主义所代表的客观唯心主义价值观，都没有从主体需要的客观实在性来分析价值的本质。所以，如果《世界的意义——价值论》要构建一种唯物主义的价值论体系，那么就要弄清楚主体需要的客观社会性。

可以明确肯定的是，《世界的意义——价值论》反对把主体需求等同于主观欲求，它强调"人的需要不仅在本质上是社会性的，也是客观地被决定的"。对此，《世界的意义——价值论》提醒我们："坚持唯物主义价值观，还是坚持唯心价值观，关键就在这里。"② 为了着力阐明这一理论关键点，《世界的意义——价值论》专辟一节另着笔墨系统论证了主体需要的客观社会性，最后得出结论：价值的本质是一种客观的社会属性。《世界的意义——价值论》的论证是，如果说价值是主体与主体需要之间的特定关系，那么只要客体（自然价值、社会和精神产品）是客观的、人的主体需要（包括精神需要）是被社会历史客观地决定了的、客体和主体需要之间的关系也必定是客观的③，价值也就是客观的了。一言以蔽之，价值来源于客体、取决于主体、产生于实践④。

《世界的意义——价值论》为了进一步明确价值是一种客观的社会属性，它还探讨了评价的问题。因为人们之所以经常把价值误认为是一种主观唯心主义的观念，还有一个很重要的原因，那就是混淆了价值与价值评价。《世界的意义——价值论》的观点是，价值评价是价值在意识中的反映，是对价值的主观判断、情感体验和意志保证及其综合⑤。可见，价值评价作为一种意识反映，有真有假，具有主观性⑥。价值评价具有主观性和任意性，但并不意味着价值也是一种主观唯心主义的。这是《世界的意义

---

① 李连科：《世界的意义——价值论》，人民出版社，1985，第50页。
② 李连科：《世界的意义——价值论》，人民出版社，1985，第88页。
③ 李连科：《世界的意义——价值论》，人民出版社，1985，第100—101页。
④ 吴向东：《中国价值哲学四十年》，《当代中国价值观研究》2018年第6期。
⑤ 李连科：《世界的意义——价值论》，人民出版社，1985，第106页。
⑥ 李连科：《世界的意义——价值论》，人民出版社，1985，第106页。

——价值论》在论述评价问题的时候一再强调的观点。另外,《世界的意义——价值论》还分析了价值与科学认识的关系,指出:"现代西方哲学的一个认识根源就是在于混淆了价值评价与科学认识的关系,用价值评价取代科学认识,大谈有用的便是真理。而我们的有些同志之所以拒绝任何价值评价问题,以为价值评价反映了主体需要的不同便是唯心主义,实际也是没有弄清二者的区别和联系。"① 由此,我们可以看到,《世界的意义——价值论》在探讨完价值和价值评价的关系问题之后,也专门安排一章内容继续分析价值评价与科学认识的区别和联系。

通过《世界的意义——价值论》的上述工作,价值的客观的社会属性已经得到了完整揭示。同时,对于这种以构建一种唯物主义价值论体系为本己任务的思想而言,《世界的意义——价值论》的思想特征也就变得愈发清晰了。而为了进一步在历史唯物主义的框架内勾勒出一个以马克思主义哲学为思想底色的价值理论,《世界的意义——价值论》最后还花了大量的篇幅分别探讨了物质价值、精神价值和人的价值的问题。《世界的意义——价值论》的基本观点是,我们不能把价值问题局限于主观心灵方面,而是要把它放到社会历史的范围内来谈论,这种社会历史实践的尺度才是我们理解价值问题的关键。《世界的意义——价值论》按照主体需要的不同,首先区分了物质价值和精神价值。《世界的意义——价值论》认为,物质价值是自然界本身或经过加工改造的自然物作为客体同主体的生存和发展所不可缺少的物质需要关系,因此,按照客体是天然的自然还是人化的自然,又可以进一步区分为自然价值和经济价值。而精神价值是指客体(自然、社会、精神产品)同人的精神文化需要的关系,它包括知识价值、道德价值和审美价值。除此之外,《世界的意义——价值论》还在集体主义的原则下讨论了人的价值问题。人的价值是作为主体的人的需要和客体的人之间的关系,人的价值取决于他所创造的价值,人的价值的最高目标是全面自由的发展。但无论是物质价值、精神价值还是人的价值,它与任何一种价值一样,都是客观的,是由一定的客观历史状况决定的。至此,《世界的意义——价值论》已经为我们呈现出了马克思主义价值论的理论轮廓。

---

① 李连科:《世界的意义——价值论》,人民出版社,1985,第109页。

三 《世界的意义——价值论》的理论贡献

如果从杜汝楫发表的《马克思主义论事实的认识和价值的认识及其联系》(《学术月刊》1980年第10期)一文算起,那么,中国价值论的发展已经40余年了。时至今日,国内学界关于价值论研究的各种专题性论文和学术专著可谓是汗牛充栋。虽然当今的中国价值论的研究成果早已在吸收和消化李连科等老一批价值论专家学者的思想基础之上而在理论上显得更加具有完备性和体系性,然而当我们在重新再读《世界的意义——价值论》的时候,不免还是会被作者所体现出的"理论勇气"[①]所折服。《世界的意义——价值论》所带有的开拓性质早已不言而喻。它对于中国价值论的发展起着奠基性的作用,这一开拓性意义主要呈现在下面方面。

第一,阐明了马克思主义价值论存在的理论依据。众所周知,价值问题在一段时间内在我国是无人问津的。对此,《世界的意义——价值论》有力地指出了:之所以会形成此种尴尬情景,是因为人们从根上误解了马克思主义哲学与价值问题的关系,误认为马克思主义哲学只讲生产力决定论,不讲价值问题。由此,《世界的意义——价值论》不仅仅通过系统性地梳理马克思主义经典作家的文本从而强调,马克思"从哲学的意义上谈论了价值问题,并且为价值哲学做了哲学上的界说"[②];还精心地为我们勾画了一个马克思主义价值论的理论轮廓。《世界的意义——价值论》连同李连科价值论研究"三部曲"的另外两本著作(《哲学价值论》《价值哲学引论》),是他构建一个相对独立的马克思主义价值体系的根本尝试。而《世界的意义——价值论》作为价值论研究"三部曲"的"首部"在问题意识和观点立场上与后面两部构成了深刻的呼应关系。因此,我们也可以说,无论后面两部著作对价值问题的认识深化到何种程度,其实,它们也始终都构成了对《世界的意义——价值论》之重要性的见证。在本文看来,《世界的意义——价值论》对于中国价值论研究而言首要的理论意义在于,明确马克

[①] 李崇富、李景源:《马克思主义价值观的积极探究——简评〈世界的意义——价值论〉》,《人文杂志》1986年第5期。

[②] 李连科:《世界的意义——价值论》,人民出版社,1985,第14页。

思主义价值论存在的理论根据。对此,有学者指出:"《价值论》① 的最大价值还在于它以其全部的内容和它本身的实际向人们说明,价值论是一门科学。马克思主义哲学也可以创立自己的价值体系"②。

第二,确立了价值范畴的主体性范式。价值范畴是价值哲学的逻辑起点和理论基础。笼统来说,所谓价值范畴是关于价值的普遍本质的基本概念,它包含了价值的本质、价值关系、价值选择、价值判断、评价活动等一系列基本问题。而其中,价值的本质问题是价值范畴中最核心的问题。而《世界的意义——价值论》恰恰就是在价值的本质这一关键问题上确立了价值范畴的主体性范式。具体来说,《世界的意义——价值论》从马克思主义哲学出发把握价值的本质,从根本上否认价值是一种存在于主体之外的客观事物或者是一种主观任意的观念,而是强调价值的本质是客体和主体需要之间的一种特定关系。因此,《世界的意义——价值论》在对主客体关系问题进行了辩证唯物主义研究之后,最终指出价值关系表达的是主客关系的主体性内容。在这一关键性问题上,《世界的意义——价值论》反复强调,主客体关系问题是马克思主义哲学的中心问题之一,也是正确了解价值问题的理论前提。如果我们对主客体关系问题作机械唯物主义的理解,就取消了价值问题;反之,如果将主客体关系问题作唯心主义的理解,也会把价值研究引向歧途③;只有深刻地把握主观需求的客观社会性,才能保证马克思主义价值观的唯物主义方向。《世界的意义——价值论》为指明这一理论要点,做了一个细致的概念分析,提醒我们仔细分辨主体与主观、客体与客观的区别。尤其是,《世界的意义——价值论》阐述了主体与主观的不同。在此,本文不得不解释的是,当我们主张《世界的意义——价值论》确立了价值范畴的主体性范式,是指这本书从主体出发、从人出发深刻地把握到了价值的主体性特征,并没有把《世界的意义——价值论》强调的主体需要等同于自然本能、主观的欲望或者是主观感受等主观随意的东西。因为正是前者构成了人的自由、人的目的、人的尊严、人的价值等

---

① 指《世界的意义——价值论》。
② 袁贵仁:《价值学是一门科学——读〈世界的意义——价值论〉》,《社会科学辑刊》1986年第6期。
③ 李连科:《世界的意义——价值论》,人民出版社,1985,第84页。

具体概念的基础。换言之，坚持价值范畴的主体性范式，不能等同于认同主观价值论。而要深刻理解价值范畴的主体性范式的内容，那就还必须强调价值哲学的实践品格。

第三，明确了价值论的实践向度。事实上，"中国价值哲学出场的背景蕴涵了它的鲜明的实践旨趣"①。《世界的意义——价值论》作为中国价值论研究"奠基时代"最重要的学术成果之一，它关于价值问题的思考绝不是一种纯粹理论的抽象的思辨，而是从始至终扎根于社会生活实践。可以明确的是，《世界的意义——价值论》一开始就是从"实践性"出发去把握价值问题，把价值的本质界定为在人的生活实践中生成、并随着生活实践的发展而发展的一种主客关系。因此，如果我们说价值源于实践，那么，价值问题的解决必须诉诸生活实践，同样，价值论的研究最终也将作用于实践。这一点尤其体现在《世界的意义——价值论》结语部分关于改革和价值观的相互关系的论述。作者坦言："联系改革开放和市场经济的具体实践是我探索价值理论的一大特点。"②《世界的意义——价值论》的主张是，改革不仅需要新的价值观念的引领和推动，也要有正确的价值观指导。对此，如丹尼尔·贝尔所说："意识上的变革——价值观和道德伦理上的变革——会推动人们去改变他们的社会安排和体制。"③ 因此，在《世界的意义——价值论》的结语部分，作者再次呼吁，价值论的研究必须融入具体的历史的社会生活实践，直面改革开放的实践所引起的社会价值观念的深刻变化与内在冲突等问题，积极探究并自觉地运用价值规律，帮助人们最终实现自由而全面发展的价值目标。

总而言之，《世界的意义——价值论》是作者多年苦心探索和积极研究的结晶，作为当时"国内仅见的一个价值论体系"④，虽然书中关于价值问题的探讨仍留有争论的余地⑤，但是现在读来我们仍然可以深切感受到作者

---

① 吴向东：《中国价值哲学四十年》，《当代中国价值观研究》2018 年第 6 期。
② 丛晓眉：《人的哲学与价值哲学——读李连科〈价值哲学引论〉》，《中国出版》1999 年第 7 期。
③ 〔美〕丹尼尔·贝尔：《后工业社会的来临：对社会预测的一项探索》，高铦、王宏周、魏章龄译，商务印书馆，1986，第 529 页。
④ 李崇富、李景源：《马克思主义价值观的积极探究——简评〈世界的意义——价值论〉》，《人文杂志》1986 年第 5 期。
⑤ 俞吾金：《重视对马克思的价值理论的研究》，《当代国外马克思主义评论》2008 年第 6 期。

关于价值论研究的思想深度、理论张力以及现实关怀。中国价值论发展至今四十余年，《世界的意义——价值论》不仅远未过时，而且仍然是影响中国价值论研究的主要作品之一，是我们反思价值问题的主要思想来源之一。这一点，特别由于我们当前社会生活的实际经验，将得到更加明确有力的凸显。

【执行编辑：陈新汉】

社会主义核心价值观研究

Research on Socialist Core Values

偏向与守正

——社会主义核心价值观践行的长效监管机制研究*

吴增礼 肖 佳**

【摘　要】 社会主义核心价值观践行的长效监管机制是守正社会主义核心价值观践行、提升社会主义核心价值观践行实效的重要制度体系。当前社会主义核心价值观践行的过程中，监管明显存在"权责不清""环节缺失""方式单一""反馈不畅"等偏向问题，这是社会主义核心价值观践行效果不尽如人意的重要原因之一。坚定守正社会主义核心价值观践行的有序化、持久性和有效性，应该完善制度约束机制、优化激励奖惩机制、健全组织管理机制、创新反馈评价机制，以推动新时代道德领域治理体系和治理能力的现代化。

【关键词】 社会主义核心价值观践行；偏向；守正；监管机制

党的十九届五中全会公报指出，要坚持以社会主义核心价值观引领文化建设，加强社会主义精神文明建设，不断提高社会文明程度。社会主义

---

* 本文系国家社科基金重大研究项目"社会主义核心价值观践行的负面清单制度构建研究"（18VHJ014）的阶段性成果。
** 吴增礼，湖南大学马克思主义学院教授、博士生导师，主要研究方向为中国传统文化与思想政治教育、中国传统文化与马克思主义中国化；肖佳，湖南大学马克思主义学院博士研究生，主要研究方向为马克思主义哲学。

核心价值观的培育和践行状况直接关乎文化建设和精神文明建设水平，更直接关乎社会文明的发展程度。习近平总书记强调："培育和弘扬社会主义核心价值观，不仅要靠思想教育、实践养成，而且要用体制机制来保障"①，不断"健全规划制定和落实机制""促进满足人民文化需求和增强人民精神力量相统一"②。这一系列重要论述为建构与完善新时代社会主义核心价值观践行的长效监管机制提供了基本遵循。当前，世界范围内的多元文化相互交织，不同思想相互激荡甚至发生冲突，部分人在现实生活中出现了价值迷茫、价值观念错乱、是非善恶不分等问题，再加上缺少外在监管机制的引导和调控，致使社会主义核心价值观的践行颇为尴尬，更影响了社会主义核心价值观成为全民的自觉行动③。因此，研究如何保障社会主义核心价值观有效践行的监管机制显得尤为必要。党的十八大以来，学界从不同视角对社会主义核心价值观的基本内容、价值意义、培育方式和路径等方面进行了深入探索，并取得了丰硕成果。但是，从制度层面探讨如何保障社会主义核心价值观有效践行的研究还较为薄弱，专门从监管角度来分析社会主义核心价值观践行过程的学术成果更是少见。本文拟从监管视角切入，剖析当前社会主义核心价值观践行过程中的偏向问题，阐明长效监管机制对于守正社会主义核心价值观践行的价值意蕴，最后分析如何通过建立健全长效监管机制来守正社会主义核心价值观的有效践行，以期推动社会主义核心价值观在全社会落地生根、开花结果。

一 从监管角度关照社会主义核心价值观践行存在的问题

监管这一概念被广泛运用于不同学科，具有非常丰富的含义。在经济学中，监管是指"消费者、企业和管制机构互相结盟并讨价还价的过程"④；

---

① 中共中央文献研究室：《习近平关于社会主义文化建设论述摘编》，中央文献出版社，2017，第111页。
② 《中共十九届五中全会在京举行》，《人民日报》2020年10月30日。
③ 《推动全社会形成共同的价值追求》，《人民日报》2015年4月17日。
④ 〔美〕丹尼尔·F.史普博：《管制与市场》，余晖、何帆、钱家骏、周维富译，格致出版社，2017，第2页。

在政治学中，监管主要是指"管制者基于公共利益或者其他目的依据既有的规则对被管制者的活动进行的限制"①；在管理学中，监管的含义是指"对人员的行为状态、活动现场、特定作业环节、项目流程进行监视和管理，以确保组织预定目标的实现"②。而本文探讨的监管主要是指监管主体为了推动和保障社会主义核心价值观的践行，通过利用制度约束、激励奖惩、组织管理、反馈评价等手段对社会成员践行社会主义核心价值观的过程进行监督管理、约束调控的过程。党的十八大以来，中共中央出台了一系列关于培育和践行社会主义核心价值观的指导性文件，作出了一系列重要决策部署，通过全社会的共同努力，培育和践行社会主义核心价值观的各方面工作不断呈现出向上向好的发展态势。同时也要看到，与推进国家治理体系和治理能力现代化建设的要求相比，把社会主义核心价值观融入制度机制建设，还存在不小差距③，尤其是在社会主义核心价值观践行的监管方面，依然存在明显的偏向问题，需要予以高度关注。

（一）监管主体权责不清，社会主义核心价值观践行的监管效能不高

监督和管理社会主义核心价值观的践行过程，努力提升其践行实效，这是社会主义核心价值观践行监管主体义不容辞的责任。"各级党委和政府要充分认识培育和践行社会主义核心价值观的重要性，把这项任务摆上重要位置，把握方向，制定政策，营造环境，切实负起政治责任和领导责任。"④ 但是由于相关制度体系不健全，缺乏有效的协同机制，社会主义核心价值观践行的监管工作长期处在一种"九龙治水"的状态下。尽管多部门各自承担不同领域的监管责任，但各部门和各个监管主体之间权责边界和权责分配并不明确，甚至部门之间互相推卸监管责任，导致部分监管环节出现了监管重复、交叉甚至缺位的现象。监管主体权责不清，不仅严重

---

① 曾国安：《管制、政府管制与经济管制》，《经济评论》2004年第1期。
② 晏维龙、李昆：《监管学》，高等教育出版社，2016，第3、15页。
③ 《中共中央办公厅、国务院办公厅印发〈关于进一步把社会主义核心价值观融入法治建设的指导意见〉》，《人民日报》2016年12月26日。
④ 中共中央办公厅：《关于培育和践行社会主义核心价值观的意见》，《光明日报》2013年12月24日。

耗费了监管资源，极大降低了监管效率，也在某种程度上阻截了社会主义核心价值观的落地生根。

党政干部是继承与发展中国特色社会主义文化的重点群体，其道德修养和作风形象直接影响着全社会道德风尚，因而必须明确自身责任，在践行社会主义核心价值观过程中发挥应然的示范表率作用，引领和带动广大社会成员自觉践行社会主义核心价值观。但是，此人群中的一些人在现实生活中未完全履行社会主义核心价值观倡导的基本理念，未能在践行中发挥示范引导作用。而对此负面影响的有效处置，并没有完全把培育和践行社会主义核心价值观同各领域的行政管理、行业管理和社会管理结合起来，没有完全形成齐抓共管的工作格局和监管合力，这就使得社会主义核心价值观践行的监管效果大打折扣。同时，由于监管组织结构体系尚不健全，在监管过程中未能明确、细化各责任主体的职责权限，使得社会主义核心价值观践行的各级监管主体不能完全相互配合和同向发力，就难免出现"各唱各的调，各吹各的号"的推诿扯皮现象，难免出现监管盲点和工作韧劲不足等问题。因此，社会主义核心价值观践行的监管效能就不能得到充分彰显，社会主义核心价值观的培育和践行也就无法取得理想的成效。

（二）监管环节存在缺陷，社会主义核心价值观践行的事前预防效果不理想

"监管其实是一个事前预防、事中控制和事后救济的过程。"[①] 社会主义核心价值观践行的监管过程亦应是如此。但是在实际工作中，由于部分监管者对事前、事中、事后三个监管环节的重视程度不一，监管过程出现了监管环节衔接不良，甚至环节缺失的现象，监管者很多时候不能对社会主义核心价值观的践行过程进行全方位、全过程的有效监管。某些监管主体只在问题发生后进行事后监管，而忽视事前的预防监管，以致于没有达到防患于未然的理想效果，未能及时发现个别成员践行社会主义核心价值观存在的潜在失范问题和不稳定因素，这也在一定程度上消解了社会主

---

① 晏维龙、李昆：《监管学》，高等教育出版社，2016，第3、15页。

核心价值观的示范引领作用。

古人说：消未起之患、治未病之疾，医之于无事之前。管理学中的"破窗效应"也表明，如果不能及时预防、制止和矫正社会生活中正在发生的失范行为和偏差问题，就会诱使社会其他成员普遍效仿，进而导致严重的管理危机，使社会呈现出一种混乱、无序的状态。同时，由于个体的思想与行为具有一定的隐蔽性和不可观察性，就更需要发挥事前监管环节的防范、警示功能。但目前由于制度、技术、专业人员等条件的限制，监管部门尚不能对社会主义核心价值观的践行过程进行全方位监管，尤其没有对事前监管环节给予充分重视，监管部门未能通过预警机制及时察觉监管对象可能出现的思想或行为偏差问题，并采取相应纠正措施防微杜渐，这也就不能把事前监管工作落到实处，从而制约了社会主义核心价值观践行监管工作的顺利开展和监管目标的实现。

（三）监管方式单一化，社会主义核心价值观践行的动力不够强大

目前，在社会主义核心价值观践行的监管工作过程中，主要采取柔性监管、硬性监管、政府单一监管、社会协同监管等几种方式。这些监管方式各有优势，在监管过程中需要综合使用、灵活交叉运用才能达到理想监管效能。然而在实际操作过程中，由于当前监管体制机制尚不完善，有部分监管主体总是不分情况偏向使用单一监管方式，以致于监管客体对监管工作的感知度和认同度不强，未能将外部监管压力转变为行为选择的内在动力，使得个体自觉践行社会主义核心价值观的动力和意愿不够强大。

培育和践行社会主义核心价值观的动力来自国家价值目标与个人价值追求的有效对接。长效监管机制是实现两者对接的一种实践取向和制度保障。然而现实生活中有部分监管者对国家、社会、个人层面价值观之间的关系认识不清，在监管过程中过分强调国家宏观层面的价值目标，而忽略了个体微观层面的价值取向和利益诉求。与此相对应，在监管方式上也只是偏向于采用教育教化、思想灌输等柔性监管方式，而不重视利益激励性方式和法律惩治性方式的应用，对被监管者做好做坏采取同样的态度，奖赏和惩罚不够分明。这就使得正确的价值行为得不到制度的激励和保护，

违背社会主义核心价值观的行为成本很低，从而难以为社会成员主动参与社会主义核心价值观践行活动注入持久动力。同时，由于监管部门尚未构建形成规范的利益导向机制和相应监管方式，不能有效处理践行过程中的利益关系问题，最终导致社会成员践行的热情不高、动力不足。此外，由于受到传统全能型政府监管模式的影响，有部分监管者认为政府是社会主义核心价值观践行唯一的监管主体，在实践过程中只采用单一政府主导监管方式，而没有让非政府组织、企业、媒体等监管者参与进来形成监管合力，使得监管力量不足，效果不强，未能将外部监管压力有效转化为社会成员积极践行的内在动力。

（四）监管回馈渠道不畅，社会主义核心价值观践行的问题反馈不够及时

随着大数据技术的快速发展和广泛应用，社会主义核心价值观践行的监管渠道日益拓宽，监管方式和手段也日趋多样。但由于制度、政策、技术、管理、专业素质等因素的影响，"有的地方和部门运用法治推动社会主义核心价值观建设的意识和能力不强"[①]，尚未"构建网上网下一体、内宣外宣联动的主流舆论格局，建立以内容建设为根本、先进技术为支撑、创新管理为保障的全媒体传播体系"[②]，导致我们未能搭建科学有效的网络信息化监管平台。再加上高素质、专业化监管人员的缺乏，监管主体难以及时觉察到监管对象的现实行为与社会主义核心价值观要求之间存在的不协调情况，因而就不能迅速向监管信息部门反馈大众在践行过程中的实时动态，更不用说矫正和规避践行过程中的行为偏差问题。

及时有效的反馈评价离不开畅通的监管渠道。当前，由于信息技术和人力资源的限制，监管回馈渠道还不畅通，监管人员不能迅速对违背社会主义核心价值观的失范行为进行责任追究，践行主体也就无法及时收到客

---

① 《中共中央办公厅、国务院办公厅印发〈关于进一步把社会主义核心价值观融入法治建设的指导意见〉》，《人民日报》2016年12月26日。
② 《〈中共中央关于坚持和完善中国特色社会主义制度、推进国家治理体系和治理能力现代化若干重大问题的决定〉辅导读本》，人民出版社，2019，第26页。

观公正的信息反馈和评价。此外，没有完全建立健全"政策评估和纠偏机制，防止具体政策措施与社会主义核心价值观相背离"①，最终影响实现公共政策和道德建设良性互动，影响对社会成员践行情况作出客观及时的反馈和评价。总的来说，社会主义核心价值观践行监管机构的技术创新能力和治理能力还有待加强，部分监管人员不能有效利用诸如"互联网+监管"类似平台来快速获取和运用大数据资源，问题处理和评估反馈环节还比较滞后，监管工作的时效性不强，从而也就无法及时为国家政策、措施的制定提供参考依据。

社会主义核心价值观的践行是一个长期过程，不可能仅仅依靠软性约束方式就能保证践行取得实实在在的成效，还需要以常抓的韧劲构建科学有效的践行监管机制。具体在实际工作中，就要敢于直面监管过程中"权责不清""环节缺失""方式单一""反馈不畅"等偏向问题，充分发挥监管机制的功用。就此而言，如何构建出一种结构合理、运行有效的长效监管机制，就成为当前社会主义核心价值观建设领域亟待解决的重要理论和实践议题。

二 监管机制之于社会主义核心价值观践行的价值意蕴

监管是一项基于特定目标行事的高级控制活动，主要目的在于维护秩序，辅助和协同组织实现预期目标，它具有防患未然、纠正偏差、强制保障、反馈控制等功能。社会主义核心价值观践行的长效监管机制是由制度约束机制、激励奖惩机制、组织管理机制、反馈评价机制相衔接起来的一整套比较稳定的、系统的、能长期发挥预期功能的监督管理体系，是守正社会主义核心价值观践行，保证践行过程有序化、常态化的一种制度体系。

（一）强化监管对象践行社会主义核心价值观的他律意识和自律意识

"道德的基础是人类精神的自律，而宗教的基础则是人类精神的他

---

① 《中共中央办公厅、国务院办公厅印发〈关于进一步把社会主义核心价值观融入法治建设的指导意见〉》，《人民日报》2016年12月26日。

律。"① 在马克思看来,道德不仅有自律性,而且也有他律性,是自律与他律的统一。个体的自律意识与他律意识在道德建设中同样发挥着重要的作用。当前,我国社会利益格局发生深刻变化,多元思想文化相互激荡,社会主流价值遭遇市场逐利性的挑战,人们的道德自律意识日渐式微,更遑论自觉践行社会主义核心价值观。而社会主义核心价值观践行的长效监管机制通过制度约束、激励奖惩、反馈评价等一系列制度体系起作用,不仅有助于规范和调控人们践行过程中的失范行为和偏差行为,强化监管对象的他律意识,还有助于强化人们践行社会主义核心价值观的自律意识,把社会主义核心价值观内化为自身的精神追求。

长效监管机制是一种刚性制度体系,具有强制性、规范性的特点。通过监管制度的威慑力,不仅有助于帮助社会成员预见违规行为所要付出的巨大成本,打消违规行为主体的侥幸心理,还能进一步增进社会成员对监管机制的敬畏感和遵循程度,强化社会成员的他律意识。个体的自律建立在对社会规范、制度规则认同的基础上,他律监管是自律意识形成的前提和重要保障。对于那些思想觉悟和道德水平不高的人来说,如果外在监管机制的强制力和震慑力不够强大,他们就会无视主流价值观念和法规制度,随心所欲,任意妄为,对社会造成极其恶劣的负面影响。而长效监管机制以国家强制力为后盾,能够强制性地使那些道德自觉意识薄弱的人遵章守法,倒逼监管对象将社会主义核心价值观确立为自身的价值目标和理想追求,并引导他们慢慢养成良好的道德行为习惯,从开始被动地接受主流价值观转变为主动践履,从而不断增强大众践行社会主义核心价值观的自律意识和积极性。

(二)有效纠正被监管对象践行社会主义核心价值观的偏差行为

长效监管机制作为一种规范、纠正个体偏差行为的制度性工具,对社会成员具有重要的价值引领和行为塑造功能。它能够及时追踪被监管对象的动态活动过程,并对其不利于社会主义核心价值观践行的行为进行有效制止和矫正,避免"破窗效应"的形成。目前,人们在国家、社会和个体

---

① 马克思、恩格斯:《马克思恩格斯全集》第1卷,人民出版社,1956,第15、71、82页。

价值观层面的践行表现是比较令人满意的。但是仍然有部分成员在践行过程中存在一些偏差行为，比如在诚信观的践行上，一些社会成员"造假欺诈、不讲信用的现象久治不绝"[①]；在友善观的践行上，出现了高铁"霸座"、公交"互殴"等不良现象。针对这些不文明行为乃至违法事件，仅仅诉诸柔性管理手段是不够的，更关键的是要通过强制性、规范性的法规制度来加以解决。因此，只有建立健全长效监管机制，构建系统完备、科学可行的事中、事后监管体系，才能促使社会成员在践行过程中明边界、守规矩、不逾矩，有效维护社会秩序和谐稳定，推动构建与我们不断提升的物质文明相适应、与我们的大国身份相匹配的精神文明素养。

长效监管机制注重事前预防和事后反馈。所以，一旦发现问题，监管主体就能够及时将被监管对象的行为结果与预先标准进行比较分析，衡量被监管对象的行为是否出现偏差，并对具有偏差苗头的行为迅速采取相应的预防措施。监管部门还会借助舆论监管的力量，利用新闻媒体来揭示社会主义核心价值观践行过程中的严重偏差行为，将违规行为主体置于公众的舆论压力之下，有利于打消其侥幸心理，引导他们主动反思和修正自身的偏差行为，敬畏社会的底线规范。同时，随着当前现代信息技术的快速发展，监管机构可以通过建立现代化的信息监管平台对监管对象的活动过程进行实时追踪，根据监管数据信息判断个体偏差行为的严重程度，进而采取不同的惩治措施和纠正手段，避免类似的违规行为再次发生。

（三）营造社会主义核心价值观践行的良好社会环境

要使社会主义核心价值观发挥应然功效，离不开优良社会氛围的滋养和熏陶。当前，由于部分监管主体尚未转变传统监管理念，认为自我教育至关重要，监管机制无关紧要，致使全社会躬体力行践行社会主义核心价值观的氛围不浓、热情不高。而长效监管机制始终坚持惩恶扬善的思路，以制度激励强化正确价值行为，以制度强力矫正偏差行为，能够有效减少社会主义核心价值观践行过程中"事不关己，高高挂起"的冷眼旁观问题，破解集体行动的困境，为营造良好社会环境提供重要制度支撑。

---

① 《中共中央国务院印发〈新时代公民道德建设实施纲要〉》，《人民日报》2019 年 10 月 28 日。

"正义是制度的首要价值，赏善罚恶是制度的应有之义。"① 长效监管机制以赏罚分明为制度设计原则，有助于形成一种扶善惩恶、奖优罚劣的良好导向。马克思指出："人的本质并不是单个人所固有的抽象物，实际上，它是一切社会关系的总和。"② 人作为一种社会性动物，具有追求内在精神的自我实现需要。同时，人的社会属性决定了道德实践活动离不开自身所生活的社会环境。在一个社会道德水平普遍较高的环境中，就会促进社会成员的道德自觉实践。尤其是那些得到大多数社会成员认同的先进模范人物，他们能够释放出强大的正能量，产生正向的示范带动效应。因此，一方面通过激励机制，对积极践行社会主义核心价值观的个体给予应有的奖励与荣誉，有助于激发其他社会成员学习和效仿的积极性，进而形成一种全社会争先践行核心价值观的良好环境。另一方面，借助惩戒机制及时将失范和偏差行为呈现在公众面前，对那些违反和损害社会主义核心价值观的行为给予严厉处罚，有助于警示他人，在社会成员中形成一定的威慑力，促使人们自觉遵守和践行社会主义核心价值观，从而营造出"以践行社会主义核心价值观为荣，以违背社会主义核心价值观为耻"的良好社会风气。

（四）推进社会主义核心价值观践行的治理体系和治理能力现代化

党的十八大以来，我国的经济社会发展水平有了很大提高，但是人们的思想道德观念还未跟上时代步伐。社会领域道德滑坡、道德失范、道德冷漠现象日益凸显，社会主义核心价值观这一主流价值观念也未得到全体社会成员的广泛认同和深入践行。而这些问题的解决仅仅用说服教育的方式是远远不够的，尤其需要以监管机制的硬性规范为依托，充分发挥其对社会主义核心价值观践行的引导、约束、调控和保障作用，以促进社会主义核心价值观治理领域的有序与健康发展。作为新时代道德治理体系的重要组成部分，长效监管机制始终坚持惩恶与扬善相结合的思路，既能以制度的刚性强力惩治和纠正与社会主义核心价值观要求相背离的偏差行为，

---

① 喻文德：《论社会主义核心价值观的制度化建设》，《中国特色社会主义研究》2016年第2期。
② 马克思、恩格斯：《马克思恩格斯全集》第3卷，人民出版社，1960，第5页。

又能以制度的激励功能使行为主体更为主动和积极地坚持践行社会主义核心价值观的行为选择,有助于形成监管机制与社会主义核心价值观践行良性互动的治理格局。为此可以说,进一步健全和创新社会主义核心价值观践行的长效监管机制是实现社会主义核心价值观践行治理体系和治理能力现代化目标的关键举措。

马克思指出:"法律是肯定的、明确的、普遍的规范,在这些规范中自由的存在具有普遍的、理论的、不取决于个别人的任性的性质,法典就是人民自由的圣经。"① 相对于思想灌输、理论说教等柔性管理方式而言,长效监管机制是一种硬性管理机制,具有较强的制度权威性和制度约束力,能够有效解决社会主义核心价值观践行过程中出现的偏差问题,不断增强社会成员对社会主义核心价值观的认同感和践行度。同时,监管机制的良性运行要求监管主体具备良好的治理能力,能够运用多种监管手段处理好践行过程中的偏向问题,有助于化监管制度优势为道德治理效能,以维护公共生活的良好道德秩序。另外,作为保障社会主义核心价值观践行的一种刚性治理体系,长效监管机制通过一系列配套的制度、规范长期发挥作用,具有很强的规束力和威慑力。它不仅可以为新时代公民道德建设工程提供制度保障,也能推进社会主义核心价值观践行治理体系的完善和治理能力的提升,使社会主义核心价值观践行的治理效能得到充分彰显。概言之,社会主义核心价值观的培育和践行属于国家治理的一部分,社会主义核心价值观践行的治理体系和治理能力现代化离不开长效监管机制的有力支撑,长效监管机制的进一步完善和发展也能够为推动社会主义核心价值观的落地生根和全社会道德素质提升提供重要制度保障。

面对中华民族伟大复兴战略全局和世界百年未有之大变局,必须全方位推进社会主义核心价值观的践行工作。而社会主义核心价值观践行的长效监管机制不仅能够强化人们践行的他律意识和自律意识、有效纠正践行过程中的偏差行为、营造有利于践行的良好社会环境,还能促进社会主义核心价值观践行的治理体系和治理能力现代化。而且,监管机制也能够纠

---

① 马克思、恩格斯:《马克思恩格斯全集》第 1 卷,人民出版社,1956,第 15、71、82 页。

正监管过程中监管者的思想理念偏向问题，帮助监管主体深刻认识到监管机制之于社会主义核心价值观践行的重要价值，确保在监管过程中贯彻执行正确的监管理念，从而推动"国民素质和社会文明程度达到新高度""社会主义核心价值观深入人心"①。

三 以长效监管机制推动社会主义核心价值观的践行

践行社会主义核心价值观是指自觉将国家、社会、个人三个层面所倡导的价值理念融入现实生活之中，并以此来指导自身实践的活动。这一过程不可能一蹴即至，也不可能一劳永逸，必须循序渐进，久久为功。不仅要靠广泛深入的思想理论宣传教育，不断增强人们的道德自觉意识，提高人们的思想品德素养，同时更需要依靠长效监管机制的长期规范和塑造，通过完善制度约束机制，优化激励奖惩机制，健全组织管理机制，创新反馈评价机制来为社会主义核心价值观的落地生根提供根本保障。其中，制度约束机制是保障，激励奖惩机制是动力，组织管理机制是前提，反馈评价机制是支撑，四种机制相互作用、相互促进，共同推动和保障社会主义核心价值观的有效践行。

（一）完善社会主义核心价值观践行的制度约束机制

制度约束机制是将社会主义核心价值观恰如其分地渗透和体现在各种各样的规章制度和行为准则中，通过制度对社会主义核心价值观践行过程中出现的问题进行约束和管理，从而调节、规范人们在践行过程中的价值关系和价值行为。诺斯认为"制度是一个社会的博弈规则，或者更规范地说，它们是一些人为设计的、形塑人们互动关系的约束"②，是调控个体行为的一种社会规则。要推动社会主义核心价值观在全社会各个角落实现最深广的践行，充分发挥其文化引领、价值塑造和社会整合的功能，必须要

---

① 《中共十九届五中全会在京举行》，《人民日报》2020年10月30日。
② 〔美〕道格拉斯·C.诺思：《制度、制度变迁与经济绩效》，杭行译，格致出版社，2016，第3页。

不断完善制度约束机制,"把践行社会主义核心价值观作为社会治理的重要内容,融入制度建设和治理工作中"①,使制度成为推动社会主义核心价值观践行的基本载体。具体而言,要从以下几个方面着手:一是要注重完善相关的经济、政治、文化制度等制度体系,把社会主义核心价值观的相关原则和要求渗透、贯穿到各项具体制度之中,使社会主义核心价值观在制度安排中、政策法规中得到充分体现,从而使之真正进入到社会生活的具体领域,体现到人民群众的日常生活之中。二是要充分发挥制度本身的约束、规范功能,及时对社会成员的偏差行为进行矫正和引导,以制度设计克服践行过程的任意性和随意性,推动整个社会形成正确的价值认识。同时也要通过制度执行将核心价值观要求具体化和可操作化,使之转化为人们的行为操守和行为准则。三是要不断加强互联网领域的建设与管理,积极建立健全相关网络法规制度,为社会主义核心价值观的践行提供风清气朗的网络空间。现代信息技术的飞速发展为社会主义核心价值观的践行提供了新的场域和新的载体,也带来了新的挑战。为此,要坚持正确价值导向,依法加强网络空间治理和网络内容建设,以规章制度为准绳,扎实做好网络舆论引导工作和网络秩序维护工作,减少践行过程中的偏差和失范行为。

(二)优化社会主义核心价值观践行的激励奖惩机制

激励奖惩机制是指对社会主义核心价值观践行过程中出现的善行义举进行鼓励与褒奖,对践行过程中出现的恶行非义进行批评和惩罚的一种监管机制。马克思指出:"人们为之奋斗的一切,都同他们的利益有关。"② 如果积极践行的行为主体得不到应有的肯定与奖赏,那么这些人有可能不再按照社会主义核心价值观所倡导的观念办事;同样,如果经常违背社会主义核心价值观的社会成员得不到应有的约束和惩罚,甚至这样做可以获取更多的利益,那么这种行为就可能会严重挫伤公众的积极性,甚至还会为部分动机不纯的社会成员所跟风效仿,造成社会上非正义行为的泛滥。因此,只有不断构建和完善激励奖惩机制,做到惩恶扬善、奖优罚劣,才能

---

① 《关于培育和践行社会主义核心价值观的意见》,《光明日报》2013年12月24日。
② 马克思、恩格斯:《马克思恩格斯全集》第1卷,人民出版社,1995,第187页。

有效调动社会成员践行的积极性，使社会主义核心价值观真正为各类行为主体所普遍接受、认同并付诸行动。具体而言，可以从以下几个方面着手：一是对自觉遵循和践行社会主义核心价值观的先进分子和模范人物给予相应的表彰和奖励，使其行为得到强化和巩固，在社会上形成示范带动效应。二是对那些违背社会主义核心价值观要求甚至违规违法的突出问题加大处罚的力度，不断提高其"缺德"的成本，使之在物质上受到损失，促使违规行为主体主动调节、矫正自己的言行，避免违规行为的再次发生。总之，监管主体只有在监管过程中做到赏罚分明、奖惩有度，才能有效地激励、引导和推动全体社会成员主动践行社会主义核心价值观，从而营造出一种向上向善、崇德尚德的良好社会风气。

（三）健全社会主义核心价值观践行的组织管理机制

组织管理机制主要是指通过加强监管组织管理、明确监管主体责任分工、划定监管范围等方式来协助监管目标实现的一种管理机制。《培育和践行社会主义核心价值观行动方案》提出："要建立健全党委统一领导、党政齐抓共管、宣传部门组织协调、有关部门分工负责、社会力量积极参与的领导体制和工作机制，不断提高工作科学化水平。"毋庸置疑，社会主义核心价值观践行过程的监管工作离不开良好组织管理体制的保障。为此，各级党委和政府作为社会主义核心价值观践行的核心监管主体，必须明确自身监管责任，积极履行监管义务，同时也要注重加强各部门之间的协调合作，防止九龙治水、政策效应相互抵消的现象。具体而言，这就要求做好以下三项工作：一是加强统筹协调，共同做好事前防范、事中纠偏和事后反馈工作。社会主义核心价值观践行过程的监管工作是一项系统工程，需要各个监管主体密切配合，各个部门相互协调，各个环节衔接良好，建立健全党委统一领导、责任部门主抓和相关部门协作、全社会积极参与的工作机制。二是提升监管水平和能力。监管主体有效监管的能力和水平直接影响到社会主义核心价值观践行的实际成效。为此，要经常组织开展相关的专业学习培训活动，帮助监管主体深刻领会社会主义核心价值观的基本精神和核心要义，充分认识监管工作的重要价值意蕴，不断提升监管人员的专业水平和工作能力。监管主体也要善于运用信息技术改进和创新监管方式和监管手段,更加有效地推动社会主义核心价值观的践行。三是强化日常监督管理,发挥榜样示范的引领作用。要加强对监管人员日常工作的督查,严格抓好各项工作任务的落实,防止监管缺位、监管交叉等现象的出现。同时,党员特别是党员领导干部在践行和监管社会主义核心价值观践行过程中应充分发挥示范引领作用,以身作则、率先垂范,带动人民群众自觉遵守和践行社会主义核心价值观。

(四)创新社会主义核心价值观践行的反馈评价机制

及时、客观、可靠的信息反馈和客观评价可以帮助监管部门获取丰富有效的信息,掌握不同地区、不同群体践行社会主义核心价值观的具体情况,进而能够及时做出科学决策和保证下一步监管工作的顺利展开。高科技的快速发展和现代信息技术应用范围的不断扩大,使人们进入到大数据时代。政府等相关监管部门应努力抓住这一机遇,与时俱进创新和完善社会主义核心价值观的反馈评价机制。具体而言,要做好以下几项工作:一是要大力培养专业技术人员,将大数据的理论、技术和方法运用于社会主义核心价值观践行的监管过程,使其总体态势数据化。监管工作人员借助大数据库把践行数据和行为主体相匹配,就能从中获取更加精确真实的信息,并作出及时有效的评估和反馈。二是要运用科学的评价方法,构建规范的评价体系。监管部门在监管评价时要根据不同群体采取不同的评价方法,根据不同的对象提出不同的建议,只有这样才能有针对性地引导和促进不同社会群体将社会主义核心价值观融入具体的日常生活实践,外化为自身的实际行动。三是要及时进行评价和反馈,着力提高评价和反馈机制的科学性。反馈评估的实际意义在于它能够及时纠正实践中的偏差和错误,为此,监管主体要及时对社会成员的践行情况进行客观评价,并给予有效的信息反馈,明确告诉人们什么可以做,什么坚决不能做,从而正确地引导人们在日常学习、工作和生活中践行社会主义核心价值观。

概而言之,"制度更加成熟更加定型是一个动态过程",必须不断与时俱进健全和创新社会主义核心价值观践行的长效监管机制。具体而言,要通过完善制度约束机制、优化激励奖惩机制、健全组织管理机制、创新反馈评价机制等措施及时纠正监管过程中存在的思想偏向问题和错误举措，充分发挥监管机制保障社会主义核心价值观有效践行的功用，不断推动社会主义核心价值观践行的有序化、常态化，进而为实现中华民族复兴的伟大梦想积蓄强大精神力量。

【执行编辑：赵　柯】

新时代高校思政课教师价值引领论析[*]

李怀杰[**]

【摘　要】 习近平总书记在学校思想政治理论课教师座谈会上的重要讲话，是新时代思想政治理论课建设的指南，是思政课教师上好思政课的遵循。办好思想政治理论课关键在教师，思政课教师价值引导的"六个要求"，即政治要强、情怀要深、思维要新、视野要广、自律要严、人格要正，是新时代思政课教师队伍建设的重要标准，也是办好思想政治理论课的关键。深入理解和准确把握六项价值引导，对于提升新时代思政课教师综合素质和能力，肩负起立德树人、铸魂育人的使命，打造学生真心喜欢、终身受益的课程具有重要意义。

【关键词】 思想政治理论课；教师；能力与素质

习近平总书记在学校思想政治理论课教师座谈会上的重要讲话，强调思想政治理论课是落实立德树人根本任务的关键课程，思政课作用不可替代，思政课教师队伍责任重大。办好思想政治理论课，关键在教师，关键

---

[*] 本文为国家社科基金高校思政课研究专项"高校思政课教学效果的大数据综合评价研究"（20VSZ040）阶段性成果。
[**] 李怀杰，电子科技大学数字文化与传媒中心研究员、马克思主义学院副教授，主要研究方向为网络思想政治教育和数据治理研究。

在发挥教师的积极性、主动性、创造性。习近平总书记对新时代思政课教师的素质和能力提出了六个方面具体要求，即"坚持政治要强、情怀要深、思维要新、视野要广、自律要严、人格要正"①。这六个要求是新时代思政课教师队伍建设的价值引领纲要，也是办好思想政治理论课的重要遵循。教师作为课堂教学的主导者和组织者，是思想政治理论课教学质量的第一负责人，其行为价值决定着课堂教学质量和实现立德树人成效。对此，思政课教师要认真学习和落实习近平总书记座谈会上的重要讲话精神，紧紧围绕六个方面的行为要求与价值引领，努力提升自身素质和能力，对于办好思想政治理论课，全面落实新时代立德树人、铸魂育人的根本任务具有重要意义。

一 "政治要强"：做一位有政治信仰有政治自觉的思政课教师

习近平总书记在学校思想政治理论课教师座谈会上强调，思想政治理论课教师要做到"政治要强"，让有信仰的人讲信仰，善于从政治上看问题，在大是大非面前保持政治清醒。讲政治，是指持守政治立场、政治方向、政治态度、政治价值等总称。思想政治理论课最大特点是鲜明的政治性和价值导向性。"政治要强"的要求，是新时代思想政治理论课教师素质的核心，这一要求包含了思政课教师首要具备三种政治素质——政治信仰、政治意识和政治立场，才能达到"政治要强"的政治自觉要求。一是"让有信仰的人讲信仰"，树立马克思主义信仰，成为坚定的马克思主义者。传道者首先要明道信道，讲信仰的人首先要有信仰。思想政治理论课教师的首要政治素质，是树立马克思主义的坚定信仰，在世界观、人生观和价值观层面扎根于辩证唯物主义和历史唯物主义理论，为树立马克思主义信仰提供了理论支撑和科学论证，才能具有过硬的政治素质，才能培养学生立志为中国特色社会主义奋斗终身。二是自觉从政治上看待和分析问题。办好思想政治理论课，最根本的是要全面贯彻党的教育方针，解决好培养什

---

① 《一堂特殊而难忘的思政课——习近平总书记主持召开学校思想政治理论课教师座谈会侧记》，《人民日报》2019年3月19日。

么人、怎样培养人、为谁培养人这个根本问题，这是思想政治理论课的政治使命。思想政治理论课教师要善于从"四个服务"视角理解培育人的重大责任，善于从马克思主义理论基本观点、立场和方法出发分析和认识社会热点问题，善于从政治积极反作用于经济的基本原理的角度出发理解改革开放战略，从人民主体立场理解中国特色社会主义制度优越性等，才能使青年学生自觉接受和认同马克思主义理论，增强学生政治觉悟和坚定信仰。三是在大是大非面前保持政治清醒和正确政治立场。一方面要牢固树立"四个意识"，坚决做到"两个维护"，在思想上政治上行动上自觉同党中央保持高度一致，对于保证党的团结和集中统一都至关重要。思想政治理论课教师对此要深刻理解和领会，才能引导学生正确认识国情和增强对党的拥护、信任。另一方面，面对错综复杂的意识形态新形势，思想政治理论课教师要保持头脑清醒、立场坚定，面对错误思潮要敢于亮剑，对歪风邪气、假丑恶现象要敢于作坚决斗争，才能够把准政治方向、站稳政治立场和实现政治自觉，才能够进一步增强学生对中国特色社会主义的道路自信、理论自信、制度自信、文化自信。

意识形态工作是党的一项极端重要的工作。当前意识形态领域形势复杂，尤其在网络空间多元思想文化相互交流交锋，主流意识形态与不同社会思潮交锋交融、相互激荡。一些西方国家图谋输出"颜色革命"，大力培育"第五纵队"，制造热点事端和抹黑英雄人物，歪曲事实、颠倒是非，对青年学生主流价值认同造成干扰，给思想政治理论课提出巨大挑战。面对复杂多变的意识形态新形势，有的思政课教师理论认识不足、信心不足，甚至存在挫折感和失败感；有的思政课教师在大是大非面前认识不足，政治立场模糊，与历史虚无主义、极端个人主义等错误思潮和言论不敢斗争；有的教师政治信仰丧失，政治人格分离，成为表里不一的"双面人"，等等。这些问题根本上来说与思政课教师的政治认识、素质和能力密切相关，与新时代对教育工作者要求的具体使命和责任不匹配，这就迫切需要提升思想政治理论课教师"政治要强"的基本政治素质和能力。

不忘初心，方得始终。思想政治理论课教师要讲政治，要具备"政治要强"的素质和能力，需要着力从以下三个方面努力：一是坚持理论性和实践性相统一，深入学习马克思主义经典著作，不断深入学习和研究习近平新时代中国特色社会主义思想。习近平总书记强调："理论上不彻底，就难以服人。"① 要系统学习马克思主义经典和基本理论，尤其是辩证唯物主义和历史唯物主义基本原理，通过读原文、看原著、悟原理，建立马克思主义理论的知识框架和分析方法，才能为自身对马克思主义的科学信仰奠定坚实的知识基础，才能不断增强思想政治理论课的思想性和理论性，通过社会问题深入分析提升思政课的穿透力；努力学习和研究习近平新时代中国特色社会主义思想，才能运用发展着的中国化马克思主义理论，给学生释疑解惑，真正以理服人，坚定信念。二是要坚持科学和信仰的统一，自觉践行内在信仰。对马克思主义的信仰，对社会主义和共产主义的信念，是共产党人的政治灵魂和精神上的"钙"。思想政治理论课教师要对马克思主义真知真信，对中国特色社会主义共同理想和共产主义远大理想的实现充满信心和坚定信念，对中国共产党真心拥护和热爱，自觉践行"两个维护"和贯彻"四个意识"，才能在课堂中坚持价值性和知识性相统一，才能以科学理论、坚定信念和饱满情怀去感染学生、赢得学生，才能成为大学生成长成才的引路人。三是要有正确的政治意识和坚定的政治立场。要把"四个意识"融化到自己内在思想并贯彻到课堂教学中，课堂内外自觉践行"两个维护"，把思政小课堂与社会大课堂结合起来，要敢于抵制错误思潮、错误思想和假丑恶现象，主动肩负起新时代的政治责任和担当意识，立德树人，铸魂育人，引领学生坚定走中国特色社会主义道路。

二 "情怀要深"：做一位有家国情怀有躬身力行的思政课教师

习近平总书记在学校思想政治理论课教师座谈会上强调，思想政治理论课教师要有家国情怀，心里装着国家和民族，在党和人民的伟大实践中关注时代、关注社会，汲取养分、丰富思想。这一要求从情系国家和人民的视角，提出了思想政治理论课教师对党、国家和人民要有深厚情感，努力在深入时代、深入社会中实践理论和发展理论。习近平总书记对思政课

---

① 习近平：《在庆祝中国共产党成立95周年大会上的讲话》，《人民日报》2016年7月2日。

教师"情感要深"的要求，可从三个层面理解其基本内涵：一是爱家爱民爱党爱国爱社会主义。"保持家国情怀，心里装着国家和民族"，根本上要求思政课教师从思想和行动上以忠诚之心爱家爱民爱党爱国爱社会主义。中华民族自古以来就重视家庭、重视亲情、崇尚民本、忠诚爱国、奉献牺牲，在新时代体现为爱家爱民爱党爱国爱社会主义，思政课教师有此"五爱精神"，才能在课堂上激发出内在情感与信仰味道，才能以仁爱之心关爱学生成长成才。二是以情化行，深入实践、关注社会。语言是叶子，行动才是果实。理论课教师要投身于新时代人民群众伟大实践中，要身体力行、深入社会，用马克思主义基本原理分析和诠释社会热点问题，释疑解惑，引导学生，而不是单纯封闭校园的"教书先生"、象牙塔的"布道者"。三是坚持理论联系实际，不断发展中国化马克思主义，把爱家爱民爱国爱党爱社会主义之情，投入到理论创新和立德树人的教育实践中。理论课教师作为新时代的马克思主义者，要把马克思主义理论与生动的社会实践相结合，以社会问题为导向，不断发展中国化马克思主义；以学生关注的问题和思想需求为重点，对学生晓之以理、动之以情，帮助学生树立理想信念，努力把学生培育成为社会主义建设者和接班人，才是"情怀要深"的最好诠释。

新时代是中华民族从站起来、富起来到强起来的时代，是实现民族伟大复兴的时代，也是一个不断面对风险、挑战和机遇的时代。面对纷繁复杂的国内国外新形势，有的思政课教师知识储备不充分、学习能力不强、视角不够全面，存在"本领恐慌"，课堂教学情感投入不够；有的思政课教师理论脱离实际，不能深入基层，对基层群众缺乏感情；有的理论课教师教学过程中重灌输轻交流、重知识轻价值，造成缺乏对课程性质的使命和责任情感；有的理论课教师长期教学，存在职业倦怠感和无力感，缺乏强起来的精神气；有的思政课教师受经济低收入、社会高房价、贪污腐败等社会消极问题影响，课堂案例讲解时易缺乏正能量的积极情感，等等。这些问题的存在，需要部分思政课教师端正思想认识，增强情感认同和情感激发，要以新时代"情感要深"的要求躬身力行，铸魂育人。

"感人心者，莫先乎情。"思想政治理论课教师上好思政课，要讲感情、讲正气、讲情怀，要把习近平总书记提出的"情感要深"具体要求，融化到教师职业、人生事业和民族复兴大业中，为此需要具备"三情"：一是高尚追求的职业情感。思政课教师肩负一种"传道授业解惑"的职业使命，从中国传统历史来看，教师不仅是国家和民族思想文化传承者，更是社会道义和精神思想的教育者和启蒙者，"传道"在传统三重责任中置于首位，正是这个层面意义上，我们常说教师是人类灵魂的工程师，心怀爱家爱民爱党爱国爱社会主义之情怀，肩负着铸魂育人的神圣职业使命。二是甘于奉献的事业情感。"我将无我，不负人民。"马克思主义人生观强调，人生的意义与价值在于奉献社会，在于全心全意为人民服务。思政课教师要具有甘于奉献的人生追求和目标，以实际行动投入到社会实践，以"小我"成就"大我"。三是真挚忠诚的家国情怀。实现国家富强、人民幸福和民族复兴，需要学校教育能够把青年学生培养成为一批批信仰坚定、素质卓越的社会主义建设者和接班人。在课堂教学中要积极创设各种情境，注重理论讲解的情感代入和融合，注重学生参与性、体验性课堂分享和学习团队的朋辈激励，增强学生理论接受的情感认同，才能培养学生对家庭、社会、中国共产党、中国特色社会主义制度的热爱。思想政治理论课教师肩负着一种实现"四个服务"的政治使命和国家情怀，立德树人，培育人才，以自身榜样力量和真挚忠诚的爱国情感，点亮学生信仰之光，照亮学生报国之路。

三 "思维要新"：做一位有辩证思维有创新思维的思政课教师

习近平总书记在学校思想政治理论课教师座谈会上提出，思想政治理论课教师要做到"思维要新"，学会辩证唯物主义和历史唯物主义，创新课堂教学，给学生深刻的学习体验，引导学生树立正确的理想信念、学会正确的思维方法。思维是认识的工具，是行动的向导，科学思维是思想解放、实事求是、创新教育和培养人才的有力思想武器。面对思维活跃、视野开阔、视角敏锐和独立思考的"90后"和"00后"，这一要求对思政课教师具有重要指导意义，其内涵可包括三个层面：一是学好用好辩证唯物主义和历史唯物主义这一有力思想武器。习近平总书记曾指出，"辩证唯物主义是中国共产党人的世界观和方法论"，辩证唯物主义和历史唯物主义是新时代思想的理论特质，"要学习掌握唯物辩证法的根本方法，不断增强辩证思维能力，提高驾驭复杂局面、处理复杂问题的本领"①。对思想政治理论课教师来说，学好用好辩证唯物主义和历史唯物主义，才能把马克思主义基本原理、基本方法讲清楚，才能把习近平新时代中国特色社会主义思想讲清楚，才能真正做到思政课"以理服人"，提高学生对马克思主义的接受度和信任感，这是思政课教师的"看家本领"和"立身之本"。二是创新课堂教学方式方法。习近平总书记曾在全国高校思想政治工作会议上强调，要推动思想政治工作传统优势同信息技术高度融合，增强时代感和吸引力。思政课教师要充分运用现代信息技术如慕课、微课等在线教育资源，积极创新教育方法，增强课堂吸引力。三是重视学生实践参与和体验，重视并善于运用科学思维方式，引导学生树立理想信念。党的十八大以来，习近平总书记着重强调了辩证思维、战略思维、历史思维、创新思维、法治思维、系统思维和底线思维等，思政课教师充分运转这些科学思维分析社会问题，树立学生"四个自信"，激发学生家国情怀，坚定学生理想信念。此外，思政课教师要创新课堂教学思维，无论培养学生爱国情怀还是树立学生理想信念，都需要扎根生动社会实践，努力把思政小课堂同社会大课堂结合起来，进一步增强学生"四个自信"。

育人者必先育己，教育者先受教育。当前思政课教师普遍注重利用信息新技术推进课堂教学改革，创新教育教学新思维和新方法，取得了显著成效。但是有的思政课教师受思维惯性影响，不擅长应用网络信息技术，不善于创新教育方式，缺乏师生互动，缺乏课堂活跃；有的思政课教师思维陈旧，策略单一，话语僵化，说服力不高；有的思政课教师知识体系老化，思维不够开阔，缺乏比较思维，不能够把"四个讲清楚"搞明白、讲透彻，等等。这些现象的存在，客观要求思政课教师要不断学习新知识，树立新思维和取得育人新实效。

由此，思政课教师要努力按照习近平总书记关于"思维要新"的要求，努力拓展知识面和运用新思维，不断增强思想政治理论课的思想性、理论

---

① 习近平：《辩证唯物主义是中国共产党人的世界观和方法论》，《求是》2019年第1期。

性和亲和力。为此，思政课教师提升自身新思维需要从以下几个方面入手：一是掌握马克思主义理论的方法论。在庆祝中国共产党成立95周年大会上，习近平总书记指出："恩格斯早就说过：'马克思的整个世界观不是教义，而是方法。它提供的不是现成的教条，而是进一步研究的出发点和供这种研究使用的方法。'"① 思政课教师要认真学习马克思主义经典著作，深刻理解和全面领会辩证唯物主义和历史唯物主义基本范畴、原理和方法论，透彻把握和运用马克思主义科学的思维方法，在分析社会问题的过程中真正做到以理服人和引导学生树立"四个自信"。二是以体验性、参与性实践活动，激发学生学习活力和吸引力。思政课教师要充分利用"互联网+思政课程"优势，增强"课程思政"与"思政课程"的有机结合，联通网上网下、课内课外相结合，运用青年学生喜闻乐见的新形式，如案例教学、主题演讲、实践教学等，从学生普遍关注的社会热点问题切入教学内容，让青年学生有更多体验感和获得感；努力学习和掌握现代教育学的最新理论与教学方法，将教育学的新思维、新方法糅合到思想政治理论课教学中，不断创新教育教学方式方法，激发学生兴趣和思考；加强对青年大学生思想需求、行为特点、认知规律和接受方式的研究，拓展思想政治教育路径和策略，增强实践体验和启发学生思考，有针对性地创新思政课的"打开方式"。三是充分利用政治学、社会学、心理学等多种学科知识和思维，形成理论优势集成，把课程理论难点和学生关注的社会热点问题讲清楚，把"四个讲清楚"讲透彻，尤其运用历史思维和比较思维把中国特色制度、理想追求、文化优势、道路选择讲清楚，解答学生的困惑，增强学生对党的信任和热爱、对中国特色社会主义道路的拥护和自信。

四 "视野要广"：做一位有广阔视野有扎实学识的思政课教师

在学校思想政治理论课教师座谈会上，习近平总书记对思想政治理论课教师提出"视野要广"的要求，思政课教师要有知识视野、国际视野、

---

① 习近平：《在庆祝中国共产党成立95周年大会上的讲话》，《人民日报》，2016年7月2日。

历史视野，通过生动、深入、具体地纵横比较，把一些道理讲明白、讲清楚。视野作为一种隐喻，在此意指知识文化的深度和思维框架的广度。思政课教师既要讲好马克思主义基本理论，以理论联系实际讲透彻各类社会问题，又要把握学生成长规律，帮助和引导学生树立正确理想信念，这就需要具备广阔的理论视野和开放的视角。为此，思政课教师可从三个层面深入理解这一要求基本内涵：一是知识视野。思政理论课教师应具备宽广的知识面和不断"进化"的知识框架体系，不断突破旧的理论框架和思维范式，以多学科丰富知识把基本原理、理论难点、社会热点问题讲透彻、讲清楚、讲明白。二是国际视野。面对经济全球化和信息网络化的潮流，思政课教师要了解世界发展历史、科技发展动态、西方大国发展模式与优劣等国际化知识储备和世界发展趋势眼光，积极引导学生正确认识中国与世界的关系，认识中国制度优势和道路优势。三是历史视野。思政课教师应扎根深厚的中国历史和广博的世界历史，以世界视野和新坐标看待中国发展和趋势，以与时俱进精神阐释中国化马克思主义理论，以中国与外国、过去与现在比较思维着重诠释为什么走中国特色社会主义道路、为什么选择马克思主义、为什么中国共产党是领导核心等核心问题，进一步树立学生"四个自信"。

在当前思想政治理论课教学中，思政课教师敬业奉献、立德树人，认真贯彻落实党的教育方针，为国家教育事业做出积极贡献。但是，部分思政课教师方法落后，知识老化，思维陈旧，知识面不够宽广；部分思政课教师缺乏国际视野，不善于运用世界新发展事实阐述、论证基本原理，不善于运用国际比较提出新理论、新思想，缺乏以世界发展新坐标看待中国发展问题和趋势；部分思政课教师就理论讲理论，就事实讲事实，缺乏以历史大视野看中国发展道路，缺乏以纵横比较论证中国正确选择。对此，思政课教师要按照习近平总书记提出的"视野要广"的要求，努力从以下三个方面提升自身素质和能力：一是树立终身学习理念，树立开放式思维和进化式知识学习框架。不断学习社会学、心理学、教育学、政治学等多学科知识，全面了解国家经济、政治、文化、社会等方面状况和问题，通过多学科理论尤其最新理论发现论证和支撑马克思主义理论，增强问题说服力和理论论证力；要创新知识载体和传播方式，充分运用思想政治教育与信息技术的深度融合，善于运用新技术新媒体来呈现教学内容，创情景、讲故事、摆道理，使教学内容接地气、有共鸣。二是具有世界性、前瞻性视野，树立中外比较思维与互鉴思维。当前中国与世界发展紧密相连，中国日益走近世界舞台中心和全球治理前沿。思政课教师一方面要以学生未来急需的国际知识和全球素养为目标，以国际性视野吸纳先进思想文化和先进知识，培养学生具有世界性视野和综合素质；另一方面要立足中国、立足中国特色社会主义制度与道路，正确认识中国特色和国际比较，让学生辩证看待世界大变局为中国带来的机遇和挑战，全面客观认识当代中国、看待外部世界。三是树立宏大历史视野和历史性思维。一切现实问题都能在历史之镜中找到影子。思政课教师要善于通过历史发展脉络和重大事件阐述共产党执政规律、社会主义建设规律和人类社会发展规律，要善于从中华民族几千年来形成的博大精深的优秀传统文化中汲取营养阐述中国传统文化和治理制度优势，确立学生的文化自信；从党领导人民革命和建设的历史出发，阐述坚持党的领导和实现伟大民族复兴的必然性。只有树立正确的大历史视野，思政课教师才能引导学生增强爱国情、强国志，投入到实现中华民族伟大复兴的奋斗之中。

五 "自律要严"：做一位有道德情操有率先垂范的思政课教师

习近平总书记在学校思想政治理论课教师座谈会上提出，思政课教师要做到"自律要严"，做到课上课下一致、网上网下一致，自觉弘扬主旋律，积极传递正能量。长期以来，坚持学术无禁区、课堂有纪律的原则，是思政课教师从事科研和教学的基本共识和要求。在这次座谈会上，习近平总书记对理论课教师提出"自律要严"的要求，其内涵包括两个层面内容：一是讲纪律，守住原则，守住底线。思政课教师作为立德树人的教育实践者，一方面课堂授课时要遵守相关规定和纪律，不能课堂授课无底线；另一方面要课堂内外、网上网下保持一致，不能做"两面人"。二是身体力行，弘扬主旋律，传递正能量。面对纷繁复杂的社会现象，思政课教师作为青年学生成长的引路人，要从人民利益和国家立场，引导学生正确认识社会，积极引导学生从全面性、发展性视角认识社会问题，树立学生"四个自信"。

根据近年全国大学生思想政治教育状况调查来看，高校思政课教学整体评价是好的，广大教师能够讲规矩、守纪律、敢担当。但是，不排除有的思政课教师由于认知有偏差，有时夹带个人负面情绪或存在一定偏见，影响学生正确的价值观和人生观形成；有的思政课教师表里不如一、课堂上下不一致，不能言行一致，导致学生理论学习积极性和认同度不高等。这些现象的存在，表明部分思政课教师迫切需要认真学习和严格贯彻落实"自律要严"的具体要求。为此，思政课教师需要从以下三个方面加强纪律修养和提升能力：一是提高自我道德素养和政治认知水平，言行一致，知行合一。思政课教师要加强道德修养，增强自律意识，慎独慎微，增强党性修养，忠诚爱党爱国，要把这种要求体现到课堂内外的校园生活和社会实践中，体现在身体力行、言行合一的日常师生生活和科研中，引导学生成为有道德有理想的优秀社会主义建设者和接班人。二是严于律己，课堂授课要讲纪律。思政课教师要严格要求自己，遵守课堂授课纪律，要以德严身、以政治规定为底线，坚持教书和育人相统一，课堂内外相统一，线上线下相统一，体现出思政课教师严格道德自律和政治自觉。三是率先垂范，模范带头，积极弘扬和践行社会主义核心价值观。思政课教师在课堂教学、科学研究、日常生活、网络交往等方面都要保持高尚的道德修养和政治素养，以"自信、奋斗、担当"的精神状态发挥先锋模范作用，以自己身体力行践行道德信条和政治信仰，成为学生成长成才的榜样力量和信念源泉。

六 "人格要正"：做一位有人格魅力有仁爱之心的思政课教师

在座谈会上，习近平总书记对思政课教师提出"人格要正"的要求，要有堂堂正正的人格，用高尚的人格感染学生、赢得学生，用真理的力量感召学生，以深厚的理论功底赢得学生，自觉做为学为人的表率，做让学生喜爱的人。这一要求是新时代思政课教师上好思政课的内在要求和努力方向，为此需要思政课教师深刻理解习近平总书记的要求，不断加强自身修养，这一要求的具体维度可分为三个方面：一是加强自身修养，培育高尚人格和增强人格魅力。思政课教师需要不断加强自我修养，包括道德修养、政治素养、文化素质等层面，主动提升自己人格魅力，形成高尚人格。二是以真善美的力量，感染和影响学生。思政课教师要"给学生心灵埋下真善美的种子，引导学生扣好人生第一粒扣子"①；要通过课堂主渠道，给予学生知识真理的力量、高尚道德的善念和人生奋斗的美好，让学生真切感受到思政课堂的魅力，感受到老师人格魅力所带来的真善美的力量。三是以仁爱之心，以人格魅力，以榜样模范成为学生喜爱的教师。亲其师，才能信其道。思政课教师要有仁爱之心、有高尚人格、有知行合一的榜样表率，成为学生的学习示范和信仰实践者，才能明道信道，才能成为学生真正喜爱的人。

在当前社会转型期，社会利益结构不断调整，社会新阶层不断出现，传统道德伦理不断受到冲击，人们认识日益多样化。面对市场经济、网络社会等新形势，思政课教师能够站稳脚跟和政治立场，以渊博学识和高尚人格成为学生青春梦想的"燃梦人"和生命意义追寻的"点灯人"。但是，有的思政课教师受市场经济影响，言行之间透着实用主义、功利主义气息，重实用轻道德，重当下轻理想，难以用高尚人格感染学生；有的思政课教师把思政课当作谋生职业，缺乏人格修养和高尚追求，难以散发人格魅力；有的思政课教师仁爱之心不足，下课走人，交流不够，缺乏师生真情互动，难以成为学生喜欢的教师，等等。不可否认，这些现象不同程度地存在，需要思政课教师要努力加强自我修养和涵养高尚人格，要努力以习近平总书记"人格要正"的要求严于律己、身正为范，成为一位有人格魅力有仁爱之心的思政课教师。

"师者，所以传道授业解惑也。"思想政治理论课教师承担着立德树人的神圣任务，肩负着塑造学生完整人格、促进学生全面发展的"化人"使命。思政课教师要努力在人格修养上下功夫，努力用深厚学识、高尚人格和高远情怀教育、感染和引导学生。对此，思政课教师要从三个方面加强自身人格素养：一是要加强道德修养和政治觉悟，不断涵养高尚人格。思政

---

① 《一堂特殊而难忘的思政课——习近平总书记主持召开学校思想政治理论课教师座谈会侧记》，《人民日报》，2019 年 3 月 19 日。

课教师要努力提升自身道德修养，加强自身文化涵养，不断提升自身政治觉悟，把完美人性、社会责任、国家使命融化到高尚人格魅力之中，才能成为有人格魅力的教师。二是要用扎实学识、光明磊落、充满真善美的人格魅力，感染和引导学生。思政课教师具有人格魅力，具有亲和力和感染力，需要具备丰富扎实的知识给予学生以真理指引，具备正直公正的美德素养给予学生以善性指引，具备人性美、社会美和国家美的情怀给予学生崇尚美的指引。三是要有仁爱之心，用饱含生命热情和温度的教育成为学生喜爱的人。学高为师，身正为范。教师重要职责不仅在于知识传播和文化传承，更重要的是承担着立德树人，塑造灵魂、塑造生命、塑造人的工作。思政课教师要有饱满的情感，以仁爱之心关爱学生，以热爱之心感召学生，才能做出为师表率，展现人格魅力，才能使学生真心喜欢，成为学生成长成才的引路人。

总之，"亲其师，则信其道；信其道，则循其步"。习近平总书记在学校思想政治理论课教师座谈会上的重要讲话，是新时代思想政治理论课建设的根本要求，也是加强思政课教师内在建设的价值引领要求。面对新时代实现民族伟大复兴的艰巨使命和远大征程，思政课教师要认真学习和落实习近平总书记在学校思想政治理论课教师座谈会上的讲话精神，要认真对标政治要强、情怀要深、思维要新、视野要广、自律要严、人格要正的要求，努力用坚定信仰感召学生，用真挚情感打动学生，用科学思维说服学生，用国际视野拓展学生，用道德自律教化学生，用高尚人格感染学生。唯有如此，思政课教师才能担当得起这份立德树人、铸魂育人的神圣职业，才能增强思政课的思想力、感染力和亲和力，真正办好思政理论课，成为学生真心喜欢、终身受益的难忘课程。

【执行编辑：赵　柯】

近年来社会主义核心价值观根基研究述评[*]

焦 娇[**]

【摘　要】 近年来，国内学界对社会主义核心价值观的研究是多方面的，包括概念、内涵、意义、功能、培育、认同及践行等，成果可谓相当丰富。但其中关于社会主义核心价值观根基的研究成果则相对较少，大部分集中于传统文化根基，而如理论根基、文明根基、实践根基等其他方面的根基研究相对不足。从当前的研究成果来看，学界需进一步加强对"根基"的研究，运用多学科、多视角深化对"根基"的理解，并以此为基础，进一步深化对"社会主义核心价值观根基"的研究，尤其要在新时代中国特色社会主义的实践环境中深刻把握实践与价值的关系，不断夯实价值观的实践根基，达成价值观与实践的双向互动发展。

【关键词】 社会主义核心价值观；实践；根基；述评

社会主义核心价值观作为当代中国价值观的核心，是当代中国社会构建的主流价值文化，它不是无源之水、无本之木，而是历史性和时代性相

---

[*] 本文系国家社科基金重点项目"新时代用社会主义核心价值观凝心聚力研究"（20AKS015）和上海市"曙光计划"项目"社会主义核心价值观的根基研究"（16SG55）的阶段性成果之一。

[**] 焦娇，上海大学马克思主义学院硕士研究生，主要研究方向为价值论、马克思主义中国化。

结合的产物。2014 年习近平总书记明确提出:"牢固的核心价值观,都有其固有的根本。抛弃传统、丢掉根本,就等于割断了自己的精神命脉。"① 自此以后,关于社会主义核心价值观的根基研究逐渐成了学界研究的重点和热点。而根基问题的研究绝不只是枯燥的基础理论研究,其关乎社会主义核心价值观为何能够成为当代中国社会的代表性价值观、并"在世界文化激荡中站稳脚跟"②,关乎如何更好发挥新时代社会主义核心价值观凝心聚力的作用。在此背景下,笔者以"根基""价值观的根基""社会主义核心价值观的根基"为核心关键词进行文献搜索和整理,以期对近年来国内学界关于社会主义核心价值观根基的研究进行系统梳理和总结,这对于进一步丰富社会主义核心价值观基础理论研究成果、促进中国价值哲学的发展、提高社会主义核心价值观的解释力和话语权具有重要意义。

一 关于"根基"的多维解读

当前国内学界关于"根基"的研究多数集中于"文化根基""理论根基""思想根基""社会根基""价值根基""哲学根基""历史根基""执政根基"这八个主题词中。虽然暂时还没有学者就"根基"的语义、内涵、意义、功能、培育等进行较为系统的研究和阐释,但通过对这些相关主题词的分析,我们可以大致了解当前学者们是如何在不同维度对"根基"进行阐释和解读的。依据相关文献的数量,笔者将主要从以下四个方面进行综述。

(一) 关于理论根基的研究

当前国内学界关于理论根基的内容研究主要呈现出两方面的指向:一是作为自然原理、既定政策法规或成文概念等的理论根基通常为该研究领域相关学科的基础理论或基本原则,例如实质民主是司法审查的理论根基③,

---

① 习近平:《把培育和弘扬社会主义核心价值观作为凝魂聚气强基固本的基础工程》,《人民日报》2014 年 2 月 26 日。
② 习近平:《把培育和弘扬社会主义核心价值观作为凝魂聚气强基固本的基础工程》,《人民日报》2014 年 2 月 26 日。
③ 庞凌:《实质民主——司法审查的理论根基》,《苏州大学学报(哲学社会科学版)》2015 年第 2 期。

利益者相关理论和制度经济学理论是档案治理的理论根基①，范畴论是数学基础的理论根据②等。二是以人文社科领域为主的相关理论、政策战略、价值观念或社会现象则大多数是以马克思主义理论作为其理论根基的。例如郑永安通过马克思主义基本立场、观点和方法阐明实施制造强国战略的内在合理性，证明制造强国战略的理论根基即是马克思主义立场、观点和方法③；桑明旭则从历史唯物主义与世界主义、民族主义的区别角度，深刻剖析了只有前者才能成为"一带一路"倡议的理论根基④。就中国的语境而言，很多学者认为不仅马克思主义可以成为理论根基，马克思主义与中国具体实际相结合而形成的理论成果也应当成为理论根基。例如黎家佑、钟明华指出社会主义核心价值观的理论根基有三：一是马克思主义及其中国化的创新理论，二是中华优秀传统文化，三是世界优秀文明成果⑤。但这里我们可以发现，部分学者归纳的理论根基其实与文化根基是有重合的（重合于中华优秀传统文化和世界优秀文明成果）。这是否说明，凡是经过实验检验的理论都可以成为理论根基？无论哪一种类型，它们都是经过了历史和实践的检验，是在历史中经过淬炼而成长起来的，具有普遍性、真理性、科学性，因而可以成为理论根基。对于这样的理论根基，就要坚定不移地支持并在实践中不断丰富和发展它。

（二）关于文化根基的研究

首先，关于文化根基是什么的问题，国内学者主要是从"中"（中华优秀传统文化）、"马"（马克思列宁主义）、"西"（西方近现代文明）等为某事物或观念、政策、价值观的形成及发展提供滋养或涵养的角度进行了研究，其中对于"中"和"马"的研究最多。例如关于人类命运共同体理念的文化根基研究，有学者认为它是对中国传统文化的当代发扬⑥；也有学者

---

① 陈忠海、宋晶晶：《档案治理：理论根基、现实依据与研究难点》，《档案学研究》2018年第2期。
② 孔祥雯、郭贵春：《范畴论数学基础的理论根基》，《哲学动态》2020年第5期。
③ 郑永安：《制造强国战略的理论根基》，《红旗文稿》2020年第9期。
④ 桑明旭：《"一带一路"战略的出场语境、理论根基与时代价值——基于历史唯物主义视角的解读》，《宁夏社会科学》2016年第2期。
⑤ 黎家佑、钟明华：《社会主义核心价值观要义探微》，《道德与文明》2015年第3期。
⑥ 孙凡：《人类命运共同体理念的传统文化根基》，《人民论坛》2020年第18期。

认为它不仅植根于中国古典传统文化观念和价值取向，还来源于马克思主义的历史观和价值观以及西方近代文化传统①。其次，关于文化何以成为"根基"的问题，国内学界主要集中在对以下两个问题的探讨上：一是文化为该事物或观念提供什么根基，二是文化作为"根基"的作用体现。第一个问题实际上就是对其内容的回答（即"中""马""西"），第二个问题则集中体现为"涵养""养分""土壤""标识""基因""命脉""动力"等词。例如双传学、阚亚薇认为，在中国特色社会主义实践的场域中，中华优秀传统文化是"特色"的根基、精神命脉和内源性动力②。而在研究"涵养论"的时候，学者们通常选择对文化与该事物或观念的内在逻辑统一性和契合点进行文本分析。最后，还有不少学者就如何巩固、筑牢文化根基提出了自己的看法，主要总结为两点：一是处理好文化的继承和发展，二是处理好文化与实践的融合关系。也有学者从社会主义核心价值观引领文化发展的角度提出了夯实文化根基的路径③。

（三）关于实践根基的研究

就现有文献而言，国内学者对"实践根基"直接进行研究的不多，很多学者从"实践基础""现实根基""现实来源"等进行研究。关于实践根基是什么的问题，主要有以下三种取向：一是把实践理解为"实践的理论"，因此实践的根基即是指"实践的理论"的根基，例如隽鸿飞指出马克思的历史理论是以其实践理论为建立基础的④。二是把实践理解为"实践的活动"，学者们主要从普遍的实践、历史的实践这两个角度进行阐述。第一，普遍的实践根基，主要是指一切属于实践的活动，包括物质生产实践、社会政治实践、科学文化实践等，都可以成为某一事物或观念、价值、理论等发展的根基。例如戴贝钰认为从人性的角度看，道德是在实践的基础上形成和发展的，这里的实践包括个体生存实践、群体社会实践以及精神道

---

① 杨胜荣、郭强：《论习近平人类命运共同体理念的文化根基》，《理论视野》2020年第3期。
② 双传学、阚亚薇：《中国特色社会主义实践的文化根基与传承维度》，《中国特色社会主义研究》2017年第2期。
③ 朱兵：《以文化法治促进国家治理体系和治理能力现代化》，《行政管理改革》2020年第6期。
④ 隽鸿飞：《论马克思历史理论的实践根基》，《江海学刊》2005年第3期。

德实践①。王文东指出，交往实践是形成生产方式的深厚根源，也是马克思主义正义共识的真正根基②。第二，历史的实践根基，主要是通过对历史渊源的追溯，从而找到现存合理的依据以及未来发展的可能性。例如邓绍根通过对"党媒姓党"从20世纪80年代末被提出直到逐渐被公众接受的数十年探索历史进行具体的分析，阐明了"党媒姓党"的实践根据和历史底蕴③。还有学者从中国共产党人治国理政的具体实践过程与道路选择之间关系的角度进行了根基的说明④。这一点与部分学者论述的"历史根基"有相通之处，主要是对历史实践的经验总结（也有学者将传统文化归纳为"历史根基"）。三是把实践理解为"实践的路径和方法"，是从未来的角度谈实践根基。例如黄斌提出要在构建中国特色社会主义政治学的过程中坚持立足于中国实际，围绕中国问题，解读中国实践，这就是马克思主义政治学自信的实践根基⑤。还有学者直接将实践根基等同于实践逻辑、实践路径。当然，这种观点也没有否认实践的根基性作用，但是在概念上分辨不清，较为模糊。

从以上研究成果可以看出，当前国内学术界对于实践根基的研究还存在一些缺陷：一方面，没有对实践为何能够成为根基作出更为深入的研究，仅仅停留在对历史实践经验的总结和归纳上，而没有从实践的本性、根基的本性角度作出解释；另一方面，没有对实践的反面性质作出研究，仅仅研究正确的实践对理论的影响，而没有谈到如何看待错误的实践与理论认识发展的关系。此外，对于"实践根基"尚无明确的概念界定，常常混同于"实践逻辑""实践路径""实践来源"等，不利于细致深入地展开研究。

（四）关于其他根基的研究

第一，哲学根基与思想根基。首先，对于哲学根基的研究，学者们大

---

① 戴贝钰：《道德的实践基础与人性之维》，《思想教育研究》2017年第6期。
② 王文东：《交往实践：马克思主义正义共识的深层根基》，《山西财经大学学报》2012年第S1期。
③ 邓绍根：《"党媒姓党"的理论根基、历史渊源和现实逻辑》，《新闻与传播研究》2016年第8期。
④ 李雅兴、陈建华：《论中国特色社会主义道路的理论基础与实践根基》，《中共成都市委党校学报》2008年第4期。
⑤ 黄斌：《论马克思主义政治学自信的实践根基》，《理论探索》2014年第6期。

多数是从马克思主义哲学中找到现存的合理依据，例如黄义灵、赵士发认为中国道路的成功在于蕴含了辩证法、唯物主义、历史主义等马克思主义哲学智慧①。实际上，从哲学中寻找根基，这与之前所述的理论根基是相近的含义。其次，关于思想根基的研究主要呈现出两种倾向：一是倾向于理论与文化的思想根基；二是倾向于信仰、价值追求的思想根基。例如卢丽娜认为毛泽东文艺理论的思想根基是文艺必须"为人民大众"②，秦刚认为推进全面深化改革的思想根基就是坚持以人为本③等，这就是从信仰与价值追求的角度谈的思想根基。再如周展宏从价值论、认识论、人性论、历史论这四个角度分析法家治道观的思想根基④，这就是从理论与文化的角度对思想根基作出判定。从以上文献分析可以看出，当前国内学界对于哲学根基、思想根基的界定并不十分清晰，与文化根基、理论根基等有些许意义上的重合。

第二，价值根基。如果说理论根基更多体现的是真理的力量、科学的力量，那么价值根基则更多体现的是道义的力量，是需要和满足的平衡点，也是实践与价值的逻辑契合点。不少学者认为"人民至上""人民立场"既是习近平新时代中国特色社会主义思想的价值根基⑤，也是中国特色社会主义制度确立、巩固和完善的价值根基⑥。

第三，社会根基。对于社会根基的理解，国内学者们多数从民众的支持和社会的支持来阐述，例如胡洪彬指出在风险社会视阈中建设社会主义核心价值体系需要大力培育民间组织以扩大其社会根基⑦，秦玉友指出教育需要现代社会的价值支持环境，这就是现代价值教育的社会根基⑧。而更早前的研究则将市民社会视为中国社会的根基⑨。

---

① 黄义灵、赵士发:《论中国道路的哲学基础与智慧》,《理论视野》2020年第9期。
② 卢丽娜:《"为人民大众"：毛泽东文艺理论的思想根基》,《理论学刊》2001年第4期。
③ 秦刚:《全面深化改革应体现以人为本的理念与要求》,《理论视野》2014年第3期。
④ 周展宏:《先秦法家治道观的思想根基》,《中州学刊》2001年第5期。
⑤ 姜建成:《人民立场：习近平新时代中国特色社会主义思想的价值根基》,《苏州大学学报（哲学社会科学版）》2017年第6期。
⑥ 张静:《"人民至上"：中国特色社会主义制度的价值自觉与自信》,《理论探讨》2020年第6期。
⑦ 胡洪彬:《风险社会视阈中的社会主义核心价值体系建设》,《理论导刊》2010年第2期。
⑧ 秦玉友:《价值教育的社会根基缺失与时代命题》,《探索与争鸣》2013年第10期。
⑨ 王新生:《当代中国的社会转型与公平正义的市民社会根基》,《马克思主义与现实》2008年第5期。

二 关于价值观、社会主义核心价值观的根基研究

（一）关于价值观根基的研究

当前国内学界关于价值观的根基研究多数是从探讨价值观的生成和来源出发的，主要形成了以下三种根基：第一，价值观的理论根基，主要是指马克思主义基本立场、基本观点和基本方法中能为价值观提供根基的内容。例如郭海龙、刘莹认为马克思主义劳动价值观是邓小平劳动价值观的理论来源[1]；杨鲁慧认为马克思主义的世界观和方法论是科学发展观的理论依据[2]。第二，价值观的文化根基，主要是指中国优秀传统价值文化和西方先进价值文明。方铭从中国传统文化的角度，分别对富强[3]、友善[4]、公正[5]、文明[6]、敬业[7]、诚信[8]等价值观的文化根基进行了探究。刘娟、杨文娟从中西方文化中论证社会主义核心价值观的根基[9]。还有学者指出，西方近现代价值观对我国当代主流价值观的构建具有直接的"触媒"作用[10]。第三，价值观的实践根基，主要是指价值观在实践活动中的形成和发展。就实践与认识的辩证关系而言，实践是认识的来源、目的和归宿，同时实践也是检验认识真理性的唯一标准，因此价值观的形成和发展始终离不开实践活动。何丽梅指出，新生代农民工人生价值观产生于农民工们日常工作、生活、休闲的实践活动中，是对生活实践的反映[11]；李朝鲜、周德全认为社会主义荣辱观不仅来源于中华民族传统伦理道德，更展流于中国革命和建设

---

[1] 郭海龙、刘莹：《邓小平劳动价值观的渊源、内涵及启示》，《毛泽东思想研究》2016年第4期。
[2] 杨鲁慧：《论科学发展观的理论渊源及发展》，《马克思主义研究》2004年第5期。
[3] 方铭：《富强释义及孔子与原始儒家的富强观》，《山西大学学报（哲学社会科学版）》2017年第2期。
[4] 方铭：《友善价值观的中国传统文化基础考源》，《人文杂志》2017年第12期。
[5] 方铭：《公正价值观的中国传统文化基础考源》，《兰州学刊》2017年第11期。
[6] 方铭：《文明价值观：中国传统文化永恒的基础和目标》，《甘肃社会科学》2017年第5期。
[7] 方铭：《敬业价值观的传统文化基础考源》，《求索》2017年第7期。
[8] 方铭：《诚信价值观的中国传统文化基础考源》，《长江学术》2017年第3期。
[9] 刘娟、杨文娟：《社会主义和谐价值观思想渊源》，《学术交流》2016年第5期。
[10] 江畅、张景：《当代中国价值观源流探析》，《山东社会科学》2015年第2期。
[11] 何丽梅：《新生代农民工人生价值观的生成机制》，《人民论坛》2019年第23期。

的伟大实践①；还有学者分析了中国共产党价值理念的根基来源，认为科学发展观继承了中国共产党人在关于中国发展道路的艰辛探索和经验总结中的基本思想，因而具有现实的根基②。

（二）关于社会主义核心价值观根基的研究

就现有研究成果而言，国内学界关于社会主义核心价值观根基的研究主要涉及基本概念、主要内容、重要意义、夯实路径四个方面。

第一，社会主义核心价值观根基的基本概念研究。目前学界对于社会主义核心价值观根基的概念尚未达成共识，形成了多种观点。其中最具代表性的观点认为，社会主义核心价值观的根基至少包含了"基础""根柢"和"基因"三层含义。一是作为"基础"意义上的社会主义核心价值观的根基，这是一个相对宽泛的概念，一切能为其建设提供滋养的事物都可以算作根基，例如国际共产主义运动、社会主义实践以及人类文明成果等。二是作为"根柢"意义上的社会主义核心价值观的根基，其主要作用体现为从中华传统文化和中华文明的土壤中汲取营养，有效应对多元价值挑战。三是作为"基因"意义上的社会主义核心价值观的根基，它代表了传承和延续，是能够展现中华民族精神风貌、传承社会主义价值观和人类优秀价值文明的基因③。

第二，关于社会主义核心价值观根基的主要内容研究。当前，学界普遍认为中华优秀传统文化是社会主义核心价值观的根基。这里主要形成了两种研究思路：第一种是从整体的视角探究文化与价值观的内在契合性；第二种则是从某个具体微观层面的价值观入手，如国家层面的富强价值观、个人层面的诚信价值观等，都可以在传统文化中找到与之对应的思想根基和丰厚资源。由此可以看出，学者们对于社会主义核心价值观的传统文化根基研究主要是从文化与价值观的内容关联性上进行探索的。但事实上，社会主义核心价值观的形成绝不仅是中华优秀传统文化单方面的作用，除

---

① 李朝鲜、周德全：《中国社会主义荣辱观源流探析》，《青海社会科学》2008年第1期。
② 杨鲁慧：《论科学发展观的理论渊源及发展》，《马克思主义研究》2004年第5期。
③ 邱仁富：《社会主义核心价值观的根基问题探讨》，《中共山西省委党校学报》2017年第2期。

此之外，它还要接受马克思主义的指导，吸收世界一切优秀文明成果，并在社会主义实践尤其是中国特色社会主义实践中养成并发展。孙伟平指出社会主义核心价值观需要吸收人类一切优秀文明成果①。戴木才认为社会主义核心价值观具有坚实的实践基础，这个实践基础就是坚持和发展中国特色社会主义的具体实践②。黄蓉生、习蓉晖认为社会主义核心价值观体现了广大人民群众的自觉选择性，而这种自觉选择性往往体现在人民对"以往社会实践的经验总结以及对未来社会的理想追求"③上。还有一些学者从社会主义核心价值观的生成与来源角度也侧面说明了哪些内容可以作为其根基。例如刘志山认为一切价值观念都根源于经济关系，因此"社会主义核心价值观来源于社会主义公有制为主体的经济关系"④。郭维平认为社会主义核心价值观是"在社会价值观的新旧交替中、在我国主流意识形态的不断创新中逐步明确的"，尤其是"在中国特色社会主义的实践中生成的"⑤。总体而言，目前对于社会主义核心价值观根基研究得相对深入的是邱仁富，他先是从国家、社会、个人这三个层面分别梳理了中国传统文化中可以作为社会主义核心价值观的文化根基的内容⑥，指出传统文化根基固然非常重要，但不能仅限于这一根基。而后他创新地提出了构建以马克思主义为指导的"同心圆"式的根基系统，主要包括马克思主义价值论根基、中华优秀传统文化根基、社会主义实践根基和世界优秀文明根基⑦。

第三，关于社会主义核心价值观根基的重要意义研究。社会主义核心价值观的根基是能够巩固其根本、筑牢其根柢、促进其发展的深厚土壤。唯有打牢根基，才能进一步助力社会主义核心价值观的落细、落小、落实，使社会主义核心价值观不断向前发展。对于社会主义核心价值观根基的意

---

① 孙伟平：《关于社会主义核心价值观的几点思考》，《山东社会科学》2015年第2期。
② 戴木才：《论国家倡导社会主义核心价值观的依据、意义和着力点》，《教学与研究》2019年第1期。
③ 黄蓉生、习蓉晖：《论提炼社会主义核心价值观的深厚基础》，《学校党建与思想教育》2010年第22期。
④ 刘志山：《社会主义核心价值观的多维视域》，广东人民出版社，2018，第52页。
⑤ 郭维平：《社会主义核心价值观生成与认同研究》，学习出版社，2016，第145页。
⑥ 邱仁富：《作为社会主义核心价值观根基的传统文化内涵探析》，《当代中国价值观研究》2017年第1期。
⑦ 邱仁富：《社会主义核心价值观的根基问题探讨》，《中共山西省委党校学报》2017年第2期。

义和作用，学界主要形成了以下几种观点：第一种观点是"滋养说"，学界普遍认为社会主义核心价值观的根基能够有效滋养其本身。这种滋养的作用主要表现在彰显中国特色的"主体性"、折射中国魅力的运用方法以及诠释中国优势的实施原则①。第二种观点是"动力说"。闫翠玲、刘娟认为中华优秀传统文化的普适性能够为社会主义核心价值观的与时俱进提供不竭动力②。程刚认为优秀传统文化不仅是中国软实力的重要体现，同时也是社会主义核心价值观的持久动力源，能够有效支撑我们在世界文化多元碰撞中屹立不倒③。第三种观点是"防御说"，主要是指作为社会主义核心价值观根基的内容能够有效抵御西方意识形态的攻击和不良价值观的影响。例如佘远富指出中华优秀传统文化根基能有效抵御西方腐朽价值观的侵蚀④。第四种观点是"价值发展说"，主要是指社会主义核心价值观的根基对于价值观本身的发展所具有的意义。邱仁富认为深入挖掘和理解社会主义核心价值观背后的根基，并发挥它的作用，才能进一步解决好价值观本身在对外解释、理论自洽以及价值认同等方面的问题⑤。

第四，关于社会主义核心价值观根基的夯实路径研究。认识根基、理解根基的内容及其意义，更重要的是在实践的角度夯实社会主义核心价值观的根基，深挖其内涵要义，发挥根基的作用以更好涵养社会主义核心价值观，推动价值观的发展，培养出更加令人向往的价值观。关于如何夯实、打牢社会主义核心价值观的根基，学者们提出了很多观点。一是"转化说"，必须将传统文化价值观进行创造性转化和创新性发展，从而实现它在内涵和思维方式上的现代转化⑥。程刚进一步提出，要在"转化"的过程中

---

① 李志刚、李申申：《论培育和践行社会主义核心价值观的传统文化根基》，《中国特殊教育》2019 年第 8 期。
② 闫翠玲、刘娟：《中华优秀传统文化与社会主义核心价值观的耦合关系》，《开封教育学院学报》2018 年第 12 期。
③ 程刚：《文化根基与社会主义核心价值观的培育——兼论习近平系列讲话中的传统文化观》，《实事求是》2016 年第 1 期。
④ 佘远富：《中华传统价值观的现代转化与夯实社会主义核心价值观的文化根基——兼评〈马克思主义社会风险思想研究〉》，《理论月刊》2017 年第 8 期。
⑤ 邱仁富：《社会主义核心价值观的根基问题探讨》，《中共山西省委党校学报》2017 年第 2 期。
⑥ 佘远富：《中华传统价值观的现代转化与夯实社会主义核心价值观的文化根基——兼评〈马克思主义社会风险思想研究〉》，《理论月刊》2017 年第 8 期。

尊重历史、立足现实，本着在批判中继承、在继承中发展、在发展中创新的原则，处理好传统与现代、国内和国外文化的关系①。二是"挖掘说"。孙希国提出，要充分重视中华优秀传统文化的根基作用，深入挖掘其精华，不断夯实文化根基②。三是"三原则说"，分别是坚持践行社会主义核心价值观的持久性、广泛性和大众性原则，坚持以客观、科学、礼敬的态度传承并弘扬中华优秀传统文化的原则，以及坚持马克思主义指导思想的原则③。四是"系统说"。这是邱仁富从理论根基、实践根基、文化根基、世界优秀文明根基四个方面结合起来所提出的筑牢社会主义核心价值观的路径系统④。姚才刚提出，除了要坚持马克思主义的指导，还要以中国社会各阶层与各行业人们的具体实践为依据，并选择性借鉴中西方文化中的有益成分⑤。实际上这与邱仁富提出的路径系统不谋而合。此外，还有一些学者从高校思想政治理论课、市场经济的价值基础、公民价值观培育、公民美德培育、西方社会思潮等视域探讨了筑牢社会主义核心价值观根基的方法和路径⑥。

三 深化对"社会主义核心价值观根基"的研究

由以上对国内学界关于"根基""价值观根基"以及"社会主义核心价值观根基"研究的相关文献梳理，可以发现"根基"问题的研究是一个重点、也是难点。尽管党的十八大以来，国家愈加重视对社会主义核心价值观的培育和宣传工作，对学界关于该领域的研究也提供了大力支持，尤其

---

① 程刚：《文化根基与社会主义核心价值观的培育——兼论习近平系列讲话中的传统文化观》，《实事求是》2016年第1期。
② 孙希国：《中华优秀传统文化：培育和践行社会主义核心价值观的文化根基》，《辽东学院学报（社会科学版）》2015年第4期。
③ 熊江宁：《培育和践行社会主义核心价值观的文化根基》，《中国特色社会主义研究》2014年第6期。
④ 邱仁富：《社会主义核心价值观的根基问题探讨》，《中共山西省委党校学报》2017年第2期。
⑤ 姚才刚：《社会主义核心价值观的传统文化根基及其实现路径》，《湖北大学学报（哲学社会科学版）》2018年第6期。
⑥ 田海舰：《"筑牢社会主义核心价值观根基"学术研讨会综述》，《道德与文明》2014年第5期。

是近年来社会主义核心价值观的基础理论和实践路径等领域出现了非常丰富的研究成果,但其中关于根基问题的研究还比较少或者研究得还不够深入,这意味着该领域还有一定的探索空间。

目前大部分学者集中关注于社会主义核心价值观的传统文化根基,对于社会主义核心价值观与中华优秀传统文化的关系研究较多,对于社会主义核心价值观其他方面的根基研究较少。其中"社会主义核心价值观的实践根基"研究仍然处于萌芽阶段,仅有部分学者在相关著作和期刊文章中简要提及,但尚无直接可循的完整的研究成果和结论。综合前人研究成果,应当明确社会主义核心价值观不仅有着中华优秀传统文化的丰富涵养,还有来自马克思主义价值理论的科学传承、世界优秀文明的价值借鉴,以及社会主义实践尤其是中国特色社会主义实践的深厚根基。关于这些根基的研究应当继续深入下去,而且还有很多东西可以细挖,比如夯实文化根基需要实现中华优秀传统文化的创造性转化和创新性发展,如今转化和发展的效果如何?如何深化这种效果?再如马克思主义的基本立场、基本观点、基本方法在社会主义核心价值观的提出、发展和完善过程中具体起到了什么样的作用?在21世纪的今天,如何处理好西方文明价值理念与社会主义核心价值观的关系、推动人类共同价值的发展?随着实践的深化,如何凝练出更加令人向往的共产主义价值观?这些问题都是值得我们去思考的。

第一,关于社会主义核心价值观实践根基的研究值得被重视。1978年关于真理标准问题的大讨论拉开了中国实践价值哲学的序幕,标志着中国价值论从理论走向了实践,也预示着中国改革开放的伟大实践将给人民群众的思想和生活带来翻天覆地的变化。从理论到实践的转变,使得科学社会主义的价值实现活动有了更为坚实的根基,建立在实践基础上的价值追求也将更加充满"科学与人性"的味道。在这个过程中,人们愈发感知到中国价值的力量和优越性,这种力量和优越性并不是来源于其他,而是来源于诞生这种价值的实践本身。同时从学理角度来看,中国的价值哲学本就是建立在实践基础上的,对实践的价值总结和经验反馈也已被自觉或不自觉地纳入社会主义核心价值观的"24个字"当中。可以说,中国实践产生了中国价值,而中国价值也为中国实践正名并引领中国实践的发展。因此,探究社会主义核心价值观为何能够在中国特色社会主义伟大事业中发挥凝心聚力的作用,又为何能够成为当代中国社会的代表性价值观,理应从社会主义实践(尤其是中国特色社会主义实践)中寻找根基,这一点不容忽视。

第二,深入研究社会主义核心价值观的实践根基。研究社会主义核心价值观的实践根基,不能只是粗略地说明社会主义核心价值观来源于实践,而要紧密联系实践与价值的双向互动关系,在理论层面说清楚实践(尤其是中国特色社会主义实践)缘何可以成为社会主义核心价值观的根基,要讲清楚到底是哪些实践构成了社会主义核心价值观的根基。一方面,实践何以能够成为社会主义核心价值观的根基,这是一个哲学问题,是一个关于中国实践与价值观发展的现实问题,也是一个世界社会主义运动发展史上的历史总结问题。从哲学上来说,实践具有直接现实性的独特品格,实践生成价值、价值观,这是符合客观世界规律性的,而人类在实践中满足自己的价值需要,这又是符合人的目的性的。从中国实践与价值观的发展上来说,实践又是社会主义核心价值观的活水之源,社会主义核心价值观反过来也在引领和规范着中国实践的发展。从世界社会主义运动发展史来说,实践必须也必然要成为社会主义核心价值观的根基,脱离了实践根基的社会主义核心价值观终究是发展不下去的,没有了正确价值观指导的实践也是终要走向"邪路",苏联的教训值得警惕。另一方面,作为社会主义核心价值观实践根基的主要内容,可以主要从社会主义五百年发展历程和中国特色社会主义实践的语境中去考虑。社会主义核心价值观从广义上来说是属于社会主义价值观,因此必然体现了以往国际社会主义事业中形成的根本性价值观念,社会主义是它的根本性质,体现人民利益是它的实践要求,实现人自由而全面的发展是它的终极转化,尤其是吸取了苏联社会主义价值观的建设经验。从狭义上来说,社会主义核心价值观主要是在中国特色社会主义实践中被挖掘和提炼出来的,因此作为社会主义核心价值观实践根基的主要内容可以从改革开放以后的实践中去寻找。当然,需要注意的是,并不是所有的实践都可以成为社会主义核心价值观的根基,改革开放后的一段时间内不乏一些充满盲动性、重复性和高消耗性的实践,而这些实践恰恰反映出了我们中国特色社会主义实践中有关价值缺失的问题,阻碍实践的发展也阻碍社会主义核心价值观的进一步深化。这要求我们反思这些错误实践，挖掘背后的价值问题并在今后的实践中予以规避，进一步夯实那些能够真正为社会主义核心价值观提供根基的实践，如此才能更好培育和鼓励人们践行社会主义核心价值观。

  第三，实践为价值观提供客观依据。要想让人们更加认可社会主义核心价值观并在生活中自觉践行，就必须结合中国特色社会主义实践的发展，让社会主义核心价值观在指导实践与完善自身的过程中变得更接地气、更有底气、更有说服力。更重要的是立足时代的发展以及中国特色社会主义发展的最新进程，探讨如何在新时代更好夯实社会主义核心价值观的实践根基，深化相应的体制机制改革，去除一系列束缚中国实践发展的弊端，从而让实践更好地为社会主义核心价值观的发展和培育提供可持续力量，也让社会主义核心价值观能够更好地回应并规范、引领实践的发展。当然，推动新时代社会主义核心价值观的发展仍不是我们努力的终点，真正的终点在于培育出更加令人向往的价值观，而这个真正的终点或许也是人类历史的新开端。马克思主义的崇高理想就是为了实现共产主义，实现每个人自由而全面的发展，那么如何才是更加令人向往的价值观？它必定要具有足够的对未来社会发展的研判力和预测力，必定要能展望人类的总体发展趋势和共同命运；必定要能主动向共产主义理想社会进行价值延伸，提供能够指引共产主义运动和实践发展的价值方案。

【执行编辑：邱仁富】

论中国传统家训涵养社会主义核心价值观的理论逻辑[*]

金莉黎[**]

【摘　要】　中国传统家训作为中国传统文化的重要组成部分和有效载体，具有丰厚的思想内涵和独特的表达方式，在家国一体的传统社会一直担当社会教化的重要角色。社会主义核心价值观根植于历史传统文化并符合时代发展要求，是对当代社会各种思潮和社会意识的加工凝练，集中反映国家、社会、个人三个层面的价值倡导。中国传统家训作为涵养社会主义核心价值观的深厚源泉，两者具有一脉相承的价值理想和价值理念，以继承儒家修齐治平思想来滋养社会主义核心价值观的价值追求，通过立足于个体、以共同体利益为旨趣的表达方式、兼顾德性教育和知识教育的表达内容，以情感教育为主、以法规约束为辅的表达手段来促进社会主义核心价值观的价值认同。

【关键词】　中国传统家训；涵养；社会主义核心价值观；认同

---

[*]　基金项目：国家社科基金重点项目"新时代用社会主义核心价值观凝心聚力研究"（20AKS015）、上海市"曙光计划"项目"社会主义核心价值观的根基研究"（16SG55）。

[**]　金莉黎，复旦大学马克思主义学院博士生，主要研究方向为价值论。

中国传统家训作为传统社会发展的产物，是传统社会的主导意识形态在家庭领域的体现，是中国传统文化的重要组成部分和有效载体，在传统社会家国一体同构的二元结构中一直担当社会道德教化的重要角色。它不仅是对社会成员具有道德约束力和行为规范性的基本准则，也是传播社会主导意识形态、维系家庭和社会稳定、继承和发扬中国优秀传统文化的有效途径。社会主义核心价值观在中国文化土壤中孕育、形成和发展，根植于历史传统文化并符合时代发展要求，是对当代社会各种思潮和社会意识的加工凝练，集中反映国家、社会、个人三个层面的核心价值倡导和要求，体现当代社会大众的意志和利益。在历史演变的长河中，中国传统家训作为涵养社会主义核心价值观的深厚源泉，其潜移默化的功能对培育和践行社会主义核心价值观具有不容忽视的作用，两者之间有诸多内在契合性。

一 中国传统家训与社会主义核心价值观具有一脉相承的价值追求

自有历史记载以来，中华民族统一全国建立起华夏文化、近代中国人民遭受沉重压迫奋起反抗、中国共产党应历史而生奋斗成长、中华人民共和国筚路蓝缕艰苦创业、改革开放发展探索突飞猛进、新时代为世界贡献中国方案和中国智慧，这些历史节点标志性地将中国文化有机串联起来。中华文明以其独特的品格和顽强的生命力活跃至今，其中最重要的因素离不开中华文明的软实力——中国文化始终没有因为内忧外患、朝代更迭而出现严重的断裂，而是始终经由一代一代中华儿女将其"根""本""体""源"传承下来。它是中国文化的根基，是吸纳其他支流始终坚守的源流主体，是决定中国区别于其他文明的独特文化基因。这个最根本最主要的文化坚守就是支撑整个民族赖以生存的精神力量，是维系整个国家屹立不倒的精神食粮，是推动整个社会凝心聚力的动力来源，是深藏在中华儿女心中一脉相承的价值追求。

（一）两者具有一脉相承的价值理想

这个价值理想是天下为公、世界大同、人类命运共同体的理想，是

"民为贵,社稷次之,君为轻"①的理想,是"老有所终,壮有所用,幼有所长,鳏寡孤独废疾者,皆有所养"②的理想,是各司其职、各尽其能、各得其所的理想,是等贵贱、均贫富的理想。这些价值理想始终就像一盏指路明灯,指引中华儿女寻根溯源、探索发展,在民族危亡的关键时刻化为精神食粮供给各族人民浴血奋战,为中华民族伟大复兴的中国梦而不断开拓前进。

(二)两者具有一脉相承的核心价值理念

这个核心价值理念是道法自然、天人合一的观念,是国富民强、民族独立的理念,是自强不息、厚德载物的理念,是经世致用、知行合一的观念,是和而不同、求同存异的观念,是革故鼎新、与时俱进的观念,是居安思危、防微杜渐的理念,是集思广益、群策群力的理念,是选贤以能、礼贤下士的理念,是惜时奋斗、转识成智的理念,是不卑不亢、张弛有度的理念,是伸张正义、见义勇为的理念,是善良敦厚、温暖纯良的理念,是明礼诚信、廉洁奉公的理念,是谦恭恕人、戒骄戒躁的理念。这些价值理念深深投映在中华民族的文化基因和中华儿女的精神血脉里,以代际传承的方向得以延续保留下来。

中国传统家训和社会主义核心价值观都继承了这些价值理想和价值理念。中国传统家训产生于家国一体同构的传统社会,在大一统的政治体制之下,为社会的物质生产、精神生活和社会实践提供必不可少的稳定支撑,在协调纷繁复杂的各种冲突中起到稳定社会秩序、稳固家庭结构的作用,以保证社会井然有序的发展。在传统社会里,家庭数世同堂,少则几十口,多则成百上千口,聚居成族。如唐代张公艺九世同居,历经北齐、隋、唐三代;明代郑濂累世同居,家庭人口数最多时达到3 000人;更有天下第一大家族,江州义门陈姓,因其聚居共炊231年之久、上下19代、累计3 900余人,而受到历代封建帝王的旌表和支持。这种聚族而居的社会现象有其特有的时代印记,体现了中国传统家训对家国共同体传承的重要意义。中国传统家训传承和弘扬以儒家思想为代表的中国优秀传统文化,将与时俱

---

① 金良年:《孟子译注》,上海古籍出版社,2010,第296页。
② 杨天宇:《礼记译注》上卷,上海古籍出版社,2010,第265页。

进、自强不息、经世致用、知行合一等民族精粹牢牢体现在其对民族主体性的坚守上并将其发扬光大。

社会主义核心价值观植根中国优秀传统文化的土壤，吸收借鉴人类文明有益成果，立足当代中国国情和历史实践经验，在坚持中国特色社会主义道路基础上体现国家、社会、个人三个层面的核心价值倡导和要求，体现当代人民大众的共同意志和利益诉求。社会主义核心价值观的基本诠释虽然只有 24 字，但社会主义核心价值观的精神内涵远不止字面意思所精炼的成果，每一个词都有其丰富的科学内涵，同时它又是一个开放的体系，需要在未来的实践中继续培育和精炼。诚如习近平总书记所言："这些思想和理念，既随着时间推移和时代变迁而不断与时俱进，又有其自身的连续性和稳定性。我们生而为中国人，最根本的是我们有中国人的独特精神世界，有百姓日用而不觉的价值观。"① 社会主义核心价值观的连续性和稳定性就在于它对于中国文化的主体性坚守，而这恰恰是中华文明、中国文化一脉相承的价值追求。

二 中国传统家训的思想内涵滋养社会主义核心价值观的价值追求

社会主义核心价值观的 24 字既是阐明可做遵循的基本内容，也是提出更高层次的价值理想，即我们到底要建设怎样的国家、营造怎样的社会以及培育怎样的公民。国家层面的价值追求即富强、民主、文明、和谐，分别体现了经济、政治、文化、社会、生态等方面的价值诉求，是物质文明、政治文明、精神文明、社会文明、生态文明以及各个文明和谐共生的局面。社会层面的价值追求即自由、平等、公正、法治，体现了人类对美好生活的基本追求、永恒价值观、中国特色社会主义的本质属性以及社会主义的根本保障力量，是人类对美好生活的生动阐释。个人层面的价值追求即爱国、敬业、诚信、友善，体现了公民的底线价值要求、中国人的传统价值理念、公民交往的核心规范意识和基本的道德准则。社会主义核心价值观

---

① 习近平:《习近平谈治国理政》，外文出版社，2014，第 171 页。

的总体价值追求旨在人的全面发展，旨在社会的全面进步，旨在国家的全面富强，旨在民族的全面振兴，也就是实现"两个一百年"奋斗目标和实现中华民族伟大复兴的中国梦。

中国传统家训的思想内涵可为社会主义核心价值观的价值追求提供精神滋养。所谓滋养，是培植养育的意思。中国传统家训的思想内涵对于社会主义核心价值观的滋养就如同食物中的营养和精华对于身体的供给、补养。以"物格而后知至，知至而后意诚，意诚而后心正，心正而后身修，身修而后家齐，家齐而后国治，国治而后天下平"①的儒家修齐治平为思想内核的中国传统家训，体现了以规范个人言行为主的修身之要，体现了以管理国家事务为主的齐家之理，体现了以重视社会交往德行操守为主的治国之法，体现了以弘扬家国情怀为主的平天下之道。可以说，格物、致知、诚意、正心、修身是对个人层面的要求，齐家是对社会层面的要求，治国平天下则是对国家层面的要求。中国传统家训将国家、社会、个人的价值追求融为一体，而这种价值追求结合时代特征，通过中国传统家训的形式将其价值追求传承至今，从根本上滋养社会主义核心价值观的价值追求。各种典籍系统地展开论述中国传统家训的价值追求，对社会主义核心价值观的价值追求有着诸多观照。

（一）中国传统家训的修身之要为社会主义核心价值观提供滋养

中国传统家训的修身之要从重视仁爱、伸张正义、明举礼和、推崇智慧、讲究诚信等品德修养多个角度进行诠释。如颜之推在《颜氏家训》中告诫子孙克己复礼。"南人宾至不迎，相见捧手而不揖，送客下席而已；北人迎送并至门，相见则揖，皆古之道也，吾善其迎揖。"②颜之推认为古人传下来的待客之道不能怠慢，迎送宾客的礼制应沿袭古人之礼。此礼即为一个人的修身之要。

再比如推崇智慧、修身的最好方式也就是长知识、养智慧。读书能够长知识，思考可以养智慧。中国传统家训几乎篇篇论述读书一事，曾国藩家训也不例外。他一方面要子弟们正视读书的目的，另一方面教给他们读

---

① 杨天宇：《礼记译注》下卷，上海古籍出版社，2010，第801页。
② 颜之推：《颜氏家训》，檀作文译注，中华书局，2011，第56页。

书的方法。"吾辈读书只有两事：一者进德之事，讲求乎诚正修齐之道，以图无忝所生；一者修业之事，操习乎记诵词章之术，以图自卫其身。"① 读百家书的目的是能够明白圣贤的道理，以圣贤为榜样去实践，立志成为有才有德的正人君子。读书的方法必须集有志、有识、有恒于一体，"有志则断不甘为下流。有识则知学问无尽，不敢以一得自足，如河伯之观海，如井蛙之窥天，皆无识者也。有恒则断无不成之事"②。知识是智慧养成的必要条件，如何转识成智则是对知识反复追问和思考的结果。进入执迷的思考是独立完成的，但做学问"独学而无友，则孤陋而寡闻"③，学习的过程是相互讨论、交换意见、切磋技艺的过程，在讨论与争辩中调动自己的积极性，强化自己的立场和真知、修正自己的不足和偏见，才能取人之长、补己之短。

（二）中国传统家训的齐家之理为社会主义核心价值观提供滋养

中国传统家训的齐家之理从温和致睦、善良之心、恭敬待人、节俭有度、谦让不亢等品性要求多个角度进行分析。传统社会认为一个家庭里至亲的关系只有三种：夫妻关系、父子关系、兄弟关系，其他所有关系皆围绕这三种基本关系来展开，故这三种关系为家族的本源关系。要实现这三种人伦关系的温和致睦，必须要厘清三种关系的相互性。

夫妻关系，是靠情义关系结合在一起的，这与血缘关系有着根本差别。"夫妇以义合，义绝而离之。"④ 夫妻和睦利于夫妇关系的延续，但这份和睦又不是一味妥协和退让，夫妻和睦需要彼此重情重义、张弛有度、相敬如宾。

父子关系区别于夫妻、兄弟在家族中的横向关系，是一个上下的纵向关系，它紧紧维系着家庭的代际互动，实际上是长辈同晚辈的互动关系。对于长辈的要求，如"父子之严，不可以狎；骨肉之爱，不可以简"⑤，亲

---

① 曾国藩：《曾国藩家书精选》，于洁选编，中央编译局出版社，2008，第33页。
② 曾国藩：《曾国藩最有影响的100封家书》，清渠解析，群言出版社，2004，第40页。
③ 杨天宇：《礼记译注》下卷，上海古籍出版社，2010，第461页。
④ 张艳国：《家训辑览》，武汉大学出版社，2007，第3页。
⑤ 颜之推：《颜氏家训》，檀作文译注，中华书局，2011，第12页。

昵但不能不庄重、简慢不能没有礼数；对于晚辈的要求，如"立身以孝悌为基"①。

兄弟关系为一母同胞、"分形连气之人"②，血缘的亲密性使得兄弟即为同根所生，当知不可分离，无论年幼之时、成家立业还是父母双亲亡故之后，应始终保持相亲相爱。"兄弟不睦，则子侄不爱；子侄不爱，则群从疏薄；群从疏薄，则僮仆为仇敌矣。"③ 只有兄弟和睦，子侄才可能友爱团结，大家族才可能兴旺发达。

再比如谈节俭有度。"一粥一饭，当思来之不易；半丝半缕，恒念物力维艰。宜未雨而绸缪，毋临渴而掘井。自奉必须俭约，宴客切勿流连。"④ 知稼穑之艰难，知一粥一饭来之不易，才能深谙齐家节俭的道理。但节俭不是吝啬不是抠门不是一毛不拔，而是在把握"施而不奢，俭而不吝"⑤ 的分寸中张弛有度。也正因为知节俭，而不敢随便骄奢淫逸。曾国藩就时常担心子弟们染上浪费奢侈、骄奢淫逸的坏习气，在给纪泽、纪鸿的信中不厌其烦地叮嘱子弟们要节俭："居家之道，惟崇俭可以长久，处乱世尤以戒奢侈为要义。衣服不宜多制，尤不宜大镶大缘，过于绚烂。"⑥ "勤俭自持，习劳习苦，可以处乐，可以处约，此君子也。余服官二十年，不敢稍染官宦气习，饮食起居，尚守寒素家风，极俭也可，略丰也可，太丰则吾不敢也。凡仕宦之家，由俭入奢易，由奢返俭难。尔年尚幼，切不可贪爱奢华，不可惯习懒惰。"⑦ 以自己为言传身教的榜样，提醒子弟时时不忘节俭、处处不忘节俭。

（三）中国传统家训的治国平天下之法为社会主义核心价值观提供滋养

中国传统家训的治国之法从忠心不二、孝忠一体、勇敢果断、宽厚谦

---

① 徐少锦、陈延斌：《中国家训史》，人民出版社，2011，第2页。
② 颜之推：《颜氏家训》，檀作文译注，中华书局，2011，第19页。
③ 颜之推：《颜氏家训》，檀作文译注，中华书局，2011，第22页。
④ 徐少锦、陈延斌：《中国家训史》，人民出版社，2011，第706页。
⑤ 颜之推：《颜氏家训》，檀作文译注，中华书局，2011，第36页。
⑥ 曾国藩：《曾国藩最有影响的100封家书》，清渠解析，群言出版社，2004，第61页。
⑦ 曾国藩：《曾国藩最有影响的100封家书》，清渠解析，群言出版社，2004，第149页。

恭、廉洁奉公等方面进行一一阐明。如论述廉洁奉公。先秦齐宣王的相国叫田稷子，他接受了下级官员的贿赂，拿着贿赂给他母亲，结果遭到母亲严厉呵斥，母亲说："吾闻士修身洁行，不为苟得；竭情尽实，不行诈伪；非义之事，不计于心；非理之利，不入于家；言行若一，情貌相副。今君设官以待子，厚禄以奉子，言行则可以报君。夫为人臣而事其君，犹为人子而事其父也。尽心尽能，忠信不欺，务在效忠必死奉命，廉洁公正，故遂而无患。今子反是，远忠矣！夫为人臣不忠，是为子不孝。不义之财，非吾有也；不孝之子，非吾子也。"① 田稷子母亲训诫田稷子的一番话不仅直指他非法敛财、贪赃枉法的行为，而且其不廉的行为是对国对君不忠不义，也衍生出对长辈不敬不孝。

再比如论述宽厚谦恭。所谓宽厚谦恭，就是不以自己所有欺凌他人所无，始终以宽容平和的态度对自己所有的权、钱、利、势淡然处之，并以这一份淡然之心对待工作和工作对象，甚至谦卑到把己之所有视若没有，而更加上进、积极、乐观地追求事业的高峰。"吾闻德行宽裕，守之以恭者荣；土地广大，守之以俭者安；禄位尊盛，守之以卑者贵；人众兵强，守之以畏者胜；聪明睿智，守之以愚者善；博闻强记，守之以浅者智。夫此六者，皆谦德也。"② 周公训导其子伯禽在鲁国执政时，务必宽施恩德而对人恭敬不改、土地富饶而生活俭朴不变、官高禄厚而始终谦卑不骄、兵强人多而依然畏惧警戒、聪明睿智而愚鲁处世不更、见多识广而以浅薄自谓一世，从而来防松破满。

中国传统家训不仅从做人之本、做事之功、求知之道、经世应务等方方面面对个人的立身处世进行反复告诫，也从齐家治国平天下的视野上予以规劝言说。中国传统家训的思想内涵给社会主义核心价值观提供了肥沃的土壤和充沛的雨露，它对于每一个个体修身齐家治国平天下进行了最圆融的教育，滋养了社会主义核心价值观的价值追求。如果说，"我们提出的社会主义核心价值观，把涉及国家、社会、公民的价值要求融为一体，既体现了社会主义本质要求，继承了中华优秀传统文化，也吸收了世界文明

---

① 徐少锦、陈延斌：《中国家训史》，人民出版社，2011，第118页。
② 徐少锦、陈延斌：《中国家训史》，人民出版社，2011，第62页。

有益成果，体现了时代精神"①。毋庸置疑，中国传统家训对社会主义核心价值观的精神滋养作用不可小觑。

三　中国传统家训的表达特点促进社会主义核心价值观的价值认同

所谓认同，弗洛伊德认为是"个体或群体在感情上、心理上趋同的过程"②，哈贝马斯认为"认同归于相互理解、共享知识、彼此信任、两相符合的主体之间的相互依存。认同以对可理解性、真理性、正当性、真诚性这些相应的有效性要求的认可为基础"③。认同基于一定原因的认可而表现出趋同状态，这个过程是内化成为自己意识形态有机组成部分的过程。社会主义核心价值观的价值认同，其实是一个社会的主导价值观念如何被人民大众广泛认同的问题，而要实现广泛认同，就要使其内化成为国民价值观念的重要组成部分。

"人的本质不是单个人所固有的抽象物，在其现实性上，它是一切社会关系的总和。"④ 现实意义上人总是处于一定的社会关系中，与他人发生着密切的联系。在传统社会，人的社会性充分体现在家族内部，人的社会关系最为紧密的必然是家族成员间的互动。在家族成员之间，中国传统家训以其通俗易懂的表达方式和情感共鸣的同化力量，将国家主导的意识形态特别是价值观念潜移默化地转化成为每个个体思想观念的重要组成部分，从而实现主导意识形态的广泛传播和有效教化。中国传统家训的表达特点对于社会主义核心价值观的价值认同具有重要意义。

（一）中国传统家训以个体教育为出发点、以共同体利益为旨趣的表达方式促进社会主义核心价值观的价值认同

中国传统家训教育的本体对象指向个体，通过培育个体道德、规范个

---

① 习近平：《习近平谈治国理政》，外文出版社，2014，第169页。
② 车文博：《弗洛伊德主义原著选辑》上卷，辽宁人民出版社，1988，第375页。
③ 〔德〕尤尔·哈贝马斯：《交往与社会进化》，张博树译，重庆出版社，1989，第3页。
④ 马克思、恩格斯：《马克思恩格斯选集》第1卷，人民出版社，2012，第135页。

体行为，从而为个体的修身做好全面的指导和规范。一方面，个体教育是抓手。这既是长辈对晚辈代际传承的必然路径，也是传统社会的固有产物。"在传统社会，由于其同质性或未分化性、变化的迟缓性和封闭性等特点，社会代际关系，包括代际道德价值观、代际生活方式、代际行为模式、代际思维方式等各方面均表现为没有分化、保持同一的'一元化'状态。"①

另一方面，家训旨在维护家庭、社会、国家等共同体的利益。基于中国传统社会的特殊形态，马克思按照分工和交换的关系认为传统社会体现着"人的依赖关系"，是以人与人之间高度的依赖性而形成的自然经济社会；涂尔干从社会团结角度看认为传统社会是"机械团结"，它区别于一种有机的自觉的有意识的团结；滕尼斯认为传统社会是基于"本质的意志"而形成的共同体社会，是建立在以血缘亲情、伦理关联等自然感情为基础而自然生长起来的社会。通过传承上一代人的教育思想，为下一代人的教育做准备，使家庭、社会、国家等共同体的利益成为家训的旨趣。故中国传统家训的表达出发点立足于个体的所历、所思、所言、所为，然后再向家庭、社会、国家等共同体的利益延伸。中国传统家训以个体教育为出发点、以共同体利益为旨趣的表达方式实现了国家主导意识形态落实到国家、社会、家庭和个人层面，促进了国家主导意识形态的价值认同，这对社会主义核心价值观成为人民群众"日用而不觉"的价值观提供了非常有效的借鉴途径。

（二）中国传统家训兼顾德性教育和知识教育的表达内容促进社会主义核心价值观的价值认同

传统社会是一个以道德伦理为主要生活准则来维系人与人之间交往的社会。与其社会结构相适应，德性教育成为传统社会的重要教育内容，其地位可媲美知识教育。这是社会教育的特殊状态，其特殊之处表现在，对个人修身的重视、对君子标准的要求和对成圣成贤的追求。

中国传统家训继承儒家修齐治平思想，修身既是格物、致知、诚意、正心的归属，是内圣的工夫、善其身，也是齐家、治国、平天下的起点，

---

① 廖小平：《代际互动——未成年人道德建设的代际维度》，人民出版社，2009，第164页。

是外王的工夫、兼天下。对君子标准的要求，在《论语》中总共出现108处。通过对比君子与小人的差别，表达对君子标准的要求和成为君子的期望，如："君子和而不同；小人同而不和"①；"君子喻于义，小人喻于利"②；"君子成人之美，不成人之恶；小人反是"③ 等。对成圣成贤的追求，以圣贤为楷模，继而效仿之，确立以高尚品格为信条的人生目标并终生为之实践。诸葛亮要求其外甥："志当存高远，慕圣贤。"④ 颜之推要求其子女做学问要始终怀有一颗对圣贤者和圣贤书的敬畏之心。这种敬畏心体现在丢弃的废纸上如果有《五经》的词句或者贤达者的姓名，都不敢把它们用在不干净的地方。曾国藩要求其子弟："人苟能自立志，则圣贤豪杰，何事不可为？何必借助于人！"⑤ 强调立志是人生大事，若能立志，就没有做不成的事；若不立志，即使与尧舜禹汤同行，也起不了丝毫作用。他以圣贤看齐，强调立志的重要性。且"凡人多望子孙为大官，余不愿为大官，但愿为读书明理之君子"⑥，表达了曾国藩期望子弟们成为读书明理的谦谦君子和像尧舜禹汤的圣贤。

在升华个人修养德行的同时，教之以具体的生活实践知识也必不可少。这些生活实践知识的教授具有可操作性、具体性，易于其子女掌握各项生活技能、习得各类礼数、深谙人情世故。姚舜牧在《药言》中重视养生保健，古时生病讳疾忌医，他教导子女反其道行之，同时注重精神的放松："宜宽心以俟其愈"⑦，提醒子女要注意劳逸结合，不过度消耗自己的身体："有走不尽的路，有读不尽的书，有做不尽的事，总须量精力为之，不可强所不能，自疲其精力"。⑧朱柏庐教育家人子弟勤俭持家、宽厚治家："一粥一饭，当思来之不易；半丝半缕，恒念物力维艰。宜未雨而绸缪，毋临渴而掘井，自奉必须俭约，宴客切勿流连""与肩挑贸易，毋占便宜，见贫苦亲邻，须多温恤。刻薄成家，理难久享；伦常乖舛，立见消亡"⑨ 等。

---

① 金良年：《论语译注》，上海古籍出版社，2010，第217页。
② 金良年：《论语译注》，上海古籍出版社，2010，第94页。
③ 金良年：《论语译注》，上海古籍出版社，2010，第199页。
④ 徐少锦、陈延斌：《中国家训史》，人民出版社，2011，第207页。
⑤ 曾国藩：《曾国藩最有影响的100封家书》，清渠解析，群言出版社，2004，第97页。
⑥ 曾国藩：《曾国藩最有影响的100封家书》，清渠解析，群言出版社，2004，第149页。
⑦⑧ 徐少锦、陈延斌：《中国家训史》，人民出版社，2011，第532页。
⑨ 徐少锦、陈延斌：《中国家训史》，人民出版社，2011，第706页。

社会主义核心价值观既是对个体道德思想的规约,也是对行为习惯提出进一步价值诉求。中国传统家训兼顾德性教育和知识教育的表达内容,对于促进社会主义核心价值观成为人民群众的情感认同和行为习惯,具有非常重要的启示意义。

(三)中国传统家训以情感教育为主、以法规约束为辅的表达手段促进社会主义核心价值观的价值认同

中国传统家训发生的场域以家庭内部为主,家族成员间的基本关系仍然靠血缘亲情联结,常规的教育手段仍然是用情感的方式晓之以理、动之以情,在和风细雨的教育感化中使子女掌握生活的技能、礼数,懂得为人处世的道理、方法,修得君子圣贤的德行、品性。父母子女间以血缘为客观基础,在长久的相处中以亲情为联结,构成利益共同体,这就奠定了整个中国传统家训的治家基础,使家教的信度远在他物之上。"同言而信,信其所亲;同命而行,行其所服"①,其理便在其中,整个中国传统家训史无非是依托"信其所亲"的情感关联而展开。

同时,法规约束的力量也必不可少。当情感的感召力不能很好发挥效用时,法规约束的力量似疾风骤雨来势猛、力度强、见效快。在费成康主编的《家法族规》一书中记载了各种惩罚手段来实现教育的目的,如警告、斥责、贬抑、罚钱、驱逐、拘禁等手段。其中有些教育的表现手段为我们今天所抨击和严禁,我们应当以历史唯物主义的态度正确地加以区别和扬弃。

中国传统家训的表现手段结合情感教育和法规约束,情法兼用,宽严相济,重在以理服人,这对当下社会主义核心价值观融入法治建设具有重要的指导意义。通过法治建设,用法治的强制力量体现道德约束的重要理念,从而推动道德建设,促使社会主义核心价值观更加深入人心。两者结合,目的在于促进社会主义核心价值观由观念层面的倡导积极转化为行为层面的落实,实现人民群众知行合一,进一步保证社会主义核心价值观的落地生根。

---

① 颜之推:《颜氏家训》,檀作文译注,中华书局,2011,第1页。

中国传统家训三个方面的表达特点，即立足于个体、以共同体利益为旨趣，表达内容兼顾德性教育和知识教育，表达手段以情感教育为主、以法规约束为辅，它们为社会主义核心价值观的价值认同架设了非常重要的桥梁。正如乔纳森·弗里德曼认为："在最强的意义上，它是用种族或生物遗传的概念表达的。在较弱的意义上，它被表述成传统，或者是每个个体都可学习的文化遗产，在个体行为层次上，它确实是清晰可辨的。"① 从中看出，他所认为的文化认同形式即族群性认同，不是后天养成而是先天所赋。这种先天所赋的族群性文化认同，借助先天优势在每个人身上发挥巨大作用。中国传统家训恰恰实现了一方面对先天所赋的巩固，另一方面又是寄希望于后天养成，使个体先入为主地对家训所传播的主导价值观念认知、认可、认同甚至践行。从表达方式、表达内容、表达手段，无论从何种方式来提升社会主义核心价值观的价值认同，中国传统家训都发挥了它难以替代的作用。因此，社会主义核心价值观的价值认同建立在中国传统家训特有的表达特点上变得有据可循。

【执行编辑：邱仁富】

---

① 〔美〕乔纳森·弗里德曼：《文化认同与全球化过程》，郭健如译，商务印书馆，2003，第48页。

价值论基础理论研究

Research on Basic Theory of Axiology

论马克思主义的价值立场、思维方式及其辩证统一*

徐国民　缪　英**

【摘　要】　价值立场和思维方式是统一于人们认识世界并指导自身实践活动的两个基本向度，两者紧密联系、不可分割。其中，价值立场是出发点，属于价值论范畴；思维方式是途径和方法，属于认识论范畴。马克思站在"个体"与"共同体"之间矛盾彻底和解的原则高度上，指出"全人类的解放"的价值目标与"无产阶级"价值立场具有在内在一致性。此外，马克思还彻底改变了以往哲学在纯粹"思辨领域"中寻求"绝对真理"的思维方式，确立了"实践对于理论的优先地位"，强调从"实际"出发并通过"现实的手段"，在对"旧世界"的"批判"和"改造"中发现并最终实现"新世界"。这一切突显了马克思主义在价值立场与思维方式上的比较优势。"个体""自我意识"得到不断增长，而真正"原子化的""个体"又尚未形成，这就是今天中国的社会现实。这样一来，中国只能走"先进政党推动型发展"这一中国特色社会主义现代化道路。一方面，它坚持了"人民主体性"的

---

*　本文系国家社会科学基金项目"马克思所有制关系理论及其当代价值研究"（17BKS018）和"新时代用社会主义核心价值观凝心聚力研究"（20AKS015）阶段性研究成果之一。
**　徐国民，华东理工大学马克思主义学院副院长、教授、博士生导师，主要研究方向为马克思主义中国化与意识形态建设；缪英，华东理工大学马克思主义学院硕士研究生。

价值立场；另一方面，它又坚持了"实践优先性"的思维方式，是马克思主义价值立场和思维方式在当代中国的继承和发展。

【关键词】 马克思主义；价值立场；思维方式；辩证统一；人民立场

2021年7月1日，习近平总书记在庆祝中国共产党成立100周年大会上的重要讲话中指出："中国共产党为什么能，中国特色社会主义为什么好，归根到底是因为马克思主义行。"① 对这一重要论断，学术界和理论界从不同层面展开了深入的研究。一种观点认为，马克思主义之所以行，是因为马克思主义占据了真理和道义的制高点，它揭示了自然界、思维和人类社会的普遍规律，为人类社会发展进步指明了方向；另一种观点认为，马克思主义之所以行，是因为马克思主义随着实践的变化而发展，在党不断推进马克思主义中国化时代化过程中满足了中国人民对革命、建设、改革对理论的实际需要；还有一种观点认为，马克思主义之所以行，是因为马克思主义是科学的世界观和方法论，其立场观点方法是指导我们认识世界、改造世界的强大思想武器，等等。可以说，这些观点从不同侧面为"马克思主义为什么行"提供了有力论证。然而，总的来说，这些观点或是从较为宏观和抽象意义上或停留在"功能论"的视角来考察，它们还没有从"结构论"的视角深入到理论的内部结构中去进一步分析这一理论的特质和优势。在笔者看来，价值立场与思维方式是一个理论或主义的两个基本向度。因此，从这两个基本向度出发研究马克思主义的价值立场、思维方式及其辩证关系，进一步揭示出马克思主义的比较优势，对于我们更好地坚持和发展21世纪马克思主义，从而引领中华民族伟大复兴，有着极为重要的理论与实践意义。

一 价值立场与思维方式是贯穿在人类实践活动中的出发点和方法

价值立场与思维方式是人类认识世界并指导人类实践活动过程中的两

---

① 习近平：《在庆祝中国共产党成立100周年大会上的讲话》，《人民日报》2021年7月2日。

个基本向度。其中，价值立场是出发点，思维方式是途径和方法。人类一切实践活动总是自觉或不自觉地受到了某种价值立场与思维方式的影响和支配。不同价值立场与思维方式，是人类对事物产生不同认识和从事不同实践活动的根本原因。

价值立场是人类认识世界并指导人类实践活动过程中的出发点，它总是与价值目标联系在一起的，属于价值论范畴。具体说来，价值目标是人类认识世界并指导人类实践活动的最终指向和根本归宿，而价值立场则是人们在实现价值目标过程中的具体出发点。也就是说，价值目标具有长远性和理想性，而价值立场具有阶段性和现实性。两者之间互为补充、互相促进。其中，价值目标需要由具体的价值立场来落实，而价值立场也需要由长远的价值目标来指引。一个没有价值立场的价值目标，往往成了空中楼阁，而不能实现或缺乏实现的路径；一个没有价值目标的价值立场，则很容易在不同价值观的矛盾和冲突中迷失方向。

马克思在《资本论》中指出："蜘蛛的活动与织工的活动相似，蜜蜂建筑蜂房的本领使人间的许多建筑师感到惭愧。但是，最蹩脚的建筑师从一开始就比最灵巧的蜜蜂高明的地方，是他在用蜂蜡建筑蜂房以前，已经在自己的头脑中把它建成了。"① 从这里我们可以看出，马克思从人和动物的区别角度，充分肯定了人的主观能动性在人类实践活动中的重要作用。

然而，究竟如何才能更好地发挥人的主观能动性呢？唯物辩证法指出，人的主观能动性发挥是受到客观规律制约的，因而人的一切行动必须按照客观规律办事。那么，什么是客观规律呢？通常的解释是，客观规律是事物内部所固有的、本质的、稳定的联系，它的存在和作用不以人的主观意志为转移。当然，这种认识本身并没有错误。关键问题在于，事物内部所固有的、本质的、稳定的联系并非直接呈现在人们面前，它仍然需要通过人脑的思维来加以揭示和把握。这样一来，不同的价值目标和价值追求过程中的人们，对于客观规律的认识和揭示以及遵循什么样的客观规律，是不完全一致的。关于这一点，我们将在后文加以阐述。这里需要指出的是，

---

① 马克思：《资本论》第 1 卷，人民出版社，2004，第 208 页。

越是理性的人或组织，越对自己的价值目标清晰并且这种价值目标也符合客观规律，同时，在其从事的具体实践活动中，不断将这种价值目标转化为特定的价值立场，也就越能够发挥自己的主观能动性。

思维方式是人类认识世界并指导人类实践活动过程中的途径和规则，它属于认识论范畴。就其本质来说，思维方式是人脑的思维运动规则。我们知道，人类在认识世界的过程中，总是将外界获得的信息，按照一定的途径和方法，加工形成新信息，从而达到对外界事物的理解和认识。在这一过程中，思维总是按照一定的途径和规则在运行着，并逐渐形成了自己的思维运行轨迹或模式化、程式化的方式，甚至会出现思维定式的现象。人们根据不同标准，将思维方式分成了不同种类。例如，根据思维的属性，可分为抽象思维、形象思维、直觉思维等；根据思维的方法，可分为归纳和演绎、分析和综合、抽象和具体等；根据思维的形式，可分为语言思维、逻辑-数学思维、空间思维、音乐思维等。实际上，人类思维方式植根于人类实践基础，并随着人类实践的发展而不断发展。就目前而言，人类思维方式从总体上可分为两大类：一类是传统形而上学思维方式；另一类是现代辩证思维方式。传统形而上学思维方式的特点是静态性、片面性和机械性；而现代辩证思维方式的特点是动态开放性、系统综合性和自觉创新性。

我们知道，人的思维方式的产生、发展和演变，是社会实践中多种因素综合作用的结果。可以说，一个时代社会实践的规模、水平及其发展程度，从宏观上、整体上决定了该时代人们思维能力的高低及其科学化水平，这是共性；但从微观上、个体上而言，由于不同个体所从事的具体实践活动、实践方式以及教育经历的不同，从而导致了他们在思维方式上呈现出了个体的差异性。但不管怎么说，人的思维方式一旦形成，它便会对人的实践活动起到了重要的影响和制约作用。从这个意义上来说，思维方式既可以帮助人们更好地认识世界、指导人们从事社会实践活动、促进人类社会的进步发展；但反过来，人类社会的进步发展又有可能被封闭僵化的思维方式束缚和限制。因此，不断进行思维方式上的反思与创新，主动抛弃传统形而上学思维方式的束缚，努力学习和培养与社会主义现代化建设相适应的现代辩证思维方式，是当今时代发展的内在要求。

从上面的论述我们可以知道，价值立场和思维方式是人们认识世界并指导人类实践活动中的两个基本向度。其中，价值立场是出发点和归宿，属于价值论范畴；思维方式是途径和方法，属于认识论范畴。它们统一于人类的一切实践活动之中，是一个不可分割的有机整体。

二 马克思主义在价值立场与思维方式上的比较优势

我们知道，人类社会总是由一个个活生生的、有血有肉的、各具特色的个人所构成的。而这些"个体"又不是孤立存在的，他们总是以"群体"或"共同体"的形式而得以生存和发展。也就是说，"个体"在其日常生产、生活实践中，总会结成各种各样的"社会关系"，并通过这些复杂的"社会关系"来化解"个体"与"共同体"之间的矛盾。于是，对于这些复杂"社会关系"的理解、认识和重新建构，便成了贯穿在人类历史进程中的一个中心问题。而发现问题、分析问题和解决问题的方式、方法蕴藏了在价值立场和思维方式上的差异与不同。

无论是在中、西方古代社会管理体系中，还是在思想家、哲学家们对"理想社会"的憧憬和追求上，都体现了"共同体"价值对"个体"价值的优先性，并在一定程度上忽略了"个体"的"自我意识"。早在公元前700年左右，中国古代政治家管仲就主张按职业将全国人口划分为固定的地域，使国人各居其所，各司其职，各安其业，并世代相传，这样可以稳定社会秩序，实现王霸之业。古希腊哲学家柏拉图认为，正义就是"城邦"中的每一个人都按照他的禀赋、安于属于他的位置，即统治者安于统治者的地位，履行自己的责任；辅助者安于辅助者的地位，维持城邦秩序，保护城邦安全；被统治者安于被统治的地位，服从城邦秩序。可见，无论是在管仲那里，还是在柏拉图那里，他们都把"共同体"的利益和价值摆在了"个体"的利益和价值之上。这一切，与当时生产力水平低下、统治阶级维护其统治地位和统治秩序的需要，有着密切的关联。

从 14 世纪起至 18 世纪，随着自然科学的不断发展，科技革命极大地促进了社会生产力发展，从而使"个体"对"共同体"的依赖关系不断减弱。与此同时，欧洲历史上又先后发生了以"倡导个性解放，反对愚昧迷信的神学思想"为目的的"文艺复兴运动"、以打破"天主教会精神垄断，发展人文主义"为宗旨的"宗教改革运动"以及以"引导世界走出充满着传统教义、非理性、盲目观念以及专制"为目标的"启蒙运动"。可以说，在科技革命及这三大思想运动的推动和影响下，使得西方社会中"个体"的独立性、选择性以及"自我意识"得到了全面的解放和广泛的传播。这样一来。随着"天然自由"等"个体"权利意识的不断增长，必然需要创新社会管理体系来重构"共同体"。

近代以来，无论是社会契约论，还是黑格尔的伦理共同体思想等，它们都有一个共同的特点，都是从"抽象的人"出发，只不过对于这种抽象采用了不同的解释方式。就社会契约论来看，每个"个体"都具有天赋人权和自由。对于"共同体"而言，人们之所有以能团结在一起，是因为每个"个体"在特定的时空范围内让渡了自己的部分"天然自由"给了"共同体"，并通过"社会契约"等形式让每个"个体"自觉地遵守，从而将"共同体"利益和价值转化成了每个"个体"必须服从的"绝对力量"。针对"个体"与"共同体"之间的矛盾，黑格尔在其逻辑范围内统一到了其"绝对精神"和"绝对理念"的"精神实体"之中。在黑格尔看来，"个体"意志是自由的，但这一命题，"只有在与整体的联系中才能演绎出来"[1]。黑格尔通过"抽象法—道德—伦理"之间的逻辑演绎，确立了"伦理"这一"绝对精神"的至高无上性。他认为，国家作为伦理精神发展的最高阶段，它"直接存在于风俗习惯中，而间接存在于单个人的自我意识和他的知识和活动中"[2]。他认为，"由于国家是客观精神，所以个人本身只有成为国家成员才具有客观性、真理性和伦理性"[3]。这样一来，黑格尔指出，"个体"对国家就"有义务接受危险和牺牲，无论生命财产方面，或是意见和一切天然属于日常生活的方面，以保存这种实体性的个体性，即国

---

[1] 黑格尔：《法哲学原理》，商务印书馆，1961，第 11 页。
[2] 黑格尔：《法哲学原理》，商务印书馆，1961，第 253 页。
[3] 黑格尔：《法哲学原理》，商务印书馆，1961，第 254 页。

家的独立和主权"①。

针对黑格尔绝对化了"国家",马克思用德国"现实"对其进行了深刻的批判。马克思指出:"如果思辨的法哲学,这种关于现代国家——它的现实仍然是彼岸世界,虽然这个彼岸世界也只在莱茵河彼岸——的抽象而不切实际的思维,只是在德国才有可能产生,那么反过来说,德国人那种置现实的人于不顾的关于现代国家的思想形象之所以可能产生,也只是因为现代国家本身置现实的人于不顾,或者只凭虚构的方式满足整个的人。"②"如果德国国家制度的现状表现了旧制度的完成,即表现了现代国家机体中这个肉中刺的完成,那么德国的国家学说的现状就表现了现代国家的未完成,表现了现代国家的机体本身的缺陷。"③ 于是,马克思指出,"必须推翻使人成为被侮辱、被奴役、被遗弃和被蔑视的东西的一切关系"④。也就是说,在德国,无论是在思辨领域中的"共同体",还是在现实生活中的"共同体",都置"现实的人"——"个体"而不顾。它们都没有彻底改变"使人成为被侮辱、被奴役、被遗弃和被蔑视的"现状,因而也就没有真正实现"人的解放"。因此,马克思号召人们"向德国制度开火"!

当然,马克思在批判黑格尔"绝对精神"以及德国国家制度的过程中,展现出了其价值目标、价值立场与思维方式上的比较优势。从价值目标上来看,马克思、恩格斯将"个体"与"共同体"之间的对立关系彻底消失,作为自己的价值目标和价值追求。在《共产党宣言》中,马克思、恩格斯指出:"代替那存在着阶级和阶级对立的资产阶级旧社会的,将是这样一个联合体,在那里,每个人的自由发展是一切人的自由发展的条件。"⑤ 可见,马克思、恩格斯所说的"自由人联合体",不是凌驾于"个体"之上或之外的"共同体",它恰恰是寓于"个体"之中的"共同体",是"个体"与"共同体"之间的对立关系彻底消失,即特殊利益与共同利益之间矛盾的彻底和解状态。马克思指出:"共产主义是对私有财产即人的自我异化的积极

---

① 黑格尔:《法哲学原理》,商务印书馆,1961,第340页。
② 马克思、恩格斯:《马克思恩格斯文集》第1卷,人民出版社,2009,第10—11页。
③④ 马克思、恩格斯:《马克思恩格斯文集》第1卷,人民出版社,2009,第11页。
⑤ 马克思、恩格斯:《马克思恩格斯文集》第10卷,人民出版社,2009,第666页。

的扬弃，因而是通过人并且为了人而对人的本质的真正占有；因此，它是人向自身、也就是向社会的即合乎人性的人的复归，这种复归是完全的复归，是自觉实现并在以往发展的全部财富的范围内实现的复归。这种共产主义，作为完成了的自然主义，等于人道主义，而作为完成了的人道主义，等于自然主义，它是人和自然界之间、人和人之间的矛盾的真正解决，是存在和本质、对象化和自我确证、自由和必然、个体和类之间的斗争的真正解决。它是历史之谜的解答，而且知道自己就是这种解答。"①

马克思、恩格斯这一"价值目标和价值追求"，并非只是一种"理想状态"，恰恰相反，该价值目标的确立和最终实现有其现实和理论根据。其最为基本的思维方式是，从"实际"出发，并通过"现实的手段"，在对"旧世界"的"无情批判"和"不断改造"中，发现并最终实现"新世界"。在资本主义社会中，随着人与自然、人与人之间矛盾的越趋激化，这就内在地要求人们不断地去"批判"和"改造""旧世界"，最终实现"人类的解放"。因此，马克思指出："只有在现实的世界中使用现实的手段才能实现真正的解放。"②"对实践的唯物主义者即共产主义者来说，全部问题都在于使现存世界革命化，实际地反对并改变现存的事物。"③可见，马克思彻底改变了黑格尔在纯粹"思辨领域"中寻求"绝对真理"的思维方式，他在确立"实践对于理论的优先地位"的过程中，反对将抽象的理论普遍化、绝对化和神秘化，强调一切理论和行动的全部问题在于"实际地反对并改变现存的事物"，并开辟了一条通往"人的自由而全面发展"的现实道路，从而突显了马克思、恩格斯在"思维方式"上的比较优势。

马克思指出，对"现存世界"的无情批判，既需要用"批判的武器"，也需要用"武器的批判"，因为"物质力量只能用物质力量来摧毁；但是理论一经掌握群众，也会变成物质力量"④。虽然"批判的武器"揭示了资本主义的基本矛盾，但是资产阶级是不会自动退出历史舞台的，而要想真正推翻资产阶级的统治，还需要"运用这种武器的人"。马克思、恩格斯指出："资本主义生产方式日益把大多数居民变为无产者，从而就造就成一种

---

① 马克思、恩格斯：《马克思恩格斯文集》第 1 卷，人民出版社，2009，第 185—186 页。
②③ 马克思、恩格斯：《马克思恩格斯文集》第 1 卷，人民出版社，2009，第 527 页。
④ 马克思、恩格斯：《马克思恩格斯文集》第 1 卷，人民出版社，2009，第 11 页。

在死亡的威胁下不得不去完成这个变革的力量"①。因为无产阶级是"大工业本身的产物",这就决定了"在当前同资产阶级对立的一切阶级中,只有无产阶级是真正革命的阶级"②。马克思指出,"哲学把无产阶级当做自己的物质武器,同样,无产阶级也把哲学当做自己的精神武器"③,"德国人的解放就是人的解放。这个解放的头脑是哲学,它的心脏就是无产阶级。哲学不消灭无产阶级,就不能成为现实;无产阶级不把哲学变成现实,就不可能消灭自身"④。这样一来,马克思、恩格斯"全人类的解放"的价值目标与价值追求,在资本主义现代大工业的发展进程中,就直接转化为"无产阶级"的价值立场。可以说,两者具有在内在的一致性。

综上所述,在实现"全人类的解放"这一历史进程中,马克思、恩格斯站在了"个体"与"共同体"之间矛盾"彻底和解"的价值目标上,彻底改变了以往哲学在纯粹"思辨领域"中寻求"绝对真理"的思维方式,从而确立了"实践对于理论的优先地位",强调从"实际"出发并通过"现实的手段",在对"旧世界"的"批判"和"改造"中发现并最终实现"新世界"。在资本主义社会,"全人类的解放"的价值目标与"无产阶级"的价值立场具有在内在一致性。这一切都突显了马克思主义在价值立场与思维方式上的比较优势。

三 中国共产党对马克思主义价值立场与思维方式的继承和发展

中国社会在长期农业生产过程中逐渐形成了以"家"为基本单元和核心要素的"家国共同体"。在中华传统文化中,我们一直把"家"看成是"国"的最小单位,"国"只不过是"家"的权力结构的放大。在这种"家国共同体"中,"家长"是权力的实际掌控者和管理者,而家庭成员不得不听命于"家长"意志,因此,"个体"之间的权利是完全不对等的。而等级

---

① 马克思、恩格斯:《马克思恩格斯选集》第3卷,人民出版社,1995,第754页。
② 马克思、恩格斯:《马克思恩格斯选集》第1卷,人民出版社,1995,第282页。
③ 马克思、恩格斯:《马克思恩格斯文集》第1卷,人民出版社,2009,第17页。
④ 马克思、恩格斯:《马克思恩格斯文集》第1卷,人民出版社,2009,第18页。

森严的封建宗法伦理则有力地维护了这一等级秩序，从而使统治阶级的阶级统治得以长期维持下去。

鸦片战争以来，当西方列强用工业文明的成果——坚船利炮和廉价商品等敲开了中国国门之后，使长期沉浸在"天朝上国"美梦中的"国人"得以惊醒，他们重新开始了反思中国现状和未来。其实，近代中国落后的根源，与其说是科学、技术上的落后直接导致了军事上的失败，倒不如说是观念、文化乃至体制、机制上的落后。这场战争实际上是资本主义"契约共同体"与传统中国"家国共同体"的较量。从本质上说，资本主义"契约共同体"建立在"个体""自我意识"基础上，以"个性"的充分发挥和张扬为标志，因而它顺应了资本主义大工业发展潮流；而传统中国"家国共同体"是建立在农业文明基础上的，它严重地束缚和制约了"个体"的主动性、积极性和创造性，这就严重地影响了社会发展的动力和活力。可以说，中国20世纪20年代前后爆发的新文化运动，它是"个体""自我意识"觉醒的标志，它开始动摇了"家国共同体"的文化根基。

在经历了无数仁人志士"救国救民"的艰苦奋斗和不断探索之后，中国共产党人把马克思主义与中国的具体实际结合起来，尤其是以毛泽东为主要代表的中国共产党人，他们从"敌、我、友"三个方面出发，实事求是地考察和分析了中国社会各阶级状况，使马克思主义的价值立场和思维方式在近代中国社会中得到了进一步的丰富和发展，从而领导中国人民取得了新民主主义革命的最终胜利，在政治上打破了传统的"家国共同体"，建立了中华人民共和国这一崭新的"民族共同体"。可以说，新中国的成立对于今天中国的发展，乃至世界的和平、稳定，有着无法估量的意义和价值。然而，正如罗素所言，中国的主要问题是文化问题。列宁晚年也特别重视文化问题，他曾经说过，在一个文盲、半文盲的国家是建不成社会主义的。中华人民共和国成立后不久，尽管我们建立了世界上最为先进的社会主义制度，然而，"家国共同体"文化根基仍然顽固地存在。如果不及时把这种文化根基清除掉，它势必会影响社会主义制度的优越性。

在社会主义现代化的建设过程中，随着生产力的不断发展，以交换为目的的商品经济，打破了自给自足的自然经济对"个体"的种种限制。商品经济通过"货币"这一媒介，使各种各样的商品交换得以顺利进行。可以说，只要"个体"在获得了一定的"货币"后，便在一定程度上就满足了自身的需要，从而也就相应地获得了"自由"。这时的"个体"必然一步一步地冲破家庭、单位、地域、户籍、身份等方面的限制，而在全国乃至全球范围内"自由"流动。由此可见，从这个角度来看，党的十一届三中全会以来，中国的改革开放实际上是唤醒了"个体"的"自我权利意识"，顺应了"个体"权利意识、主体意识不断增长的趋势，因而极大地提高了广大人民群众的积极性、主动性和创造性，带来了社会的巨大发展。尤其是构建社会主义市场经济以来，中国社会在网络化、信息化技术的刺激下，"个体"的权利意识、主体意识得到了空前的繁荣和发展。于是，如何在权力的配置、利益的协调、价值观的共识等方面充分尊重和发挥"个体"的积极性、主动性和创造性的作用和前提下，巩固和建设好中华民族这一"民族共同体"，这是摆在全体中国人面前的一个巨大的历史重任和历史使命。

然而，就今天中国社会而言，虽然政治制度意义上的"家国共同体"遭到了猛烈的冲击而解体了，但是构成"家国共同体"的文化根基和社会心理习惯并没有得到有效根除，尤其是传统封建宗法关系的影响将长期存在，而西方社会管理意义上的"契约共同体"在中国并未建成。可以说，中国社会中的"个体"往往受到血缘、地域、业缘、学缘、亲情、友情等各种人际关系的影响而很难成为一个独立的"个体"存在。在这种情况下，"个体"经常在"情"与"法"、"非理性"与"理性"之间纠缠，再加上各种错综复杂利益关系，使得中国社会变得更加难以捉摸，因而也就很难建成以独立"个体"为前提的"契约共同体"。也就是说，中国社会中"个体""自我意识"虽然得到了不断增长，但"原子化的""个体"又尚未形成，传统中国"家国共同体"在政治上解体了，在思想根基上也开始动摇了，但是西方社会中的"契约共同体"所需要的"原子化的""个体"这一基本前提又不具备，这就是存在于今天中国社会中的最大现实。

在"个体""自我意识"得到了不断增长，而真正"原子化的""个体"又尚未形成的今天,中国传统的"家国共同体"已经无法顺应时代发展潮流,而西方"契约共同体"又不具备特有的前提条件。因此,中国社会各方面的建设和发展,只能走出一条符合本国国情的道路——中国特色社会主义现代化道路。而这条道路最鲜明的"特色",就是必须坚持走"先进政党推动型发展"道路。也就是说,中国社会的发展,一方面,它需要有一个统一而又坚强有力的"先进政党"来领导和推进中华民族这一"民族共同体"的持续快速、健康和谐、稳定有序的发展;另一方面,它还内在地需要不断地加强和改善党的领导,不断地加强党的建设,通过党自身的先进性、纯洁性以及模范遵守"共同体"的各种法规、制度和要求来巩固其执政地位。可以说,"先进政党推动型发展"道路,它既顺应了历史发展潮流,也符合了中国的基本国情,是当代中国人民的必然选择。

党的十八大以来,以习近平同志为核心的党中央从新的实际出发,围绕着"新时代坚持和发展什么样的中国特色社会主义、怎样坚持和发展中国特色社会主义,建设什么样的社会主义现代化强国、怎样建设社会主义现代化强国"①,创立了习近平新时代中国特色社会主义思想,明确了"中国特色社会主义最本质的特征是中国共产党领导,中国特色社会主义制度的最大优势是中国共产党领导"②等科学论断,从而极大地深化了对人类社会发展规律、社会主义建设规律和共产党执政规律的认识。从中国共产党与中国特色社会主义的内在关系来说,只有做到"坚持中国共产党的全面领导"和"坚持全面从严治党"的辩证统一,永葆党的先进性和纯洁性这个主线,通过中国共产党"全心全意为人民服务"这一宗旨、中国工人阶级以及中华民族和中国人民"两个先锋队"的性质来确保社会主义现代化建设进程中的人民主体性以及人民群众的价值立场。因此,当代中国,"全面从严治党"不仅关乎党的前途和命运,而且关乎中国特色社会主义的前途和命运,也关乎世界人民的前途和命运。建设社会主义现代化强国,实现中华民族伟大复兴是中国共产党人将马克思主义的价值目标与中国历史文化国情相结合的产物,是当代中国人民共同的价值目标和价值追求。改

---

①② 《中共中央关于党的百年奋斗重大成就和历史经验的决议》,人民出版社,2021,第24页。

革开放中开辟的中国式现代化道路,充分反映了中国共产党对马克思主义的"问题—批判—进步"这一实践逻辑和思维方式的继承和发展;"铸牢中华民族命运共同体"号召和"推动构建人类命运共同体"意识的提出,是新时代中国共产党将马克思主义"自由人联合体"思想与当代中国乃至世界的现实相结合的必然选择,它顺应了人类社会发展的客观趋势,符合了人类文明的前进方向。

总而言之,改革开放以来,中国"个体"的"自我权利意识"得到了不断增长,而真正"原子化的""个体"又尚未形成而且也不可能最终形成。在这种情况下,中国只能坚持走"先进政党推动型发展"的中国式现代化道路。从本质上来说,"坚持中国共产党的全面领导"和"坚持全面从严治党"的辩证统一是坚持和发展中国特色社会主义内在规定性。一方面,它既坚持了"人民主体性"的价值立场,另一方面,它又坚持了"实践优先性"的思维方式。

四 坚持和发展马克思主义的价值立场与思维方式的时代要求

中国特色社会主义进入新时代,我国迎来了实现伟大复兴的光明前景和新的发展机遇。与此同时,伴随在全球化进程中的国际"冷战"思维和国内社会发展中新问题新矛盾新变化,新的挑战和困难也在不断加剧。为此,在实现中华民族伟大复兴和社会主义现代化强国伟大实践的新征程中,我们就必须进一步坚持和发展马克思主义,坚持马克思主义的价值立场、思维方式及其辩证统一。

(一) 坚持中国共产党的领导、中国特色社会主义和全人类解放的辩证统一

历史和现实一再告诉我们,实现中华民族伟大复兴,必须坚持走中国式现代化新道路,坚持和发展中国特色社会主义,即在中国共产党的全面领导下,将马克思主义的价值立场与思维方式辩证统一地融入中国特色社会主义道路、理论、制度和文化之中,增强中国特色社会主义道路自信、

理论自信、制度自信、文化自信。

中国共产党的领导是坚持和发展中国特色社会主义的本质规定性因素。《中共中央关于党的百年奋斗重大成就和历史经验的决议》强调"中国特色社会主义最本质的特征是中国共产党领导"[①]，这作为党的十九届六中全会提出的"十个明确"之首，既是习近平总书记对于党的领导地位的深刻认知和精辟把握，同时进一步深化了当前坚持中国共产党领导的极端重要性和现实必要性。

中国共产党在百年历史征程中带领人民浴血奋战、奋力开辟了中国特色社会主义伟大事业。可以说，中国特色社会主义是在科学社会主义基本原则指导下建设的社会主义，坚持了马克思主义的建党原则、价值立场和思维方式，之所以必然要有一个政党领导这一事业和主义，其原因在于，无产阶级的解放不是自然而然产生和完成的，必然要有社会主体政治力量的发动和引导。中国共产党作为无产阶级的政党能够有效回应时代大势，引领人民一同推动社会主义事业不断向前发展；中国共产党能够遵循人类社会发展规律，有自身的独特特质以及领导坚强有力，能够有效地化解时代发展过程中的种种矛盾，这些政党优势鲜明地体现在中国特色社会主义的道路、理论、制度和文化的开创和发展进程中。中国特色社会主义道路是党带领人民开创的，这一道路既符合我国的国情，有力推动全体人民实现共同富裕的步伐，同时又符合人类社会发展规律，为实现全人类的解放提供更多的智慧和启迪；中国特色社会主义理论是中国共产党将马克思主义的价值立场与思维方式同中国具体实际相结合而形成的，在新时代背景下中国共产党有力推动了理论创新和实践发展，将理论成果服从并服务于改革开放与现代化建设的伟大实践，同时也为国际共产主义运动提供了中国经验和中国智慧；中国特色社会主义制度既坚持了社会主义制度的一般特性，又在结合中国具体实际应对中国现实问题的过程中赋予了这一制度"中国特色"，在党的全面领导下，处理好根本制度、基本制度和重要制度等一系列制度层面的问题，将制度优势转化为治理效能，增强制度的稳定性、持续性和优越性，为实现中华民族伟大复兴提供了强大的制度保

---

① 《中共中央关于党的百年奋斗重大成就和历史经验的决议》，人民出版社，2021，第24页。

障；中国特色社会主义文化源自中华优秀传统文化、熔铸于革命文化和社会主义先进文化，在党的坚强领导下，以中国特色社会主义文化培根铸魂，浸润人心，全党全社会凝聚力和向心力极大提升，为实现中华民族伟大复兴提供了强大的精神动力。党的领导彰显了中国特色社会主义的优势，也是中国特色社会主义道路、理论、制度和文化得以发挥作用的根本保证。

中华民族伟大复兴不是轻轻松松、敲锣打鼓就能实现的。如何更好地坚持和发展新时代中国特色社会主义，是我们党必须回答的历史性课题。中国共产党是在马克思主义理论指导下的政党，很好地继承和发展了马克思主义的价值立场和比较优势，中国特色社会主义是符合我国社会发展和人类发展的科学的社会主义，为实现全人类的解放贡献更多的智慧和力量。新的时代背景下，必须继续高举中国特色社会主义伟大旗帜，更加自觉地拥护中国共产党对于中国特色社会主义事业的全面领导，增强"四个意识"，坚定"四个自信"，做到"两个维护"，推动中国特色社会主义事业和党和国家事业迈上新的台阶。

（二）坚持马克思主义的阶级立场与政治立场的辩证统一

马克思主义的阶级立场是无产阶级，政治立场是人民大众。就今天而言，坚持党性与人民性的辩证统一，就是坚持对无产阶级的阶级立场与人民大众政治立场的继承和发展。我们知道，"阶级"是理解马克思主义价值立场和思维方式的一个核心概念，马克思、恩格斯正是在其阶级学说的基础上科学揭示了资产阶级与无产阶级这两大阶级矛盾对立的根源，从而鲜明地指出了"无产者没有什么自己的东西必须加以保护，他们必须摧毁至今保护和保障私有财产的一切"[1]，无产阶级必将成为资产阶级的掘墓人。同时，马克思在《论犹太人问题》等论著中提出"政治解放""人的解放""社会解放"系列范畴，进一步强调无产阶级利益的实现，必然要以推翻资产阶级的剥削统治为前提，在追求和实现"全人类解放"的过程中达成。人民群众是历史的创造者，无产阶级只有联合广大人民群众，动员最广泛

---

[1] 马克思、恩格斯：《马克思恩格斯文集》第2卷，人民出版社，2009，第42页。

的社会力量，才能冲破资产阶级套在其头上的锁链，这进一步揭示了马克思主义关于无产阶级的阶级立场与人民大众的政治立场有机统一和深刻意涵。尽管马克思、恩格斯在其著作中并没有完整地呈现和阐释党性与人民性相统一的论断，而中国共产党作为无产阶级政党不仅具备无产阶级政党的党性，而且在实现社会变革的过程中拥有广泛的人民性，在结合中国具体实际的基础上实现了两者的有机统一。从这个意义上而言，党性与人民性相统一是中国共产党基于马克思主义无产阶级政治立场与人民大众政治立场的一种呈现和深化，坚持马克思主义的阶级立场与政治立场就是坚持和推动党性与人民性，在党的自我革命的历史进程中团结带领广大人民群众进行社会主义现代化事业的建设。

党的十八大以来，以习近平同志为核心的党中央将人民立场作为中国共产党的根本政治立场，始终不渝地带领人民沿着改革开放的康庄大道继续探索，推动全面建设社会主义现代化国家的伟大实践。但与此同时，社会现实也是变化发展的，可以说，"现实的人"的现实需要在时代变革中也日益呈现多样化和复杂化，换句话说，经济发展起来了，人民生活水平提高了，人民日益增长的美好生活需要更加丰富和多元。这也正是马克思在扬弃以往哲学虚构的、抽象的个体基础上所强调的"现实的个人"存在方式的实践性规定的应有之义。面对一定历史条件下、一定的物质基础中的"现实的人"，我们必须立足于实践，从实现"现实的人"的现实需要和满足需要的物质基础出发，着力满足人民群众切实的"迫切需要"，不仅在物质层面满足人民群众的需要，更要在民主、法治、安全、环境等层面满足人民群众对于美好生活的需要，扩大党的群众基础，团结带领全党全国各族人民投入到社会主义现代化建设和实现共同富裕的队伍中去，日益创造更为丰富的物质条件和物质基础来实现人民大众对美好生活的向往。

总之，坚持从"现实的人"的现实需要和满足需要的物质基础出发，做到将无产阶级的阶级立场与人民大众的政治立场、党性与人民性有机统一并不是一成不变的，而是具体的、历史的。这是因为，"现实的人"所处的现实是变化发展着的现实，在当前国内外形势深刻变化的社会历史背景下，必须以清醒的头脑密切关注国内外形势，坚持一切以人民为中心的发展思想，站在最广大人民群众根本利益的价值立场上作出有效的研判，积极理智地应对各种风险挑战。

（三）坚持个人利益、集体利益和国家利益，眼前利益和长远利益的有机统一

马克思主义的出发点是"现实的个人"，这最终促成了马克思主义对德国古典哲学和资产阶级学术观点的本质区别和根本超越。马克思、恩格斯总是在一定的物质基础和社会关系中分析个人及其利益关系，"每一既定社会的经济关系首先表现为利益"①。个人总是从自己的利益和需要出发建立关系、进行现实的活动等，但马克思、恩格斯也从来没有简单地肯定或否定个人主义，强调"只有在共同体中，个人才能获得全面发展其才能的手段，也就是说，只有在共同体中才可能有个人自由"②。这也就是说，个人的发展、利益的实现与共同体的存在和发展有着密切的关联，个人只有在一定的集体或者国家中才能更好地实现利益。

在我国，个人利益、集体利益和国家利益是内在统一的。不可否认，个人都有追求自身利益的本性和权利，只有承认和尊重个人的利益才能调动人们参与经济政治活动的积极性和主动性，但是个人对于自身利益的追求应当在合理的限度内，要知道，正当的个人利益可以推动集体利益和国家利益更好地实现，个人利益、集体利益和国家利益对一个人的成长和发展而言都是必不可少的。我国所强调的集体利益和国家利益，相较于马克思主义立足资本批判视角下的和个人利益相冲突的"虚幻的共同体"有本质的不同，这是因为我们所倡导的集体利益和国家利益本质上是为了保障"个人利益"的更好实现，即最广大人民根本利益的实现，为了集体内部、国家内部所有个人的共同利益，而不是单单为某一个人的具体利益服务，在这个层面上，个人利益、集体利益和国家利益是辩证统一的。

中国特色社会主义进入新时代，我国社会主要矛盾转化为人民日益增长的美好生活需要和不平衡不充分的发展之间的矛盾。当前我国社会主要

---

① 马克思、恩格斯：《马克思恩格斯文集》第3卷，人民出版社，2009，第320页。
② 马克思、恩格斯：《马克思恩格斯选集》第2卷，人民出版社，1995，第239页。

矛盾发生了重大历史性变化，随之而来的社会利益格局也发生了深刻变化，利益主体日趋多元化、利益需求日益多样化，在利益主体及主体利益需求深刻复杂变化的双重作用下，利益关系也日呈复杂化。这就要求我们在处理国内各项事务中，要坚持和发展马克思主义的价值立场与思维方式，坚持个人利益、集体利益和国家利益、眼前利益和长远利益的有机统一。一方面，面对当前利益格局的深刻变化，要站在最广大人民根本利益的立场上，着眼于解决好人民群众关心的实际问题，真正实现好、维护好和发展好最广大人民的根本利益，致力于解决不平衡、不充分发展之间的矛盾，缩小不同个体间的贫富差距，逐步实现全体人民共同富裕。当然，还要充分考虑这一背景下人们思想和情感的变化，筑牢思想根基和精神支柱。另一方面，要充分认识到我们现在仍处在社会主义初级阶段，在处理国内事务的过程中不能因为眼前短期的利益而牺牲未来长远的利益，防止给经济社会发展、生态发展留下不良隐患，面对前进道路上的危险和考验，要将眼光放长远一些，深刻认识实现中华民族伟大复兴是实现共产主义远大理想的阶段性任务，我们要为中国特色社会主义事业的长远发展、人民群众后代的生生不息而努力。

（四）坚持民族共同体、区域共同体与人类命运共同体的有机统一

马克思、恩格斯指出："国家是统治阶级的各个个人借以实现其共同利益的形式。"① 国家是占统治地位的阶级借以实现共同利益的机器，没有这一目的就无所谓国家，这也进一步表明国家是统治阶级利益与全社会共同利益的统一，而国际共同利益正是在不触及国家根本利益的基础上表征国家间的共同利益。我国在马克思主义指导下践行社会主义核心价值观和马克思主义的价值立场，就国内而言，中国共产党没有任何自己的私利，她时刻践行着全心全意为人民服务的宗旨，代表了最广大人民群众的根本利益；就国际而言，中国特色社会主义的最终目标是实现共产主义，以实现全人类的解放和每个人自由而全面的发展为目的，这与世界范围内人民的根本利益是一致的。长期以来，我国在维护本国国家利益的基础上和他国

---

① 马克思、恩格斯：《马克思恩格斯文集》第 1 卷，人民出版社，2009，第 584 页。

一同积极交往互鉴，积极追求国际共同利益。

"共同体"一词源自西方，在不同的语境和前缀条件下，"共同体"会呈现出多种内涵，但不论何种共同体，就其本质而言都是共同利益的集合体。马克思主义的共同体概念是在批判资产阶级对无产阶级实行经济剥削和政治统治的基础上孕育而生的，基于"现实的人"的现实状况，强调构建起工人阶级的革命主体性意识，即全世界无产者联合起来形成"自由人的联合体"。党的十八大以来，习近平总书记在国内反复强调"铸牢中华民族共同体意识，不断推进中华民族共同体建设"，这既是对新时代中华民族关系发展变化的准确研判，又有效回应了中华民族伟大复兴在理论与实践过程中的深刻命题。就国际范围来看，习近平总书记反复提出要推动构建人类命运共同体，积极倡导国家间的友好合作和互利共赢，"一带一路"倡议既形成了一定范围内的区域共同体，又大大拓宽了中国与沿线国家的交流往来，为沿线国家搭建了共同发展的契机和平台，是推动构建"人类命运共同体"理念的深化和推广，符合了世界各国人民的共同利益。

毋庸置疑，全球化前所未有地加速和拓展了不同国家和民族间的交往空间，使得世界范围内国与国之间、民族与民族之间的联系更为紧密，但与此同时，少数追求自身既得利益的发达国家正不断干涉和阻碍以中国为代表的一些新兴国家的崛起，在这个意义上，坚持和发展马克思主义的价值立场与思维方式，就是要在处理国际事务交往中坚持国家利益与国际共同利益，民族共同体、区域共同体以及人类命运共同体的有机统一。尽管资本主义国家在价值立场、发展理念和对人类社会发展趋势的认识上，和社会主义国家存在着根本矛盾和分歧，但和平与发展仍然是当今时代的主题，在人类共同面对的时代考验之中我们同属一个共同体，有着共同的利益，还需要在合理解决人类全球性问题的过程中深化对于人类命运共同体的认同。我们要深刻认清中华民族的伟大复兴是世界大变局的一个重要组成部分，积极推动形成良好国际秩序，同时，在当前社会主义与资本主义两种制度长期共存的背景下，又要做好应对复杂多变形势的充分准备。

总之，马克思主义的价值立场和思维方式是马克思主义区别于其他一切主义的本质属性和比较优势，是中国共产党人克敌制胜的法宝，新的历史条件下要继续坚持和发展马克思主义的价值立场和思维方式，引领广大人民群众为实现中华民族伟大复兴而不懈奋斗，与国际社会一同推动人类的进步和解放事业。

【执行编辑：邱仁富】

新时代我国意识形态理论总问题的研究维度及其实践效应*

张国启 谭 琴**

【摘 要】 意识形态理论总问题是反映意识形态理论生产的场域环境、系统结构和价值旨趣的基本范畴，旨在揭示作为"思想整体"的意识形态的生产逻辑及价值呈现方式。新时代我国意识形态理论的总问题研究，旨在研究新时代我国意识形态理论生产的科学性、自洽性及其如何"为国家立心、为民族铸魂"的基本问题，为人们全面理解、认同和践行社会主义意识形态服务。新时代我国意识形态理论总问题的实践效应，体现为以"理想的意图"呈现在人们的头脑中，为人们提供"思想引领系统"，并逐步转化成为人们认识世界和改变世界的"理想的力量"，在塑造党和国家形象中坚定人们的信仰，重视意识形态话语的实践体验，关注和优化网络流行语的意识形态表征价值。

【关键词】 意识形态理论总问题；理想意图；实践效应；思想引领系统

---

* 本文系国家社会科学基金项目"网络意识形态安全治理研究"（21BKS150）的阶段性成果。
** 张国启，华南理工大学马克思主义学院副院长、教授、博士生导师；谭琴，华南理工大学2020级研究生。

意识形态理论总问题是反映意识形态理论生产的场域环境、系统结构和价值旨趣的基本范畴，旨在揭示作为"思想整体"的意识形态的生产逻辑及价值呈现方式。阿尔都塞指出："如果用总问题的概念去思考某个特定思想整体，我们就能够说出联结思想各成分的典型的系统结构，并进一步发现该思想整体具有的特定内容，我们就能够通过这特定内容去领会该思想各'成分'的含义，并把该思想同当时历史环境留给思想家或向思想家提出的问题联系。"① 阿尔都塞的这一论述充分阐释了其作为结构主义代表人物的基本思想，即强调从"思想整体"的"系统结构"出发分析和研究理论问题，对于研究意识形态总问题来说，阿尔都塞强调"从一种思想的内部去理解它"，从而回答"时代向该思想提出的客观问题"。阿尔都塞试图借助"总问题"概念为人们理解和把握特定理论体系提供思维框架，但我们也深知，从思想整体的内部系统结构来"解释世界"甚至以这种思维引领人们"改变世界"仅具有形而上意义。意识形态"归根到底是由人们的物质生活条件决定的"②，社会主义意识形态是以"为人类求解放"为价值旨趣的理论体系，对其研究固然离不开科学、自洽的理论指导，但"物质生活的生产方式制约着整个社会生活、政治生活和精神生活的过程"③，对新时代我国意识形态理论总问题的研究，既要关注"思想整体"的"系统结构"，又要关照其在"社会实践"中的"价值呈现"，通过系统分析场域环境、系统结构和价值旨趣把握其"总问题"。

一　新时代我国意识形态理论总问题的内涵分析

如前所述，理论"总问题"的概念最初主要由法国思想家阿尔都塞提出。在《保卫马克思》一书中，阿尔都塞指出："一种思想的最后意识形态本质与其说将取决于思考对象的直接内容，还不如说取决于提出问题的方式。这个总问题并不是轻而易举地就能为历史学家所抓住的。"④ 在这里，

---

① 〔法〕阿尔都塞：《保卫马克思》，顾良译，商务印书馆，2010，第53—54页。
② 马克思、恩格斯：《马克思恩格斯选集》第4卷，人民出版社，2012，第261页。
③ 马克思、恩格斯：《马克思恩格斯选集》第2卷，人民出版社，2012，第2页。
④ 〔法〕阿尔都塞：《保卫马克思》，顾良译，商务印书馆，2010，第56页。

阿尔都塞把"提出问题的方式"称为理论生产的"总问题",这一"总问题"反映了理论生产过程中理论建构者的总体思维框架和进行理论生产的基本方式。当阿尔都塞把"提出问题的方式"当作理论的"总问题"进行思考时,实际上他在解读和分析理论的生成逻辑,可惜,他提出了问题却没有从理论与实际相结合的维度很好地揭示出理论总问题的真正本质,而是强调"总问题并不是一目了然的,它隐藏在思想的深处,在思想的深处起作用,往往需要不顾思想的否认和反抗,才能把总问题从思想深处挖掘出来"①,希望通过"思想深处挖掘"来把握"总问题"。马克思明确指出"问题是时代的格言,是表现时代自己内心状态的最实际的呼声"②,新时代我国意识形态理论的总问题研究,旨在研究新时代我国意识形态理论生产的科学性、自洽性及其如何"为国家立心、为民族铸魂"③的基本问题,科学揭示我国意识形态理论生成的场域环境、系统结构和价值旨趣,为人们全面理解、认同和践行社会主义意识形态服务。

第一,新时代我国意识形态理论的总问题及时回应了我国面临的重大时代课题。中国特色社会主义进入新时代,"坚持和发展什么样的中国特色社会主义、怎样坚持和发展中国特色社会主义,建设什么样的社会主义现代化强国、怎样建设社会主义现代化强国,建设什么样的长期执政的马克思主义政党、怎样建设长期执政的马克思主义政党"④成为中国共产党必须及时回答的重大时代课题,我国意识形态总问题正是在回应这一重大时代课题的过程中形成的,是新时代我国"社会存在"的客观反映,也是新时代我国意识形态理论系统结构生成的社会动因。阿尔都塞曾经指出:"为了认识一种思想的发展,必须在思想上同时了解这一思想产生和发展时所处的意识形态环境,必须揭示出这一思想的内在整体,即思想的总问题。要把所考察的思想的总问题同属于意识形态环境的各思想的总问题联系起来,从而断定所考察的思想有什么特殊的差异性,也就是说,是否有新意义产

---

① 〔法〕阿尔都塞:《保卫马克思》,顾良译,商务印书馆,2010,第56—57页。
② 马克思、恩格斯:《马克思恩格斯全集》第1卷,人民出版社,1995,第203页。
③ 《中共中央关于党的百年奋斗重大成就和历史经验的决议》,人民出版社,2021,第44页。
④ 《中共中央关于党的百年奋斗重大成就和历史经验的决议》,人民出版社,2021,第25—26页。

生。"① 在这里，阿尔都塞为我们把握意识形态总问题提供了方法论借鉴，即从意识形态"产生和发展时所处的意识形态环境"出发，当然，如果这种意识形态环境是社会存在的客观反映和真实描绘，那么，可以从马克思主义"社会存在决定社会意识"的基本原理出发，系统把握意识形态总问题的"思想整体"及其"系统结构"。反之，如果这种意识形态环境本身是统治阶级"把自己的利益又说成是普遍的利益"②的结果，那就要对这种"颠倒"的意识形态环境再"颠倒"过来分析。新时代我国意识形态总问题研究，在科学回应重大时代课题的过程中如何建构出体现马克思主义与时俱进的理论品质和"为人类求解放"价值旨趣的理论体系？这种意识形态拥有怎样的系统结构和思想体系？在"理解世界"和"讲述世界"的过程中，新时代我国意识形态如何才能成为人们"解释世界"和"改变世界"的"批判的武器"。只有及时回应了这些时代课题，我们才能科学把握新时代我国意识形态的总问题。

第二，新时代我国意识形态理论的总问题系统呈现了逻辑自洽的理论建构思维。马克思主义认为，在人类社会发展过程中，思维的任务就是"要透过一切迷乱现象探索这一过程的逐步发展的阶段，并且透过一切表面的偶然性揭示这一过程的内在规律性"③，新时代我国意识形态总问题研究，也是要透过现象和偶然性来解释和把握我国社会发展的"内在规律性"，为"更好构筑中国精神、中国价值、中国力量，巩固全党全国各族人民团结奋斗的共同思想基础"④服务。中国共产党是全心全意为人民服务的政党，自诞生之日起所建构的意识形态，都是为了满足人民日益增长的美好生活需要、促进人的自由全面发展。因此，新时代我国意识形态理论的总问题，应当一以贯之地反映我国意识形态的总体性质。逻辑自洽的意识形态意味着意识形态的概念、观点、假设、结论之间的内在一致性，意味着理论自觉把握实践的需要建构出符合时代发展需要的意识形态体系。由于"统治阶级的思想在每一时代都是占统治地位的思想。这就是说，一个阶级是社

---

① 〔法〕阿尔都塞：《保卫马克思》，顾良译，商务印书馆，2010，第57页。
② 马克思、恩格斯：《马克思恩格斯选集》第1卷，人民出版社，2012，第164页。
③ 马克思、恩格斯：《马克思恩格斯选集》第3卷，人民出版社，2012，第794页。
④ 《中共中央关于党的百年奋斗重大成就和历史经验的决议》，人民出版社，2021，第44页。

会上占统治地位的物质力量,同时也是社会上占统治地位的精神力量"①,在剥削阶级社会,不存在逻辑自洽的意识形态体系,统治阶级的思想主要代表少数人的利益,只是"把自己的利益又说成是普遍的利益"而已。随着无产阶级革命斗争实践的发展和社会主义制度的确立,一个真正"为绝大多数人谋利益"的阶级真正形成,作为反映无产阶级思想观念的社会主义意识形态,在人类历史上首次系统呈现了逻辑自洽的理论建构思维,是"马克思主义基本原理同中国具体实际相结合、同中华优秀传统文化相结合"的产物。

第三,新时代我国意识形态理论的总问题科学反映了人民至上的理论建构立场。新时代我国意识形态理论的总问题是以探究和阐释我国意识形态的系统结构和"思想整体"为出发点,呈现出与时代发展相适应、与人民对美好生活追求相协调的理论特质,在彰显其科学性、自洽性的同时,着眼于将"为人类求解放"的价值旨趣贯彻到底,并且日益呈现出社会主义意识形态的强大凝聚力和引领力。新时代我国意识形态是以马克思主义为指导思想和基本内容的理论体系,马克思主义"揭示了人类社会发展的一般规律,揭示了资本主义运行的特殊规律,为人类指明了从必然王国向自由王国飞跃的途径,为人民指明了实现自由和解放的道路"②。我国主流意识形态是以马克思主义为指导思想和基本内容的意识形态,是真正代表中国最广大人民群众根本利益的科学意识形态。马克思主义认为,人民群众是历史的创造者,是推动社会发展的决定性力量。新时代我国意识形态理论的总问题应当科学反映人民至上的理论建构立场,将人民群众的利益、呼声、价值诉求作为理论建构的出发点与落脚点,始终把人民对美好生活的向往作为党领导人民奋斗的目标,描绘了中国特色社会主义发展的"理想蓝图",展示了中国共产党"为人民谋幸福、为民族谋复兴、为世界谋大同"的价值追求,为巩固全党全国各族人民团结奋斗的共同思想基础、持续增强广大人民群众的价值认同提供了精神动力。

---

① 马克思、恩格斯:《马克思恩格斯选集》第 1 卷,人民出版社,2012,第 178 页。
② 《十九大以来重要文献选编》(上),中央文献出版社,2019,第 424 页。

二 新时代我国意识形态理论总问题的研究维度

中国特色社会主义进入新时代，我国经济社会发展取得了辉煌的成就，意识形态理论建设也取得了标志性成果，尤其是习近平新时代中国特色社会主义思想的形成，为新时代我国意识形态理论与实践的发展提供了理论指导和核心内容。作为当代中国马克思主义、21世纪马克思主义，习近平新时代中国特色社会主义思想是中华文化和中国精神的时代精华，实现了马克思主义中国化新的飞跃，人们深刻地认识到，"我国意识形态领域形势发生全局性、根本性转变，全党全国各族人民文化自信明显增强，全社会凝聚力和向心力极大提升，为新时代开创党和国家事业新局面提供了坚强思想保证和强大精神力量"①。然而，中国用几十年的时间走完了西方发达国家几百年走过的现代化建设历程，社会主义现代化建设过程中客观存在着贫富差距扩大、环境污染严重、社会生活"商品化"、优胜劣汰导致的弱势群体的"边缘化"等现实问题，使得个别人对社会主义意识形态描绘的"美好生活"产生了一定质疑。此外，"拜金主义、享乐主义、极端个人主义和历史虚无主义等错误思潮不时出现，网络舆论乱象丛生，一些领导干部政治立场模糊、缺乏斗争精神，严重影响人们思想和社会舆论环境"②，使得一些人对中国特色社会主义的发展前景产生了怀疑。加强新时代我国意识形态理论的总问题研究，着眼于及时回应人们的心中疑惑，真正做到"思想上解惑、精神上解忧、文化上解渴、心理上解压"③，必须加强对新时代我国意识形态理论面临挑战的分析。本文认为，新时代我国意识形态理论的总问题研究，应当重点加强以下三方面的研究和分析。

第一，引导人们科学认识社会主义意识形态的"理想的意图"与现实发展势态之间的内在张力。社会主义是以建立生产力极大发展、物质财富极大丰富、精神文化生活极大繁荣、人与自然和谐共生的共产主义社会为

---

① 《中共中央关于党的百年奋斗重大成就和历史经验的决议》，人民出版社，2021，第46页。
② 《中共中央关于党的百年奋斗重大成就和历史经验的决议》，人民出版社，2021，第43页。
③ 《中共中央国务院印发〈关于新时代加强和改进思想政治工作的意见〉》，《人民日报》2021年7月13日。

目标。共产主义理想的科学性毋庸置疑，但是实现共产主义必须有一个过程，正如马克思、恩格斯所说："共产主义对我们来说不是应当确立的状况，不是现实应当与之相适应的理想。我们所称为共产主义的是那种消灭现存状况的现实的运动。这个运动的条件是由现实的前提产生的。"① 一些人无视马克思、恩格斯所讲的"现实的前提"，不能正确理解和把握社会主义意识形态的"理想的意图"与现实发展之间的内在张力，无视当代中国正处于社会主义初级阶段的客观现实，随意解读乃至故意曲解我国的社会主义意识形态，形成所谓的意识形态自洽性困惑。新时代我国意识形态理论研究要立足社会主义初级阶段这一基本国情，一切都要从这个实际出发，根据这个实际科学把握意识形态时代建构与话语叙事，科学把握社会主义意识形态构建的"理想意图"与现实发展之间的内在张力，将意识形态的超越性目标与现实性目标更好地联结起来。马克思、恩格斯曾经指出："始终站在现实历史的基础上，不是从观念出发来解释实践，而是从物质实践出发来解释各种观念形态。"② 新时代我国意识形态理论研究要"始终站在现实历史的基础上"，揭示社会主义发展规律，为人们美好生活建构提供"理想的意图"。同时，由于社会发展的客观现实性，在社会实践中"理想的意图"的实现因过程的滞后性会客观呈现出一定的现实缺憾，正是这些"现实缺憾"与"理想的意图"之间的张力，构成了新时代我国意识形态理论发展的不竭动力。

第二，引导人们正确把握社会主义意识形态价值引领的科学性与社会实践的实效性之间的滞后张力。意识形态是以传播价值观、对人们进行价值引领为基本旨趣的观念系统和制度化的观念体系，这种观念体系对人们思想和行为的引领往往具有相对滞后性，但以此来否定社会主义意识形态的科学性、自洽性是站不住脚的。马克思指出："光是思想力求成为现实是不够的，现实本身应当力求趋向思想。"③ 作为思想整体的意识形态在引领人们把握现实、反映现实、关照现实的过程中，实现与社会实践相契合需要一个过程，价值引领作用的发挥要通过社会实践得以体现，而社会实践

---

① 马克思、恩格斯:《马克思恩格斯选集》第 1 卷，人民出版社，2012，第 166 页。
② 马克思、恩格斯:《马克思恩格斯选集》第 1 卷，人民出版社，2012，第 172 页。
③ 马克思、恩格斯:《马克思恩格斯选集》第 1 卷，人民出版社，2012，第 11 页。

的过程，在很大程度上是意识形态尤其是社会主义核心价值观作用潜移默化地发挥的过程，也是凝聚民心、提升国家凝聚力的过程。美国学者格拉特·哈丁（Gerath Harding）指出："价值观之所以重要，是因为它们将国家和民众凝聚在一起。它们帮助定义一个社会所支持和所反对的东西。"① 社会主义意识形态价值性引领的科学性与社会实践的实效性之间存在张力是正常的，个别人为了获取经济利益而出现严重背离了社会主义意识形态价值要求的实践行为，使社会主义意识形态的价值性受到质疑，这不代表社会主义意识形态的价值引领的失败，恰恰是社会主义意识形态价值引领的现实样态之一。面对世界百年未有之大变局，我国意识形态理论研究要为人们提供"解释世界"与"改变世界"的科学理论与行动指南，在持续彰显社会主义意识形态价值引领科学性的同时，持续增强群众的认同感，能够经得起理性的审查与实践的检验，持续满足人民日益增长的美好生活需要。

第三，引导人们全面理解社会主义意识形态理论体系的系统性与话语阐释的规范性之间的表达张力。人民群众是我们党的执政根基，社会主义意识形态的受众主要是人民群众，因此，如何更好地让人民群众理解、弄通社会主义意识形态的本质与内容，离不开理论体系的系统性和话语阐释的规范性。毛泽东曾经指出："我们是革命党，是为群众办事的，如果也不学群众的语言，那就办不好。"② 这段论述一方面强调中国共产党是全心全意为人民服务的，社会实践活动必须始终坚持全心全意为人民服务的根本宗旨和对人民负责的工作原则，人民始终是党的坚实根基与动力源泉；另一方面，也明确指出了话语阐释的重要性，为群众办事要学群众的语言，便于群众理解和认同。但是随着生活信息化的发展和社会实践的不断深入，一些社会问题不断暴露在人们的眼前，传统的意识形态阐释方式很难清晰科学地阐释纷繁复杂的社会现象，人民群众由于受社会生活信息化、网络化、数据化的差异性影响，对社会主义意识形态科学性的理解度有所降低，一些专业的术语、名词、网络流行语的迭代更新也加剧了意识形态话语阐释的不规范性，导致社会主义意识形态理论的体系系统性与话语阐释规范

---

① 〔美〕格拉特·哈丁：《欧洲人之谜》，葛鸣译，《国外社会科学文摘》2012年第8期。
② 毛泽东：《毛泽东选集》第4卷，人民出版社，1991，第837页。

性之间呈现出了表达张力。因此，新时代我国意识形态理论的总问题研究，必须加强社会主义意识形态理论体系的系统性与话语阐释的规范性之间表达张力的研究。通过理论的总问题研究和话语的科学阐释消除人们对新时代我国意识形态科学性、自洽性的误解、曲解，避免因理论阐释与话语理解之间的表达张力而将所谓的意识形态困惑指向社会主义社会制度本身，从而消除对新时代我国意识形态产生质疑的认识论根源。

三　新时代我国意识形态理论总问题的实践效应

新时代我国意识形态理论的总问题，本质上"不是一个理论的问题，而是一个实践的问题"①。它不仅仅关系到意识形态理论的体系建构，更关系到意识形态的话语表达与现实实践。在资本主义社会，意识形态理论的总问题主要是资产阶级思想家"编造关于自身的幻想和思想"②，是资产阶级对社会现实进行思想性的理解、阐释、反思及总结的呈现，是以颠倒呈现资产阶级价值理念并进行抽象归纳与理性凝练的结果，是以"思想的形式表现出来的占统治地位的物质关系"③，是维护资产阶级统治的思想手段。在当代中国，意识形态理论的总问题主要探讨马克思主义意识形态理论的本质、马克思主义与新时代我国意识形态理论建构的辩证关系、马克思主义的科学性与意识形态之间的关系、新时代中国特色社会主义意识形态理论的体系结构和价值呈现问题。新时代我国意识形态理论源于党领导人民在"解释世界与改变世界"的过程中对社会实践的科学把握与自觉建构，是一种帮助人们理解、认识、把握和实现美好生活需要的价值呈现形式、范式表达的总和，不仅仅拥有科学的理论、崇高的社会价值，还是一个完整的系统结构和思想整体，科学反映了当代中国的政治、经济、文化、社会的发展脉络与内部逻辑联系。新时代我国意识形态理论总问题的实践效应，体现为以"理想的意图"呈现在人们的头脑中，为人们提供"思想引领系统"，并逐步转化成为人们认识世界和改变世界的"理想的力量"，在

---

① 马克思、恩格斯：《马克思恩格斯选集》第1卷，人民出版社，2012，第134页。
② 马克思、恩格斯：《马克思恩格斯选集》第1卷，人民出版社，2012，第179页。
③ 马克思、恩格斯：《马克思恩格斯选集》第1卷，人民出版社，2012，第178页。

塑造党和国家形象中坚定人们的信仰，重视意识形态话语叙事的实践体验，关注和优化网络流行语的意识形态表征价值。

第一，新时代我国意识形态理论总问题的实践效应体现在塑造党和国家形象中坚定人们的信仰。有学者指出："意识形态问题实质上就是党和国家的'形象'问题，是其能否得到国内民众和国际社会的广泛认同问题。"① 新时代我国意识形态理论的总问题，必须关注党和国家形象的塑造及其对坚定人们马克思主义信仰的独特价值。世界正处于百年未有之大变局，我国也正处在全面建设社会主义现代化国家新征程、向第二个百年奋斗目标进军的关键时期。新时代我国意识形态理论的总问题的实践应对，必须正视时代挑战，及时回应时代呼声，引领人们更加注重意识形态对党和国家形象塑造及其对坚定人们马克思主义信仰的影响，积极主动地投身于新时代我国意识形态理论的建构与践行之中，并在接受实践检验的基础上持续完善我国的意识形态理论。客观地讲，新时代我国意识形态的理论发展与意识形态实践也存在一定程度的不同步性，应当重视在塑造党和国家形象过程中引领人们确立马克思主义的信仰，将维护和塑造党和国家形象作为引领人们坚定马克思主义信仰的逻辑起点。通过开展意识形态活动塑造党和国家形象并引领人们坚定马克思主义信仰，不仅仅可以维护、巩固我国的意识形态安全，还可以引领人们确立与社会发展相一致的思维方式和行为方式。同时，塑造党和国家形象并坚定马克思主义信仰的过程，本身就是旗帜鲜明、态度坚决地对各种错误思潮予以反击和批判的过程，也是将新时代我国意识形态理论的科学性、价值性予以呈现的过程，这一过程本身构成了新时代我国意识形态理论总问题的叙事方式，它以更加符合人们现实生活的方式持续揭示和反映新时代我国人民的社会生活，从而将新时代我国意识形态服务人民大众的"理想的意图"充分呈现，在塑造党和国家形象的过程中达到逐步引领人们进一步坚定马克思主义信仰的目的。

第二，新时代我国意识形态理论总问题的实践效应体现在关注意识形态话语叙事的实践体验。一些人之所以产生对社会主义意识形态产生质疑，

---

① 侯惠勤：《马克思的意识形态批判与当代中国》，中国社会科学出版社，2010，第 649 页。

在很大程度上源于质疑者本人的知识储备、认识水平、社会实践经验等有所限制和欠缺,不了解新时代我国意识形态的话语叙事,甚至根本不存在对新时代我国意识形态的实践体现。他们从一些片面的社会现象出发,不经过系统分析和实证调查,就对新时代我国意识形态横加指责,这无疑是一种以偏概全、现象代替本质的错误。新时代我国意识形态是一个以马克思主义为指导的科学理论体系,体现了马克思主义与时俱进的理论品质,同时又具有中国特点、中国风格,易于得到人们的认同和践行。从新时代我国意识形态理论总问题解决的维度看,应当重视人民群众对意识形态话语叙事的实践体验,尤其是生活体验和生命体验,使人们在实践中感受到新时代我国意识形态是富有文化气息和历史厚重感的科学体系,具有丰富多彩的话语表达方式和与时俱进的时代内容。恩格斯曾经指出:"所谓'社会主义社会'不是一种一成不变的东西,而应当和任何其他社会制度一样,把它看成是经常变化和改革的社会。"① 中国特色社会主义的社会实践是不断发展变化的,与社会实践相适应的意识形态理论也应当与时俱进,并通过自洽的话语叙事引发人们理解、认同、接受和践行意识形态所带来的情感体验与生活体验。新时代我国意识形态理论总问题的解决,不是为了某一个阶级、集团和政党的个别利益,它代表的是全世界无产阶级的利益,它不是以求得一个国家或者一个地域的生存和发展为目标,而是通过理论建构和科学阐释引领人们的社会实践和品评生活的意义,目标直指为人类求解放的崇高旨趣。

第三,新时代我国意识形态理论总问题的实践效应体现在关注和优化网络流行语的意识形态表征价值。网络流行语是一种小圈子、亚文化的表达方式,与我国意识形态的主流话语共同构成了当今社会的意识形态话语叙事方式。与主流意识形态话语鲜明的政治导向相比,网络流行语以似乎中立、接地气的方式呈现出对不同群体的独特价值,"纵观网络流行语,它们大多是建立在网民对主流文化的渐次回避、疏离以至抵制的基础上,暗合了亚文化的形态"②,将意识形态的隐喻与象征价值以潜移默化的形式呈

---

① 马克思、恩格斯:《马克思恩格斯选集》第 4 卷,人民出版社,2012,第 601 页。
② 王清杰:《网络流行语的文化生态与社会心理分析》,《河南师范大学学报(哲学社会科学版)》2011 年第 4 期。

现出来。随着社会生活的信息化发展,意识形态理论表达从运用电视、广播、书籍等印刷媒介转向以互联网为代表的多样化电子媒介,由于电子媒介信息传递的迅捷、便利、碎片化、自主化的特点,再加上西方发达国家利用信息技术优势对社会主义的人权、制度、民主等进行各种抹黑,新时代我国意识形态理论的现实表达和价值呈现遇到了前所未有的挑战,而生活在西方发达国家的民众对社会主义制度及其意识形态因信息包围而出现不了解甚至充满敌视态度。伊格尔顿曾经这样写道:"可以毫不夸张地说,有多少意识形态理论家就有多少意识形态理论。"① 那些对我国意识形态理论存在质疑的人(主要是西方民众、海外华侨),他们不仅不能正确理解我国意识形态的本质与精髓,而且不能深刻分析新时代我国意识形态产生以及发展的社会根源、前进趋势,主要基于片面性地接受资本主义国家意识形态的"头脑洗礼"与"思想冲刷",容易对新时代我国意识形态理论产生质疑。因此,新时代我国意识形态理论总问题的解决,应当关注和优化网络流行语的意识形态表征价值,在保持我国意识形态理论的一脉相承性和与时俱进的同时,借助网络流行语的隐喻与象征价值,持续诠释新时代我国意识形态理论的科学性、自洽性。

【执行编辑:杨 丽】

---

① 〔英〕特里·伊格尔顿:《历史中的政治、哲学、爱欲》,马海良译,中国社会科学出版社,1999,第94页。

文化与价值研究

Research on Culture and Value

"后真相"时代的价值共识困境及对策

刘宝福　尚培筠[**]

【摘　要】　价值共识一般是指在价值多元化背景下为达到共同目标、通过价值主体间的交往实践而达成的一致评价。本文中的价值共识是指建立在全体社会成员对主流社会主义核心价值观的认同基础上、并能够产生精神凝聚力的意识形态的价值表征。处于"后真相"时代，价值主体的价值判断受到信息技术传播形式的影响，在虚拟和现实之间被感性操控而引发主流意识形态的价值共识困境，主要表现为以情感煽动为主导的舆论冲击社会价值共识的基础、扁平化的社交传播模式弱化了社会主义核心价值观认同、事实与价值夹杂传播割裂了社会价值共识。面对这些困境，坚持以人民为中心并以满足人民日益增长的美好生活需要为目标、坚持善用合适的竞争性真相来重新树立真相的权威、坚持肃清网络环境以消解网络瘴气，是凝集价值共识的应对之策。

【关键词】　"后真相"；价值共识；困境；对策

---

[*] 本文系教育部人文社会科学研究专项"新时代大学生成长发展需求与高校思想政治理论课精准化研究"（20JDSZK086）和青岛科技大学马克思主义学院思想政治理论课研究专项"新时代高校思政课培育和践行社会主义核心价值观研究"（2020QKJY05）的阶段性成果。

[**] 刘宝福，青岛科技大学马克思主义学院讲师，主要研究方向为价值论与思想政治教育；尚培筠，青岛科技大学马克思主义学院2020级硕士研究生。

思想文化作为反映人精神世界思想实践成果的形式和内容，必然受到物质世界的决定，特别是受到先进科学技术发展的冲击。在信息爆炸的当今时代，互联网遍布着各类信息，也充斥着谣言惑众、阴谋反动等各类内容。作为价值选择主体，人们总是倾向于选择自己愿意相信的"真相"，并根据自己的情感和意志做出与其思维模式相符合的价值判断，而其结果可能是真正的真相对于人们来说变得越来越遥不可及。上述这些思想及行为表现，意味着"后真相"时代的到来。在"后真相"时代，社会主流意识形态的维护和巩固将受到一定的削弱。面对"后真相"的时代背景，借助价值哲学的分析路径，探寻"后真相"背后的含义，发掘"后真相"在中国社会愈演愈烈的原因，探讨科学解决价值共识困境的对策，对于引导社会舆论、凝聚价值共识、强化主流意识形态话语主导权具有重要意义。

一 "后真相"的哲学含义及其在中国发生的原因

"后真相"并不是没有真相，而是对真相的有意扭曲，指的是网络媒体尤其是社交媒体，以情绪性、想象性事实代替客观性事实，以偏离或脱离客观事实的主观愿望、想象和倾向的主观性信息代替客观性信息的网络舆论生态[①]。在哲学领域，"后真相"最早发轫于价值论、认识论和形而上学，后面随着互联网及传播模式的发展，逐渐发酵为传播和网络社交等领域的司空见惯的现象。这是一个"后真相"时代，也是一个迫切需要"价值共识"的时代[②]。"后真相"现象在中国的发展和影响值得我们关注。

（一）"后真相"的哲学含义

"后真相"（Post-truth）一词是美国学者史蒂夫·特西奇（Steve Tesich）1992年在《国家》杂志上最早提出的，最初是描述扭曲现象的术语，指操纵公众舆论走向的行为，强调情绪的影响力超越事实。2004年，美国学者

[①] 骆郁廷、吴楠：《论"后真相"网络空间的价值澄清》，《思想理论教育导刊》2020年第6期。

[②] 郭明飞、许科龙波：《"后真相时代"的价值共识困境与消解路径》，《思想政治教育研究》2021年第1期。

拉尔夫·凯斯（Ralph Keyes）在其《后真相时代：现代生活的虚假和欺骗》一书中首次完整阐述"后真相"的哲学内涵，指出它是在谎言与真实之间模棱两可的第三种状态，而这种状态很可能成为未来的真实。

从哲学认识论来看"后真相"的内涵，"后真相"即代表着人的主观性取代事实的客观性占主导因素来影响着人做出各种价值判断和价值选择。事实上，在哲学认识论层面所讨论的重点一直未曾离开过"主观性"与"客观性"这两个中心概念。早在古希腊时期，就有哲学家提出过要想全面地认识世界就不能离开人的主观性，后来的哲学认识论的发展中更是有了相对主义和主观主义等思想的产生和发展。到了近代，怀疑主义、个人主义及自由主义开始在西方盛行，这些思潮都是推崇人的主观性在认识世界中的重要性。与此同时，实证主义和经验主义等派别关注到了这些思潮所主张的人的主观性的重要性，但他们以一种与之完全相反的观点来看待这一问题，认为人在认识世界的过程中要充分发挥客观性，比如追求科学而不是倡导价值。

从哲学认识论所讨论的"主观性"和"客观性"这两个中心概念的重要性在西方的发展历程来看，我们可以知道的是，在早先时代，人认识世界即认识真相，关注的是客观性。而随着科学技术的不断发展，人认识世界活动中所追求的客观性不断遭遇挫折，此时主观性就乘势而上，出现了"后真相"时代的典型特征，即人在认识真相的过程中，情感和个人信念、意识等主观因素占据主导地位，借助主观性来做出价值判断和价值选择。

（二）"后真相"在中国社会发生的原因

网络和信息技术的普及和发展，使人们的生存方式发生深刻变革，以情感和信念为核心的后真相语境在全球范围内逐渐形成。中国社会一方面受到网络时代的深刻影响，另一方面因自身发展的内外因素而面临着后真相时代的猛烈冲击。在后真相的网络空间，"键盘侠""死忠粉"和"圈层群"等各式群体、各种价值观念充斥其中，网络价值生态受到极大挑战。

第一，各种社会思潮相互交织激荡带来的思想混乱。中国在进入21世纪以后，各种思想激烈碰撞达到了前所未有的程度。马克思指出："人们为之奋斗的一切，都同他们的利益有关。"① 经过近40多年的改革开放，各种新的社会阶层基本成形，再加上互联网的兴起与普及，这些都使得各种社会思潮不断涌现，其传播越来越快，彼此间的交织激荡也越来越直接。当前，民粹主义思潮、新自由主义思潮、历史虚无主义思潮、文化保守主义思潮、反理性主义思潮、普世价值思潮、后现代主义思潮等多种社会思潮在中国社会中活跃。"这些思潮中既有积极的，也有消极的，它们之间的相互激荡对中国的社会发展及中国民众的思想观念产生了不可小觑的影响。"② 一方面，多种多样的社会思潮的出现使得中国的思想文化异彩纷呈，丰富了人们的精神文化生活；另一方面，各种社会思潮间的相互交织引起了人们的思想混乱，人们看不到真正的"真相"而做出错误的价值判断和价值选择，侵蚀人们对主流意识形态的认同感，破坏社会的和谐安定。如后现代主义思潮、反理性主义思潮、民粹主义思潮等都有其明确的政治诉求，其具有的反对理性、要求关注个体的价值和理想、强调人的主体性等思想特征都为"后真相"的蔓延提供了一定的思想温床。由此可见，这些社会思潮都对中国化马克思主义构成了极大威胁。

第二，社会结构转型带来的深刻矛盾。社会结构的转型影响着社会发展的各个方面，比如在不同的历史时期其资源配置方式、群体意识和群体生活规范、社会互动与社会网络变动等都会不同③。随着社会结构的转型，中国在经济、政治、文化、社会等方面都实现了长足发展，正处于新的历史方位。但是也可以清楚地看到社会现存的一些深层次的矛盾，比如，随着社会结构转型的逐步深化，社会的资源分配存在不公、贫富差距扩大等矛盾逐渐凸显。这些矛盾的背后隐藏着真正的实质，其实就是个人利益的诉求问题，即没有满足或者没有完全满足个人利益，在这种情况下，人们就不会感受到"社会公平"。在社会转型时期，由于一系列矛盾的出现，人们的价值观念亦会跟着发生深刻的变化，原本所认定的社会共识也会发生动摇，从而对"社会公平"的理解产生混乱，导致人们陷入"后真相"的

---

① 马克思、恩格斯：《马克思恩格斯全集》第1卷，人民出版社，1995，第187页。
② 林泰：《问道：改革开放以来的社会思潮与青年思想政治教育研究》，中国社会科学出版社，2013，第177页。
③ 董运生：《发展的不平衡：转型社会的结构变迁》，社会科学文献出版社，2019，第45页。

漩涡。"后真相"使人们抛弃理性，不顾背后的真相，通过盲目的谴责讨伐，把社会不公问题归根于社会制度上，最终会抨击甚至反对社会主义核心价值观等主流价值观，动摇对主流意识形态的认同感，这样就会影响社会的稳定和发展。

第三，信息爆炸时代带来的交流方式的改变。在当今这个信息爆炸带来的大数据时代，信息实现了无缝链接，万物皆可联网，互联网成为一种全民性的应用工具，这使得人与人、物与物之间都实现了深度的交流。人们不再局限于以往面对面的直接交流，而在网络的虚拟空间更实时、高效、便捷、自由地进行肆无忌惮的交流。网络时代人们交流的两个最大特征是跨越时空性和匿名性。跨越时空性的特征为各种思想的交流碰撞提供了一个空间，人们在网络上表达、交流想法的同时，会遇上无数个与自己持有相同观点的人，从而形成一个个小集体，借助集体表达一定的理想或利益诉求。而以往的社会条件下的交流就不会有如此这般迅速聚集起群体的基础，因而处于一种离散状态，不会对社会产生实质性的影响。匿名性的特征容易使人在网络空间放飞自我，恣意表达自己的观点想法，人们也会不断地受到网络上不同时期、不同国家、不同民族的思想的冲击，比如极端民主的民粹主义、坚守传统的文化保守主义、维护个人自由的新自由主义等各种社会思潮在网络空间的影响范围就很广泛。信息爆炸时代所带来的负面效应与"后真相"联系紧密，网络"小团体"的迅速聚集发声，会对价值共识造成严重冲击，威胁主流意识形态的构建。

二 "后真相"引发的价值共识困境

价值共识作为价值哲学的重要概念，其本身具有多变性、多元性、多层次性和难于达成等特点①。"后真相"时代的到来显然引发了个人、社会、国家各个层面的问题，它借助于后现代主义思潮"发扬光大"、直抵人心，正在以一种非理性的、情绪化的、负面的形式在人与人之间和国家与国家之间悄然出现并壮大。如果任由其肆意发展，那么将会对社会的主流意识

---

① 刘宝福：《价值共识论》，社会科学文献出版社，2020，第77—78页。

形态的构建造成毁灭性冲击，引发价值共识困境，社会也会随之变得动荡不安，人们也就没有幸福可言。

（一）情感煽动主导舆论冲击了社会价值共识的基础

"后真相"的最大特征就是人的情感和个人信念、意识等主观因素占据主导地位，人依其主观性而不是事实来做出价值判断和价值选择，甚至是形成错误的价值观。在面对一个事实时，通常可以得出不止一个真相，人们会倾向于更有利于自己的那个"真相"。在这样一种境遇下，人们会认为自己看到的部分才是完整的真相，而不去判断是非对错，任由情感主导，忽视理性，愈发不重视事实背后的真相，与"同道中人"一起表达诉求并煽动舆论，使得错误的价值观念如同滚雪球一般肆意传播，并且持续不断地得到反向强化，最终会走向一种极端。这种盲人摸象式的思维方法严重冲击社会价值共识的理性基础，危害社会的和谐稳定，影响人的全面发展，于是社会陷进一个"后真相"死循环。例如，民粹主义价值观的产生就是由于对民主进行了过度的情绪化解读，表面上是以人民为中心，实际上是最蔑视人民的尊严与权利的一种价值观，属于一种极端主义，它消解人们的价值共识，削弱人们的主流精神信仰，激化社会矛盾，扰乱社会的和谐安定。

（二）扁平化的社交传播模式弱化了社会核心价值观认同

随着数字化时代的到来，互联网的影响与日俱增，信息传播的载体从传统的媒介发展到现在的网络新兴媒介，促进了全球范围内的跨越时间和空间的人与人之间的交流与沟通，并凭借其自身独特的影响力和特征影响着社会各个领域。同时，在新兴媒介塑造影响各个领域的过程中，最开始和最终影响的目标指向必然是个人，个人受到来自网络的全方位影响。故而，社交传播模式亦发生了翻天覆地的变化，具体表现为：由被动转主动，由一对一或一对多转为多对多，由垂直化结构转为扁平化结构。在这种新的社交传播模式下，每个人都会对接收到的同一信息有不同的理解，在自己的解读下又通过网络媒介传播给下一个个体或一个群体、一个组织，最后这个信息被反复解读，逐渐失去其最开始的真正的含义，导致背后的真相消失不见。同时,在信息传播的过程中,每个人都倾入自己的价值观念,多种多样的价值观念在一定程度上削弱了传统媒介时期的社会核心价值观的话语权,弱化了人们对社会主义核心价值观的认同感。

(三)事实与价值夹杂传播割裂了社会价值共识

处于"后真相"时代,还有一个显著特征就是传播的复杂性。即在传播信息的时候,事实与价值是夹杂着传播的,"你中有我""我中有你"的特点突出。实际上,当人们面对一个事实时,倾向于从个人的知识水平、生活经验、价值观念、固有思维等出发,表达自己所看到的"真相"。在这样一种情况之下,或是基于相同的诉求,或是基于共同的理念,每个人都会找到与自己有着相同诉求的群体,而在群体中所讨论交流的信息其实是已经被赋予个人情感标记和个人价值观念的"已加工"过的信息,这样做的目的是求得融入集体或是得到其他人的赞同。因此,信息就深深地烙上了情感意志的烙印,传播信息的同时也传播了价值观。由于传播的复杂性,消极负面的信息就会在群体中铺天盖地弥散开来,群体中的每个个体就会不断地得到负向强化,使得人们走向思维死胡同而变得偏激。并且,每个小群体之间的交流也会因为价值观不同而遭遇到更大的障碍,彼此互相排斥,激化社会矛盾。例如,当今的大数据时代,网络会根据每个人的爱好推送其偏好的信息,使人们陷入"信息茧房"的漩涡和思维固化,人与人、群体与群体之间的交流变得愈发困难,割裂了社会价值共识,致使社会主流意识形态的构建遭遇到巨大困难。

三 "后真相"时代价值共识困境的应对之策

面临价值共识困境,如何在"后真相"时代凝聚价值共识、提升主流价值意识形态的话语权就显得尤为重要了。当代中国面临的现实国情、民情,包括思想文化领域的复杂现状,决定了在社会主义核心价值体系建设中,必须实事求是。在达成价值共识的过程中,必须坚持从价值主体的状况和尺度出发,分层次、分阶段推进,在社会主义现代化建设过程中,促进每个个体对社会主义核心价值观内化于心、外化于行,紧接着去影响群体,最后在全社会达成价值共识。

(一)坚持以人民为中心,以满足人民日益增长的美好生活需要为目标

价值共识是特定社会中的人们对价值问题的共同理解。对于人们的价值观并不能强求一致,所谓千人千面,"和而不同"。但是价值共识又是必要的,人与人之间有效的彼此连接能够化解彼此之间的紧张关系,凝聚起团结奋进的力量。在全社会范围内达成价值共识,就是要唤醒每个人对价值的正确理解和认识,以整合社会资源,维护好每个人的利益。由于满足每个人的利益诉求是形成价值共识的基石,所以如果不能实现如温饱等物质层面上的需求就无法谈及如价值共识等精神上的追求。因此,为了凝聚价值共识,最重要的就是坚持以人民为中心,以满足人民日益增长的对美好生活的向往为目标。一方面,关心和体察人民的冷暖,积极化解矛盾,解决人民需要解决的问题,坚持以人民为中心,关注民生,抓好民生问题,解决当前人民关心的舆论热点问题,为人民办好事、办实事、办真事,更好地暖民心。另一方面,想人民之所想,急人民之所急,关注社会公平等重大问题。当前已进入全面实现社会主义现代化强国的第二个百年奋斗目标的新时期,要持续贯彻执行以人民为中心的路线不动摇,坚持以满足人民日益增长的美好生活需要为奋斗目标,关注社会资源的公平配置问题,坚持将发展成果惠及全体人民,解决社会公平方面存在的矛盾和问题,只有这样,才能更好地凝聚民心、构筑同心。

(二)坚持善用合适的竞争性真相,以重新树立真相的权威

竞争性真相存在于人类活动的几乎每一个领域。赫克托·麦克唐纳在其书中指出:"竞争性真相主要包括片面真相、主观真相、人造真相、未知真相四种。虽然通过竞争性真相来影响现实的做法可能会令人困惑,尤其是当挑战那些长期认为理所当然的事物的合法性时,但是在我们对世界的理解突然转变时利用合适的竞争性真相,它又是富有启发性的。"① 竞争性

---

① 〔英〕赫克托·麦克唐纳:《后真相时代》,刘清山译,民主与建设出版社,2019,第56页。

真相与所有人都息息相关，不管我们是否愿意，它们都在影响我们每一天的生活。因此，每个个体和社会应该更好地认识竞争性真相，负责任地使用它们，并在必要时对抗它们，以此来树立真相的权威。例如，选用片面真相考虑任何重要问题的许多不同方面，均衡地寻找各种不同的观点；使用主观真相弄清事物对于自己的真正价值，不被其他人所左右，等等。坚持善用合适的竞争性真相，能够增强人们对于共识的情感共鸣，进而重塑真相的权威。

（三）坚持肃清网络环境，以消解网络瘴气

互联网拓宽了全球信息的传播范围，但是也加速了错误信息和仇恨情绪的传播。一方面，人们在网络上表达自己的诉求，是信息的发送者；另一方面，人们借助网络受到来自世界各个国家、各个阶层的思想影响，也是信息的接收者。但是，在当前信息化时代的境遇下，主流权威信息丧失了一定的主导话语权，导致每个人所看到的只是其自己所认为的真相，而实际上真正的真相是隐匿的，所以在达成价值共识的道路上遭遇到巨大障碍。因此，只有通过科学肃清网络环境，消解网络瘴气，才能凝聚好价值共识。首先，建立网络监督反馈机制，建立网络管理的相关法律并坚持有法必依、违法必究的原则，将正面引导与依法管理相结合，充分利用各种渠道宣传正面、积极的价值观，消解反面、消极的思想瘴气。其次，健全用户实名注册登录制，严厉整治不良的网络风气，规范个人和相关企业和媒体的注册，打造清朗网络空间。

【执行编辑：尹　岩】

施特劳斯论审慎与隐微主义

赵 柯*

【摘　要】 在《显白的教诲》中，施特劳斯阐述了莱辛与隐微主义之间的故事。在论述莱辛的过程中，施特劳斯强调了哲人的审慎与隐微主义的紧密关系。施特劳斯表明，隐微主义跟任何的神秘主义都没有关系，只跟哲人的审慎有关。根据施特劳斯，审慎意味着节制，意味着在从事疯狂的哲学活动的同时保持节制。这不是不勇敢、不诚实，而是富有责任感并诚实的表现。

【关键词】 施特劳斯；隐微主义；莱辛；审慎；疯狂；节制

引　言

关于施特劳斯对隐微主义（esotericism）的论述，学者们一般都到施特劳斯关于这一主题的著作，即《迫害与写作艺术》（Persecution and the Art of Writing）[①]中去寻找。学界普遍认为，在这本著作中，施特劳斯不仅揭示出了一种古老的写作艺术，即字里行间的或者说隐微的写作方式，也解释了作者们实践这种写作艺术的原因：一是避免自己受到迫害，二是避免真理伤害大多数人，三是教育潜在的哲人。那么，这些是否就是施特劳斯

---

* 赵柯，上海大学马克思主义学院讲师，主要研究方向为西方近现代政治哲学。
① 〔美〕施特劳斯：《迫害与写作艺术》，刘锋译，华夏出版社，2012。

关于隐微主义的全部论述？答案可以说是否定的。施特劳斯有一篇文章专门论述隐微主义，题目为"显白的教诲"（Exoteric Teaching）[①]。

在这篇文章中，施特劳斯首先围绕德国启蒙思想家莱辛（G. E. Lessing）与隐微主义之间的故事，考察了莱辛对隐微主义的分析、阐释和实践，然后借此揭示出了古典哲人实践隐微写作的全部内涵，以及重新挖掘隐微写作的必要性和重要性。本文将对这篇文章进行较为详尽的分析，以对施特劳斯的隐微学说（esotericism thesis）作出更全面的解释。本文提出，施特劳斯把隐微写作与哲人的审慎联系在一起。根据施特劳斯，隐微主义跟任何的神秘主义都没有关系，只跟哲人的审慎有关。审慎意味着节制，意味着在从事疯狂的哲学活动的同时保持节制。这不是不勇敢、不诚实，而是富有责任感并诚实的表现。

一 莱辛论隐微主义

在《显白的教诲》的一开始，施特劳斯就指出了现代学界的一种通病：不区分隐微教诲和显白教诲。不过，施特劳斯紧接着说明，在18世纪的后30余年，还有人记得这种区分，至少有一个人完全理解这种区分的内在含义，这个人就是莱辛。

为了说明莱辛理解显白教诲与隐微教诲之分，施特劳斯首先对莱辛的《恩斯特与法尔克》（*Ernst und Falk*）展开了分析。《恩斯特与法尔克》写于1777年左右，共包含5篇对话，副标题为"写给共济会士的谈话"。对话在法尔克和恩斯特两人之间展开，其中法尔克为共济会士。考虑到莱辛本人曾在6年前的1771年加入共济会，且入会之后的莱辛对共济会的活动深感失望，基于失望写下了这5篇对话[②]，我们可以推测，在这些对话中，莱辛很有可能把自己对共济会的失望注入到了法尔克身上，借法尔克之口来说出了自己心中不能明说的话。不管如何，施特劳斯注意到，在对

[①] 〔美〕施特劳斯：《显白的教诲》，陈建洪译，选自〔美〕潘戈（编）：《古典政治理性主义的重生》，郭振华等译，华夏出版社，2011，第115—127页。

[②] 〔德〕莱辛：《恩斯特与法尔克》，选自〔德〕莱辛：《论人类的教育——莱辛政治哲学文选》，朱雁冰译，华夏出版社，2008，第133页。关于共济会一开始进步的一面和后来反动的一面，参阅张文木：《共济会的演变及其历史命运》，《世界社会主义研究》2019年第4期。

话中,法尔克模糊地表示:"每种政制,甚至最好的政制,都必然不完美;因此,共济会是必要的,它过去一直存在,未来也将一直存在。"① 另外,法尔克还补充说道:"作为一名共济会士,必须知道那些真理最好被隐藏起来。"②

对于第一个结论,即每种政制必然不完美,法尔克并没有给出理由。因此,施特劳斯提出的第一个问题是,没有被法尔克说出来的这个理由到底是什么?施特劳斯没有直接寻找答案,而是间接地到推出这个结论的两个前提条件中去寻找。施特劳斯看到,由于"共济会行善是为了使善行变得多余",且"共济会的形成,是因为一个人原本计划让沉思性真理有助于实践和政治生活,但最终却构思了这样一个社会,它愿意从公民生活实践上升到沉思",因而施特劳斯认为,政治生活必然不完美的理由,在于"所有的实践或政治生活都低于沉思生活"③。简单地说就是,就像亚里士多德所说的那样,由于所有的实践生活都低于沉思生活,因而作为实践生活的政治生活必然低于作为理论生活的沉思生活,政治生活永远都不可能达到沉思生活那般完美,正如实践无法像理论那般完美。其次,由于所有的实践生活都低于沉思生活,因而那些经过沉思而掌握真理的人永远都不能奢望,这些沉思性真理能够被应用于实践生活,它不但不会有助于实践生活,反而会跟实践生活产生冲突。第三,由于无法将沉思性真理生搬硬套地应用于实践生活,因而他们只能组成一个秘密的组织,将沉思性真理握在手中,不散播出去,以免引起与实践生活的冲突。

施特劳斯发现,莱辛也用这个思路来分析莱布尼茨的宗教观。在《莱布尼茨论永罚》和《维索瓦蒂对三位一体说的异议》两篇文章中,莱辛解释了莱布尼茨为某些正统信仰进行辩护的动机和理由。施特劳斯指出,莱辛的解释很明确,那就是,莱布尼茨手中握有经过沉思形成的真理(否定正统教义的观念),但是他不能松开手,将这些沉思出来的

---

①② 〔美〕施特劳斯:《显白的教诲》,选自〔美〕潘戈(编):《古典政治理性主义的重生》,郭振华等译,华夏出版社,2011,第117页。

③ 〔美〕施特劳斯:《显白的教诲》,选自〔美〕潘戈(编):《古典政治理性主义的重生》,郭振华等译,华夏出版社,2011,第118页。

真理放出去①。否则，这些可怕的真理会让大众感动惊恐，甚至会让大众觉得永罚等不存在而胡作非为。所以，莱布尼茨只能通过显白写作，即表面上为正统教义进行辩护，而将真理隐藏起来。施特劳斯强调，在莱辛的解释中，莱布尼茨将关于宗教的真理隐藏起来，并不是出于神秘，而是出于审慎。莱布尼茨出于审慎而显白地写作的行为，与古代哲人（如苏格拉底）出于审慎而隐藏真理的行为如出一辙。

通过莱辛的上述三个作品，施特劳斯展示了莱辛在何种意义上在隐微写作传统岌岌可危、审慎品性失去往日风光的年代仍然可贵地理解显白教诲与隐微教诲之分。施特劳斯也揭示出，对于莱辛，显白教诲出现的原因在于，实践生活不同于理论生活。正是因为实践生活低于理论生活，因而沉思性真理不应随便散播，而应隐藏起来，也就是，哲人应该审慎，用显白和隐微两种方式传达沉思性真理。我们可以发现，施特劳斯转向莱辛对隐微主义的探讨，实际上也是在传达他自身对隐微主义的理解。当施特劳斯强调，在莱辛的解释中，隐微主义实际上是出于审慎，而非神秘，实际上也是施特劳斯自己在强调，我们应该从哲人的审慎出发去理解隐微主义，而非将之归结于某种神秘主义。

二 显白教诲与隐微教诲是否是同一种教诲？

但是，施特劳斯发现，莱辛没有讨论这样一个问题，即显白教诲与隐微教诲到底是否是同一种教诲，只是通过不同的方式得以传达，还是本质上就有差异。为此，施特劳斯把眼光转向了施莱尔马赫。施特劳斯注意到，施莱尔马赫依然能够分辨出，在柏拉图对话中，存在着显白和隐微两种教诲。但是，令施特劳斯大失所望的是，施莱尔马赫认为显白教诲和隐微教诲是同一种教诲。我们知道，柏拉图的显白教诲是公开的、对外的，针对那些未入哲学之门的初学者，或那些不能阅读字里行间的粗心读者。相反，隐微教诲则是隐蔽的、对内的，针对那些哲学上训练有素的门徒，或那些

---

① 参阅施特劳斯：《回归古典政治哲学——施特劳斯通信集》，朱雁冰、何鸿藻译，华夏出版社，2006，第271页。其中，施特劳斯说道："某人有句格言，如果我在自己的拳头里握有真理——我可以张开拳头吗？"

能够阅读于字里行间的细心读者。根据施莱尔马赫,这两类人所理解的教诲是同一种教诲,即不懂哲学的人所理解的教诲,与他成为训练有素的哲学门徒之后所理解的教诲是一样的。

对于施莱尔马赫的解读,施特劳斯提出了异议。施特劳斯提出,在柏拉图对话中,初学者并未受过哲学训练,但那些训练有素的门徒是哲人,因此,两者本质上是非哲人与哲人的差异。由于成为哲人的必要前提是"灵魂上的转向(conversion)",即只有经过灵魂的转向之后才成为哲人,因而非哲人与哲人的差异并不是程度上的,而是类别上的①。简单地说就是,非哲人与哲人是两类人,不是同一类人。施特劳斯指出,这样一来,这两类人看到的教诲就绝非同一种教诲,就如一个人"在洞穴之中"看到的教诲与他"在洞穴之外"看到的教诲截然不同——在洞穴之中看到的是影,在洞穴之外看到的是真正的光。

当然,这样的论证还不够严密。因此,施特劳斯接下来从另一个方面更为深入地探讨了显白教诲和隐微教诲存在差异的依据。施特劳斯指出,由于德性即知识,因此哲人与非哲人的德性存在根本性差异。同样的道理,两者的道德基础也存在根本性差异。哲人的道德根基是哲学洞见,非哲人的道德根基不是哲学洞见,而是习俗或律法。所以,针对哲人的教诲必定是基于哲学洞见,针对非哲人的教诲必定是基于习俗或律法。正如在《理想国》中,告诉哲人以真理,告诉非哲人以高贵的谎言,告诉护卫者的是真话,告诉辅佐者的是高贵的谎言②。假话与真话的差别不是程度上的,而是类别上的。针对辅佐者(或初学者)的教诲与针对护卫者(或哲人)的教诲存在根本的不同。在施特劳斯看来,哲人(或护卫者)与非哲人(初学者或辅佐者)的道德基础的差异,正是显白教诲与隐微教诲具有本质性差异的依据所在。

我们知道,在柏拉图的《理想国》中,存在护卫者、辅佐者和大众之分。但在这里,施特劳斯并没有提到大众。对于这样的情况,有一种

---

① 关于灵魂的转变,参阅《理想国》525a—536a。
② 〔美〕施特劳斯:《显白的教诲》,选自〔美〕潘戈(编):《古典政治理性主义的重生》,郭振华等译,华夏出版社,2011,第123页。

说法是，在施特劳斯的观念中，初学者只是指辅佐者，不包含大众①。此外，根据这种说法，大众的道德基础与辅佐者的道德基础一样，都是高贵的谎言，但是，辅佐者的道德层次高于大众的道德层次。从施特劳斯的解释来看，这样的说法似乎失之偏颇。在施特劳斯解释辅佐者和护卫者的德性差异时，评判标准是灵魂的转向。但凡那些没有经过这种灵魂转向的，都是非哲人。这也就意味着，大众与辅佐者都属于非哲人之列，两者的道德根基是一样的，都不是哲学洞见，而是高贵的谎言。既然两者都属于非哲人之列，两者的道德根基都是习俗或律法，那两者又何来道德层次高低呢？因此，不如说施特劳斯是用辅佐者代表了非哲人行列。

这一部分可以说是施特劳斯对前一部分的补充说明。在第一部分中，施特劳斯通过莱辛对隐微主义的探讨揭示出了隐微主义的根源。但是，这个部分没有涉及显白教诲和隐微教诲是否是同一种教诲的问题。在这个第二部分中，施特劳斯通过批判施莱尔马赫对这个问题的解答回答了上述问题。施特劳斯表明，由于在柏拉图式政治哲学中，哲人与非哲人存在本质上的区别，两者的道德根基存在根本性的差异，因而针对两者的教诲并不是同一种教诲②。

三 莱辛的转向

在一开始，施特劳斯说，在隐微主义逐渐式微、被人遗忘的18世纪后30年，莱辛还记得显白教诲与隐微教诲之分。那么，莱辛何以能够理解古代哲人的显白教诲与隐微教诲之分？

前面提到，一个人只有经过灵魂的转向之后才能成为哲人，从而区分哲人与非哲人的差异，区分两者展现真理的方式的差异。因此，如果莱辛能够揭示出显白教诲与隐微教诲之分，那意味着莱辛肯定是经过了这种转向。在施特劳斯看来，莱辛的转向表现为他"体验到哲学是什么，以及从

---

① 刘小枫：《施莱尔马赫、施特劳斯与柏拉图》，《现代哲学》2010年第4期。
② 对两种教诲之差异的更多探讨，参阅 A. M. Melzer, *Philosophy Between the Lines: The Lost History of Exoteric Writing*, Chicago: The University of Chicago Press, 2014, pp. 33–34.

事哲学需要作出什么样的牺牲"①。正是由于这种新的体验,莱辛能够揭示出这种区分的重大意义。那么,莱辛究竟体验到了什么?

让我们从弗格森(Adam Ferguson)的《文明社会史论》(*An Essay on the History of Civil Society*)说起。我们知道,在《文明社会史论》中,弗格森从对人性的探讨出发,讨论了古代文明的兴衰问题。弗格森可以说表现出一种强烈的柏拉图主义立场,认为经验只是理念的影子,现实的善只是理念善的影子,现实王国只是理想国的影子②。在施特劳斯看来,弗格森的这种立场深刻地影响了莱辛,它让莱辛意识到,实践生活永远都不可能达到完美,即使是理论上的最佳政制,也必然不完美。我们可以发现,在《恩斯特与法尔克》中,莱辛基于相似的理由提出了相似的结论。莱辛通过法尔克之口说出,由于实践生活低于沉思生活,因而每种政制,甚至最好的政制,也必然不完美。

那么,莱辛的柏拉图主义转向给莱辛造成了何种影响?施特劳斯进一步揭示出,由于意识到经验与理念之间的永恒冲突,因而莱辛不再坚持现代启蒙的立场。莱辛不再纠缠于实践领域的问题,而是转向了高于实践生活的理论生活——莱辛转向了哲学。施特劳斯说道,莱辛没有转向弗格森的著作中所透露出的那种浪漫主义,甚至没有转向任何一种浪漫主义,即对政治和宗教更深刻的、历史的观点,而是转向了更古老的哲学③。也正是因为如此,施特劳斯继续说道:"故莱辛无需等到经历了罗伯斯庇尔的专制之后,才认识到浪漫主义……所宣称的那些东西是相对真理……莱辛提前看到了浪漫主义的相对真理,并选择拒绝这种相对真理,而选择一种通往绝对真理的路——哲学之路。"④

然而,弗格森或者说柏拉图对莱辛的影响并不只是让莱辛转向更古老

---

① 〔美〕施特劳斯:《显白的教诲》,选自〔美〕潘戈(编):《古典政治理性主义的重生》,郭振华等译,华夏出版社,2011,第124页。
② Adam Ferguson, *An Essay on the History of Civil Society*, Fania Oz-Salzberger, ed., Cambridge University Press, 2001.〔英〕弗格森:《文明社会史论》,林本椿、王绍祥译,辽宁教育出版社,1999。
③ 〔美〕施特劳斯:《显白的教诲》,选自〔美〕潘戈(编):《古典政治理性主义的重生》,郭振华等译,华夏出版社,2011,第125页。
④ 〔美〕施特劳斯:《显白的教诲》,选自〔美〕潘戈(编):《古典政治理性主义的重生》,郭振华等译,华夏出版社,2011,第126页。

的哲学。从经验与理念的永恒冲突中,莱辛也看到了人的生存本质,那就是,人生活于矛盾之中,但为了安宁不得不一直生活于矛盾之中。特别是哲人,他必须区分理念世界与经验世界的不同,生活于这两者的矛盾之中。这也就意味着,哲人必须审慎地处理哲学真理。所以,莱辛的转向不仅仅只是外在的向古典哲学的转向,更是内在的一种转向。施特劳斯敏锐地看到,伴随着莱辛的哲学旨趣转向的,是莱辛内在的品性转向。莱辛开始倡导古典哲人所主张的审慎品性。莱辛公开指责"那些……哲人回避了智慧与审慎之间的矛盾",批评他们"变得过于智慧以至于不服从莱布尼茨和所有古代哲人都遵从的审慎规则"①。前面已经提到,施特劳斯强调,隐微主义跟神秘主义没关系,只跟哲人的审慎有关。可以发现,在这个地方,施特劳斯再次强调,区分显白教诲与隐微教诲源于哲人的审慎,而非其他。

有一种观点认为,莱辛的转向是从早期"强硬的理性主义"转向一种"对圣经和圣经传统更积极的看法",因为莱辛在一封信中透露,他"过多地抛弃了将来不得不再找回来的东西"②。但是,施特劳斯表明,莱辛拥抱启示传统,并不真的是因为莱辛从理性转向了启示,转向了信仰。莱辛只是表面上转向了启示。莱辛变得审慎,明白要显白地、而非直白地传达哲学,也就是,要区分显白教诲与隐微教诲。

在施特劳斯看来,莱辛的这种转向与莱辛仔细研读古典著作也有莫大的关系。施特劳斯说道,莱辛坚定的古典主义,使得他首先注意到某些古代哲人的显白主义,并因此理解所有古代哲人的显白主义③。理解显白教诲与隐微教诲之分的现代哲人并非莱辛一人。前面提到的莱布尼茨,以及笛卡儿、斯宾诺莎、伏尔泰等,也都明了双重教诲传统。施特劳斯自己也看到,在现代启蒙哲人之中,融入双重教诲传统的并非只有莱辛,还有莱布尼茨、笛卡儿、斯宾诺莎等,这些人也具备古典哲人的审慎品性。比如,斯宾诺莎在《神学政治论》中承认,必须将"用来激发人的服从置信的信

---

① ② 〔美〕施特劳斯:《显白的教诲》,选自〔美〕潘戈(编):《古典政治理性主义的重生》,郭振华等译,华夏出版社,2011,第124页。

③ 〔美〕施特劳斯:《显白的教诲》,选自〔美〕潘戈(编):《古典政治理性主义的重生》,郭振华等译,华夏出版社,2011,第127页。

仰教义"与"真正的教义"区别开来①。不过，施特劳斯强调，莱辛不是依靠这些现代人走上哲学之路的，而是通过仔细研习古典著作走上哲学之路、理解双重教诲的本质意义的。

四　在疯狂与节制之间

《显白的教诲》是施特劳斯唯一一篇关于莱辛的作品②。在这篇文章中，施特劳斯分析了莱辛对双重教诲传统的理解，也追溯了莱辛能够理解双重教诲传统所蕴含的本质意义的根源。施特劳斯表明，莱辛一开始实际上并不理解这种区分，但是由于实践经历以及从自身的经历出发仔细研读古典著作，莱辛最终理解了显白教诲与隐微教诲之分。莱辛有个转向的过程。经由弗格森到柏拉图，莱辛体悟到经验世界与理念世界、哲学真理与习俗意见、哲学与社会之间的永恒矛盾，意识到双重教诲如何把这种矛盾统一起来。可以看到，施特劳斯讲述莱辛与双重教诲传统的故事，围绕三个问题展开：显白教诲与隐微教诲之分具体指什么？产生双重教诲的原因是什么？我们现代人如何能够理解这种区分？其中，施特劳斯对第二个问题进行了强调。施特劳斯几番提到，隐微主义跟神秘主义没关系，只跟哲人的审慎有关。

施特劳斯关于隐微主义的论述引起了学界的一些批评。较具有代表性的一种批评是，区分双重教诲、不敢直白地传达哲学，是一种懦弱、不光明正大的行为。为何要遮遮掩掩？施特劳斯在这篇文章中对"审慎"的强调或许可以帮助我们回答这个问题。在施特劳斯看来，正如柏拉图所言，哲学是用知识取代意见，而意见却是城邦的基础，因而哲学带有颠覆性质。但是，哲人是要改善、而不是颠覆城邦，因而他必须用一种特殊的方式写作，

---

① 〔美〕施特劳斯：《显白的教诲》，选自〔美〕潘戈（编）：《古典政治理性主义的重生》，郭振华等译，华夏出版社，2011，第126页。
② 据说，施特劳斯曾计划写两篇关于莱辛的文章，放在论文集《哲学与律法：史论集》（*Philosophy and the Law: Historical Essays*）的最后。有趣的是，这一计划中的文集由12篇论文构成，其中第10篇是《迫害与写作艺术》。不过，这一计划中的文集并未成功面世。施特劳斯将《迫害与写作艺术》与其他论文放在一起，以《迫害与写作艺术》的方式出版。

以使得哲学得以传播，但又不颠覆城邦。简单地说就是，哲人的思想可以是大胆的，但对于思想的处理必须小心翼翼。施特劳斯在一次对话中提到："哲人的思想的德性乃是某种疯狂（mania），但哲人的公开言辞的德性乃是节制（sophrosyne）。哲学就本身而论，它超越政治、宗教和道德，城邦却是而且理应是道德的和宗教的。"① 在古希腊语中，节制（sophrosyne）一词由审慎（phronsis）变形而来，前缀 so-意为保持，节制指保持审慎。所以，施特劳斯这里多番强调审慎，实际上是在强调哲人并不负于城邦的政治和道德。哲人的思想可能超越了政治和道德，但哲人的文字与行动并不超越政治和道德。用更现代的话说就是，哲人明白自己作为共同体的一员所具有的责任，且也真正地履行这种责任。

审慎体现的不仅是对共同体的责任，也是一个人的诚实。施特劳斯晚年受拉比佩卡斯基（Rabbi Perkarsky）邀请，做过一次题目为"为什么我们仍然是犹太人"的讲座。在这篇讲座中，施特劳斯谈论了他一直关注的犹太人问题。犹太人自古颠沛流离，寄居异乡。同化是他们可做的选择之一。对于同化，施特劳斯的基本观点是，犹太人需要同化，但同化不意味着放弃传承，同化只是给予传统以新的方向，让传统朝着新的方向发展②。从这个意义上而言，施特劳斯并不是数典忘祖的人，也不是主张数典忘祖的人。我们可以看到，施特劳斯说："不可能不保持犹太身份。人不可能脱离自己的出身，也不可能通过希望过去不存在来消除过去。"③ 在另一个地方，施特劳斯继续说道，"人不可能摆脱自己的过去，人必须承认自己的过去"，人要"忠实、坚贞和敬重（pietas）"，否定自己出身、过去或传统是"不光彩的"。④ 简言之，人要忠于自己的民族。这是人最基本、最崇高的一种情感和价值选择。当然，对于一个犹太人而言，存在一个根本的问题，那就是，启示与理性的矛盾。那施特劳斯如何看待这个问题？在讲座的最后，

---

① 〔美〕施特劳斯：《剖白》，何子建译，选自刘小枫（编）：《施特劳斯问题与现代性——施特劳斯演讲与论文集：卷二》，刘振等译，华夏出版社，2016，第 496 页。
② 〔美〕施特劳斯：《为什么我们仍然是犹太人》，李春长译，选自刘小枫（编）：《犹太哲人与启蒙——施特劳斯演讲与论文集：卷一》，张缨等译，华夏出版社，2010，第 409 页。
③ 〔美〕施特劳斯：《为什么我们仍然是犹太人》，李春长译，选自刘小枫（编）：《犹太哲人与启蒙——施特劳斯演讲与论文集：卷一》，张缨等译，华夏出版社，2010，第 394 页。
④ 〔美〕施特劳斯：《为什么我们仍然是犹太人》，李春长译，选自刘小枫（编）：《犹太哲人与启蒙——施特劳斯演讲与论文集：卷一》，张缨等译，华夏出版社，2010，第 399 页。

施特劳斯表示，犹太教是一种"英雄般的幻象"，是对终极神秘之真实性的感知——这种真实性就是，存在（being）是极端神秘的。也就是说，启示跟理性是一样的，都是试图去理解、解释和把握存在。在施特劳斯看来，犹太教和科学这两条路径"虽然没有正好相交，但也只有一箭之遥"①。可见，对于施特劳斯而言，犹太教和哲学（或者说科学）并非势不两立，一个犹太人可以是哲人，一个犹太出身的哲人可以且应当保持其犹太身份。我们可以看到，在讲座结束后的提问交流环节，当有个听众向施特劳斯透露，他作为一名犹太人，对于为什么仍然是犹太人、又该如何这样去做这两个问题找不出某种有意义的答案时，施特劳斯说，"清晰或诚实最至关重要"②。

施特劳斯关于犹太人处境的讲座深刻地揭示出了人的生存矛盾。从人被抛到世上的那一刻起，人就肩负上了对这个经验世界的责任和忠诚。人的理性在这种重负下既疯狂又节制地存在，用双重教诲的方式。

【执行编辑：尹　岩】

---

① 〔美〕施特劳斯：《为什么我们仍然是犹太人》，李春长译，选自刘小枫（编）：《犹太哲人与启蒙——施特劳斯演讲与论文集：卷一》，张缨等译，华夏出版社，2010，第416页。
② 〔美〕施特劳斯：《为什么我们仍然是犹太人》，李春长译，选自刘小枫（编）：《犹太哲人与启蒙——施特劳斯演讲与论文集：卷一》，张缨等译，华夏出版社，2010第436页。

影响现代家庭责任担当的
三重变奏与贯通化解*

漆仲明**

【摘　要】　社会快速深刻转型，家庭责任担当凸显瓶颈，现代家庭内部出现功能转化不良、生活脆弱性萎缩和核心价值流变，这三重变奏直接影响家庭责任的落实。家庭传统功能退化与现代功能缺乏生成，家庭责任担当力不从心而"荒漠化"；家庭自组织乏力，家庭生活因行为方式不确定而脆弱性萎缩，家庭责任分担"碎片化"；市场化等加剧家庭核心价值流变，家庭文化主张多元、家庭伦理精神匮乏影响明德尽责，家庭责任感"空心化"。因此，透过家庭关系失范、情义担当失常、养老孝亲失责及教养子女困境等乱局，亟待家庭核心价值自觉、家庭生活改进、家庭功能完善，直至家庭制度配套改革及家庭社会工作跟进，以此民生国计而着力引导协调，推进家庭内部三维建设的贯通联动，才能破解家庭责任现代担当之急难，促进婚姻家庭稳定、老有所依所养、育幼教子成人等问题的化解，担当现代安家立人的责任使命。

【关键词】　现代家庭责任；家庭生活；家庭功能；家庭核心价值；家庭社会工作

---

*　本文系全国教育科学规划教育部重点课题"市场经济下家庭教育德育功能发挥问题研究"（DEA100221）的后续研究成果。

**　漆仲明，皖西学院马克思主义学院副教授，主要研究方向为唯物史观、价值伦理、家庭道德。

每一次历史宏观的大变革大跨越后,全社会必然发觉百姓休养生息是个事。家庭作为社会细胞亘古至今,之所以能够历经多少悲欢离合仍犹在,是因为它以高效的分工合作和入微的共情家常较好地适合了个人归宿和社会基元之所依。家庭从传统走向现代,一直是人世间美好价值、道德情操、良好习惯及责任感,乃至以天下为己任之家国情怀开启的摇篮,但也是人之古怪性格、恶劣品质、人格残缺、社会化扭曲、不良习惯动机等滋生原发的地方。比翼连枝结情义、血脉相缘成生息、同居共财过日子、相依为命守信奉,家庭责任看似寻常得不言而喻,但它在今天并非天经地义地心照不宣,家庭责任的落实状况既在于安家立人成就自身,又是家庭现代化进程的关键前提,也直接关涉到学校育人、基层文明及社会和谐等问题的彻底解决。这一论题源于作者自 2011 年以来相关课题的前期研究:《鄂豫皖交界地区青少年家庭德育现状调研报告》《江浙沪发达地区家庭教养文化实证研究报告》《社会转型与现代家庭价值之问》,从中不难发现"中国社会成功转型与家庭责任出现新瓶颈并存",即概览现代家庭责任全貌:传统大家庭让位现代小家庭,家庭传统功能部分外化,现代功能亟待生成,家庭责任能力相对不足;现代家庭关系隔阂疏远,由原生家庭立场狭隘到新生家庭磨合圆满是一道坎,家庭自组织松动乏力,家庭生活方式多元化,家庭责任感淡薄;现代家庭价值在退让,家庭道德文化空心,家庭责任心虚脱。这些内部变奏与家庭责任担当的新需要相错致,其派生难题遍及城乡。为此,论及家庭责任,既在于避免家庭失责成为家庭矛盾的源头,减少情感婚姻破裂的连带伤害,防范"非生身父母(主要指配偶的父母)"等赡养问题成为家庭幸福的致命点,不让教子失败成为社会大家庭的祸患;也在于克服社会集体无意识、行动无合力,如近期颁布《中华人民共和国家庭教育促进法》[①],创新居家社区养老服务模式、实施女方延长产假和男方享受护理假、家庭赡养和教育等多项支出税前扣除等新举措,就是让家庭责任的琐事成为国家民生的要事而从长计议。

---

① 中华人民共和国主席令第九十八号:《中华人民共和国家庭教育促进法》,《人民日报》2021 年 10 月 25 日。

一 转型期家庭责任现实境遇的新变化与新问题

"责任"原本是人类社会性生存的本分，但今天它却日渐以过失承担的面目被道德法纪的自律他律所问责追责。家庭责任是指个人通过劳动付出，对家庭成员生存繁衍提供必要的物质条件、情感交流与思想疏导，保证家庭成员物质和精神上平安、健康、幸福地生活或成长。原来，家庭责任既是家庭共同体生活有序、人之安身立命和社会细胞稳健的客观需要，又是一种依靠家人自组织的能力付出、责任感共鸣，以及共建共享天伦之乐的主动追求。一是家庭责任既表现为夫妻契合、敬老孝亲、育幼教子、亲邻互助等微乎伦常的角色担当，又涵盖物质经济、精神文化、情感道德，乃至延伸到社会充满"文化底色"的义务承担。二是家庭责任有广义与狭义之分。它广义上包括孝敬赡养长辈、忠诚关爱夫妻、抚育子女成人、亲邻互济相助，以及对社会利他乐群、对民族认同关切和对国家奉献担当等；而狭义上主要是因夫妻、父母子女及兄弟姐妹等关系所涉的责任义务分担。三是论及具体家庭责任应该随角色、能力和原因等不同而定论。即因夫妻、父母子女、兄弟姐妹乃至亲朋邻里等相应角色的不同而有别，因男女老少的实际能力差别而各异，因诸多原因所致的具体境遇而区分变通。四是家庭责任随时代背景、社会环境和民族文化的变迁而变化。古代家庭"血亲主位"提倡家庭本位，今天"婚姻主位"提倡以人为本；封建社会认为"不孝有三，无后为大"，今天倡导优生优育，并以实际行动践行男女平等；传统家庭追求名门右族，现代社会提倡文明之家；西方家庭代际侧重育幼，中国家庭注重育幼又养老。五是当代中国出现传统家庭责任非家庭化与非家庭责任家庭化相交织的新境况。一方面，经济发展、生活现代化、服务社会化、核心家庭普遍以及民生支持等，致使生产消费、交往休闲等功能部分外化，养老育幼等传统家庭责任部分非家庭化，家庭负担较前辈大幅度地减轻；另一方面，体制改革使单位人变成社会人，部分社保福利责任事实上下沉到家庭，出现非家庭责任家庭化，以致就业就教、抚养赡养、婚嫁及住房支出、重大疾病与意外风险等家庭压力增加，家庭责任履行往往因养老育幼的繁重、经济支出增加、生活独立性强及情感脆弱而复杂艰难。

值此境况，中国家庭正"从一个为了集体生存而奋斗的法人群体演化成为个体成员提供幸福的私人生活港湾"①，家庭责任出现新问题：一是家庭角色责任突显新难题。社会快速转型而家庭价值自觉跟不上，家庭文化空心而家庭关系震动，家庭配偶责任观模糊导致情感婚姻脆弱，主干家庭减少致使核心家庭没有老年人的位置，子女良好社会化的新要求亟待教养新理性，致使夫妻关系的"忠"、敬老的"孝"、育幼教子的"教"成为家庭角色责任的三大显性难题，责任缺位直接引发家庭矛盾。二是家庭责任能力时常力不从心。家庭责任与家庭生活及功能相互支撑，现代家庭生活受快节奏挤压与核心家庭功能缺失并存；相反体制改革等带来系列非家庭责任家庭化，面对生老病死等家务疑难、子女教养和住房婚嫁成本节节攀升，核心家庭难以尽责自理，亟待建立健全中国家庭社会工作。三是家庭原因责任处理不当往往衍生连锁反应。转型期家庭事实上直接承担各种风险，家庭内外因变牵一发而动全身，面对下岗失业、重大疾病、情感婚姻破裂等天灾人祸，如果责任主体缺位，责任纠纷就会恶性循环，难怪丧偶和失独家庭如此恐慌。四是家庭责任感日渐"虚脱"。源于家庭核心价值流失，同根共生的依归式微，相依为命的信念松动，家庭内部自组织就会举步维艰，好男人、贤内助、通情达理等入微现代家常锐减，家庭私德的德性德行缺失，家庭责任感缺乏底气就难以抵挡自我中心、情感脆弱、个人优先的冲击。五是家庭失责的主要受害者是老人和妇女儿童。老无所依的晚景凄惨、"留守"等幼无养育、"闪婚"等家庭破裂乃至家庭利益最大化掩盖下的性别不公——妇女和老人普遍承担着绝大部分家务无酬劳动，伤害最大的往往是老人和妇女儿童。为此，立足社会大转型和建设新时代的背景，透过家庭责任的新变化梳理家庭责任缺失的问题所在，才能解析直接影响家庭责任的内部变奏，探索贯通协同的化解途径，确保现代人安身立命有着落有寄托，让每一对婚姻以情义守护家庭高质量发展，让每一个老人有依靠体贴关爱而无憾地"谢幕"，让每个新生命在期待欢呼中"出场"、得到优质教养健康成长，而不是与现代化新征程的大趋势背道而驰，更不能固守传统家庭责任观而重演封闭与封建。

---

① 阎云翔：《中国社会的个体化》，陆洋等译，上海译文出版社，2016，第9页。

二 现代家庭的内部变奏是影响
家庭责任担当的直接归因

家庭责任的新变化与新问题，固然与转型期体制机制改革深入、文化背景变迁及社会生活发展等外因有关，但直接影响因素还在于家庭内部的多重变奏，家庭责任落实的基本依托仍然在家庭，因此解析现代家庭功能缺失、生活挤压萎缩及核心价值流变这三重变奏的叠加影响，才能抓住家庭功能缺底气、家庭生活守底线、家庭价值失底蕴的内在矛盾看问题。

（一）家庭功能转化不良致使现代责任担当力不从心而"荒漠化"

现代家庭出现传统功能弱化与现代功能缺失并存的家庭功能转化不良。家庭功能是基于家庭结构而满足家庭生活所起的效用，家庭责任则是家庭关系生活所涉的任务担负，前者侧重于组织效用可能，后者主要是任务担当必要，这种直接关联构成了两者矛盾的相辅相成。然而，影响家庭功能的家庭自身特性和社会要求这两个因素都历史地变化着。一方面，家庭功能的可能性在于家庭结构及组织生活的现实状况。透过现代核心家庭普遍、家庭生活变迁及其独立性增强，人口再生产、抚养赡养、情感交流及亲邻互动等家庭传统功能都在弱化，固然"职能削弱的整个过程可以被看作家庭结构从一种严格的等级机构向一种个人之间的伙伴关系发展。家庭成员获得了更大的独立性以及随心所欲生活的权利"[1]，但这些功能快速退化必然影响家庭组织及使命。另一方面，家庭责任的必要性在于家庭生活的现实需要。如今生活现代化、服务市场化、交流信息化，家庭生产部分外化而经济消费增加、物质供养改观而精神关怀匮乏、伦理精神突变而文化空心、情感脆弱而婚姻稳定下滑、倡导优生优育而现代教养奇缺、社会化养老而观念及资源滞后，致使现代家庭生活方式、生活内容、伦理精神、道德维护及价值追求与责任担当的现实需要不匹配。因此，面对家庭生活"麻雀虽小五脏俱全"，现代家庭功能不能简单取向"弱化"，而应结合家庭

---

[1] 迈克尔·米特罗尔、雷因哈德·西德尔：《欧洲家庭史》，赵世玲、赵世瑜、周尚意译，华夏出版社，1987，第81页。

自组织、同居共财、情感交流、精神关怀、人口再生产及养老教子等突出需要，转化必需的传统功能又开发出现代功能。

家庭功能转化不良就会缺失一种安身立命的现代生活和现代家园。一方面，家庭本质决定了其生活不会孤立于社会变迁之外，正如养老育幼逐步让位社会服务，家庭生活几乎成为商家尽情开发的市场，商业服务强势介入让家庭功能逐步沦为社会生活的配角，造成柴米油盐酱醋茶及家长里短等居家过日子的必需品成为可有可无的幻觉。而家庭生活的相对独立性注定了其功能的自洽自为，时代前进急需以责任担当家庭、"以'情义'守护家庭"[1]。另一方面，家庭功能转化不良必致家园荒芜，现代单个家庭没有家园貌似全能但却无能，成为人们精神家园失落的重要原因，邻里不相往来可以朋友遍天下，但不可能完全改变一方水土养一方人的铁律，丢弃人们心灵安顿、精神寄托、情感守望的文化原乡及教养根脉。家庭的开放性正说明相濡以沫、生老病死、教子成人等功能发挥，需要睦邻乐群的环境支撑与亲友周济的社会互助而相互成全，守护"相助"这一民族传统邻里文化的核心才能经营起现代家园。没有家园依托家庭功能就极其有限，如今城乡曾经的乡土家园在消失，现代人处于邻里不相往来、老少难有结伴、生活背井离乡的揪心无奈，没有现代家园人就难免流离转徙，让人失去家庭之根的生活着落、文化摇篮及精神原乡，因此亟待巩固社区和村落引导帮扶，有依托经营起现代家园，才能生成现代家庭功能，让现代人安顿身心。

家庭功能转化不良就会失去一种"先入为主"的文化教养的根脉。一是现代家庭文化空心以致其社会化功能和文化化人功能破损。透过现代家庭：重经济富足轻精神文明，情感狭隘而缺乏现代理性，家庭权利纠缠露骨，家务事处理谁最不讲理谁就最狠，有钱得势就是任性；家庭关爱缺乏感恩，家长为子女过度付出反而得不到信任，没有民主子女往往成为父母一厢情愿的牺牲品，这些乱象说明当代中国家庭的价值观破而未立，现代家庭文化建设事业未竟，家庭道德生活及育人功能缺乏主心骨。二是现代教养缺失致使家庭育人功能受损。正如："抚育作用所以能使男女长期结合成夫妻是出于人类抚育作用的两个特性：一是孩子需要全盘的生活教育，二

---

[1] 肖群忠：《以"情义"守护家庭》，《人民日报》2014年6月16日。

是这教育过程相当的长。"① 相反，现代家风家教固本开新不足且事实上少见起色，家庭道德记忆与转化延伸断层，家庭育德既困于自身伦理道德缺失家庭文化自觉的根底，又难于厚植家庭私德和社会公德的现代价值共鸣，克服价值与其分立独任才能建立子女良好道德社会化的公共意识，让家庭立德树人成为托举社会公德建设的基元活力。其实，"私德与公德相辅相成、相得益彰……私德在整个道德结构中的基础意义和重要价值"②。家庭教育是培养人道德情操、美好价值、时代责任感乃至家国情怀的关键地方，是子女教养成人的开蒙之所，是人社会化最基本的文化阵地。家庭教养影响人一生的社会生活，古人云"王化始于闺门"，如今有些人道德败坏也可以从其家教功能缺失中找到病根。因此，家庭功能转化不良既是一种家庭责任能力的底气不足，又是一种现代家园荒芜的压力和文化教养根脉断裂的隐忧。

（二）家庭生活脆弱性萎缩造成家庭责任分担"碎片化"

家庭生活同居共财需要家庭关系的自组织。"家庭是由婚姻关系、血缘关系（或者是收养关系）为基础的一种社会组织形式"③，现代家庭仍然是独立生活的生产消费单位，全家人利益命运、责任使命及文化生活的共同体。家庭生活实质上就是组织有序、责任利他地过日子，它不论是传统紧密封闭型还是现代自由开放型，都有日常生活本质内容组织安排下的现实责任，同居共财、相依为命是家庭共生的基本方式。非人界由天地造化而展露出可歌可泣的自然共生，而"家庭的产生，是社会经济条件和文化生活及道德情操所决定的"④，这一社会组织聚自然性前提、社会性本质和文化规约性于一身，必然克服唯体力的本能而趋向文明生存。同居共财是比翼连枝成一体和血脉相缘为一家的内涵要求，现代家庭生活仍然需要同居共财，只是与传统大家庭相比在自由度上个性化、在组织协调上人性化，否则衣食住行、男婚女嫁、生儿育女、养老送终等就难以为继。现代人的

---

① 费孝通：《乡土中国　生育制度　乡土重建》，商务印书馆，2011，第167页。
② 陈来：《发扬中华文化重视私德培养的传统》，《人民日报》2014年9月22日。
③ 中央人民广播电台理论部编：《家庭伦理问题漫谈》，中国广播电视出版社，1986，第19页。
④ 汪永祥、李德良、徐吉升：《〈家庭、私有制和国家的起源〉讲解》，中国人民大学出版社，1986，第132页。

生活格局放大，但作为人生历程中拔苗育穗的温室、幸福生活的港湾、安享晚年的依托，家庭基本生活及功能没有变化，"家和万事兴"没有过时，作为人类社会生活的"练兵场"，家庭责任就是间接的社会责任。中国家庭快速由封建保守到解放建设、再由改革开放步入到新时代，其生活自组织因行为方式不确定、伦理道德文化和家政建设滞后、家庭关系的微观规制边缘，出现情感脆弱、义利分离、行为独任，亟待国家社会引导帮扶等外援力量介入，以守正出新。

家庭生活出现行为方式不确定性的脆弱性萎缩。现代生活影响人的行为方式，家庭关系因个人中心而冲突、因情感脆弱而缺失信任、因义利纠缠而复杂难处，夫妻各有事业奔波于社会，连高龄老人都在想含辛茹苦不一定换来老有所依只能图个清静，家人日渐聚少离多，以致发出"靠不住"等现代家庭之问，可见"同居难"；市场化激活了经济效益最大化及个人优先，出现养儿未必防老、自个挣钱自个花、忤逆不孝还争夺房产继承，"靠自己"被现代人视为真经，家庭信任下降带来共财存疑，所以现代家庭"同居难，共财更难"。如今城乡家庭因夫妻分居而乱象频发，农村家庭分居而至的男工女耕、壮工老耕、老人空巢、孩提留守、隔代教育等现象普遍，落后地区出现严重的老幼无依无靠；城市家庭生活"快餐化"，家务劳动请钟点工，养老育幼社会服务代理，移情宠物和虚拟生存流行；城乡夫妻共财因敏感复杂而陷困境，AA制下夹着私房钱的大尾巴，电子虚拟社交冲击现实婚姻情感，育幼教子与养老敬老不对称，亲情表达流行物质功利交换原则。原来，现代生产生活方式扩大流动人口家庭，家庭原有的自组织机制失灵，现行物质与精神、情感与理性、权力与责任的任意"互撕"，时空贫困与行为独任冲击家庭生活的组织运行，行为不确定加剧家庭生活脆弱性萎缩。

家庭生活脆弱性萎缩带来家庭责任分担"碎片化"。一是家庭行为方式不确定难免责任缺位。现代家庭生活有的节假日临时应景，有的出钱出力不出心，甚至各自为政地各得其所、讨价还价地拼凑合成、极度隐忍地四分五裂，不少家庭存在留守、空巢甚至遗弃，造成夫妻离心离德、老少无依、亲情疏远和相互猜忌抵触。然而，家庭没有基本生活吸引力就会下降、家人交往不出心就会空洞无物、不通情就无法达理、家庭责任感就会打折扣，责任缺位自然是"家常便饭"。二是家庭缺少一种生活就会缺失一种责任。家庭生活相濡以沫、养老育幼环环相扣，物质供养与精神关怀事无巨细，经济责任依托物质生活，文化责任依托精神生活。然而现代人卷入在无限度的社会交往和虚拟狂欢中撕扯，子女因"择校热"过早地离开家园，老人困于社会及家庭的多重边缘，家务劳动因无酬而"贬值"，家人的时空共享日渐解构，家庭文化因稀释而乏味，所以家庭生活给人的感觉总是那么另类，除了吃饭睡觉的老调重弹，要么是绕不过的责任无奈乃至莫名烦躁，要么是难以尽兴的无聊乃至深刻无聊，犹如现代人把上有老下有小的正常代际生活视为"双重夹击"的心理障碍，连小孩待在家也埋怨"家里面烦，我真的很难受"。家庭生活值此境遇，容易造成有家室的陌路人、有孝心及养育之恩的陌生人，弥补性地"常回家看看"，家庭责任担当难免"碎片化"。

（三）家庭核心价值流变致使家庭责任感"空心化"

家庭核心价值就是家庭作为社会存在的最基本的组织特质、文化使命和道德遵循，"从作用机理看家庭核心价值，它是通过道德价值追求等文化软实力来成为家庭伦理精神的精气神和家庭道德生活的主心骨"①，透过赡养老人日渐缺乏责任感责任心、现代家庭教养资源和意识的奇缺，以及夫妻生活出现不离婚也不沟通交往的"中国式亚卒婚"等乱象，可见家庭核心价值流变剧烈。如今市场化、信息化和多元化等叠加而至，其中，市场化促进经济发展与人格独立，"使家庭透明度增强，将过去压抑的家庭问题和家庭矛盾暴露在外，从而有利于这些问题和矛盾的解决"②，但"过度个人主义、绝对竞争价值观，以及'看不见的手'所潜在的资源配置不合理和分配不公，就是市场经济内在的重要伦理局限"③。所以，一是市场经济发轫期家庭传统价值受挫，经济社会改革引发人们价值观变化，冲击着家庭价值的传统支柱，家庭也难免"公共性、公平性和宏观性失灵"④。二是市场机制泛化僭越家庭机制、致使家庭价值忽视情感道德而功利化，家庭

---

① 漆仲明：《现代家庭核心价值研究》，《山东社会科学》2015年第2期。
② 刘达临等：《社会学家的观点：中国婚姻家庭的变迁》，中国社会出版社，1998，第116页。
③ 樊浩：《当前中国伦理道德状况及其精神哲学分析》，《中国社会科学》2009年第4期。
④ 王伟光：《新大众哲学：认识世界的目的在于改造世界》，人民出版社、中国社会科学出版社，2014，第47页。

伦理道德生活失范，"经济理性进入家庭构成对于家庭责任的冲击"①。三是家庭关系隔阂疏远、家庭情感脆弱和责任感缺失等"转型期家庭综合征"，就是家庭核心价值信念松动的反映，从快速转型期到建设新时代，家庭道德生活及责任感更需要文化底蕴。

家庭责任感因核心价值流变而"虚脱"。责任即为主体一方赋予另一方所规定的强制性的价值要求、创造性的价值实现，家庭责任感是个人对家庭责任的主观意识和精神状态，这种意识和精神来自人们对家庭核心价值的内在追求。而今，一是孝道关爱的传统流失，人们对夫妻、亲子等天伦失去敬畏，家庭责任感必备的孝心和爱心难敌自我中心，"孩子逐渐长大，从生理性的断乳到社会性的断乳，母子的关系逐渐疏远"②。加之血亲双系平等下夫妻彼此难以从内心把"非生身父母"当作亲人，孝道缺失致使关爱过分偏向子女而代际关系失衡，家庭责任感从天经地义变成了"有条件的"。二是家庭集体主义因己他分立退让，家庭价值主张多元，若无家庭共同体最大公约数的共识，就会引起家庭信任动摇；家庭责任机制由传统家长分配安排落实变成现代个人契约交换分担，家庭责任的立体内涵因这种交换的大时空差而难免碎片空心，家庭责任感因家庭文化底蕴缺失冲击责任心而减弱。三是家庭民主法治建设任重道远，现代家庭道德生活乃至家庭威信形成需要民主氛围和法制确证，否则家庭责任感及日常生活就无底线，并由生命共赢降格为"不出心的负担"。四是家庭责任利他因个人中心退让，造成个人最强烈的注意力只专限于自己，责任分担锱铢必较，然而责任是以利他为逻辑前提的，即以德为先和聚责为本的家庭责任感需要"他者思维"③。

三 改进现代家庭责任担当需要家庭内外联动贯通化解

面对现代家庭多重变奏的叠加共振，化解家庭责任变化与担当脱序的

---

① 孟宪范：《家庭：百年来的三次冲击及我们的选择》，《清华大学学报（哲学社会科学版）》2008 年第 3 期。
② 费孝通：《乡土中国 生育制度 乡土重建》，商务印书馆，2011，第 223 页。
③ 曹刚：《责任伦理：一种新的道德思维》，《中国人民大学学报》2013 年第 2 期。

矛盾，家庭自身建设仍然是基础，家庭核心价值自觉让家庭责任感有底蕴、家庭有生活让履责有阵地守底线、家庭功能转换让尽责有能力底气。同时，国家跟进家庭制度配套改革，完善家庭社会工作具体落实，巩固社区和村落引导帮扶的依托，让家庭内外联动协同贯通，才能形成整体效应，合力化解家庭责任的现代之难。

（一）现代家庭核心价值自觉为家庭责任感注入文化底蕴

家庭作为人们最基本的精神家园岂能荒芜，家庭责任感作为一种自觉做好分内事的内心感受与精神状态需要内力支撑，内心认同才能感同身受、积极履责。正如"家庭是成员彼此在生理、心理、生活等方面深深相依的组织。这里，价值观无时不在发挥着罗盘般的作用，家庭因而也是对价值观变化感知最为敏锐的组织"①。然而，现代"家庭中的利他主义与市场中的利己主义"② 已成为日常生活的一对矛盾，家庭生活应该克服"经济本体论"带来的价值功利化、文化空心带来的生活乱象、伦理匮乏造成的道德虚无。因此，从社会主义核心价值体系汲取营养建设现代家庭核心价值，以此重塑对长辈"孝"、对夫妻"忠"、对子女"教"及对他人"利"的责任伦理精神，克服"别人应该怎么样而自己只能这么样"的悖理，进而激发"责任大于能力"的信念，滋养共生相济、生命相依及命运相连的忠恕之道与家庭责任感，以尽责任的创造追求克服负责任的压力退让。

家庭生活明明德才能尽心尽责。"家庭的核心价值就在于关爱、互惠乃至利他，直至一定程度的个人利益的牺牲"③，从文化地位来看家庭核心价值，它是家庭关系的向心力、道德生活的主心骨、家庭责任感的价值底气，即现代安家立人之本；认识家庭核心价值就是把握家庭存在之于人和社会的根本意义，让现代人明确家庭角色、权力与责任的逻辑先在性，并从根本上标识人之"孝道、忠诚、教养及利他"的家庭责任。因此，现代家庭良好尽责需要全面认识、清醒判断和主动建设家庭核心价值，即家庭核心

---

① 孟宪范：《家庭：百年来的三次冲击及我们的选择》，《清华大学学报（哲学社会科学版）》2008年第3期。
② 〔美〕加里·斯坦利·贝克尔：《家庭论》，王献生、王宇译，商务印书馆，2005，第354页。
③ 孟宪范：《家庭：百年来的三次冲击及我们的选择》，《清华大学学报（哲学社会科学版）》2008年第3期。

价值自觉。为此，建设"孝道、关爱、民主、责任"①的核心价值成为现实需要，扬弃孝道的传统、经营关爱的摇篮、呵护情感的总开关、找到道义的金钥匙、倡导民主的基调、把握责任的命脉及恪守利他的遵循，家庭生活有孝心就会有感恩，有爱心就有奉献，有情感就有力量，守道义就出文明，讲民主就有合作，守利他就有共赢，进而以孝心、爱心、公德心来拱卫责任心，并发挥家庭核心价值的激励带动作用，"推动形成爱国爱家、相亲相爱、向上向善、共建共享的社会主义家庭文明新风尚"②。

（二）现代家庭改进生活以让责任担当有着落确保过日子的底线

家庭作为人们最基本的生活组织要有活力，现代家庭自组织正常才有正常生活。家庭自组织即在没有凭借外部指令的强制下，家人通过协商合作，消除分歧取得共识，解决冲突增进信任，相互默契地各尽其责，自行治理家庭事务，自动维系家庭生活良性运转。其中，家庭关系正常、信任合作、协调沟通、各尽其责是家庭自组织的基础。现代家庭自组织亟待更新：经济发展促进人格独立和民主平等，又出现同居共财的新难题；家庭小型化要求责任分工科学精细，但当下中国家政远未现代化；社会服务满足家庭多种需要，但家庭生活方式缺乏固本开新；生存个性折射出传统机制失灵，但新机制受困于家庭文化断层而多元；环境复杂给家庭生活提出新问题，又给家庭责任增添新内容。因此，改进家庭自组织才能有新生活。一是以情义守护现代家庭，现代人情感脆弱与婚姻家庭契约需要恪守承诺的矛盾突出，"家庭只有置于义务与禁律这一人工网的网眼上时，社会才允许家庭持续永存"③。化解代际关系危机，"孝亲敬老就是要从小处着眼，于细微处见真情"④；反思家庭关系的情理难调，夫义妇顺的婚姻责任，需要明白"婚姻不能听从结婚者的任性，相反，结婚者的任性应该服从婚姻的

---

① 漆仲明：《现代家庭核心价值研究》，《山东社会科学》2015 年第 2 期。
② 习近平：《习近平谈治国理政》第 2 卷，外文出版社，2017，第 356 页。
③ 〔法〕安德烈·比尔基埃等：《家庭史》，袁树仁等译，生活·读书·新知三联书店，1998，第 6—8 页。
④ 徐安琪、刘汶蓉、张亮、薛亚利：《转型期的中国家庭价值观研究》，上海社会科学院出版社，2013，第 246 页。

本质"①，家庭自组织的力量依靠情义理性，有情有义有规矩才能克服任性。二是现代家庭自组织无法替代但应改进方式，现代家庭自组织依靠家家庭信任、情通理顺、义利兼顾及民主法治等现代理性来维系，家庭关系民主平等、家庭事务沟通协调、家庭任务各尽其责及同居共财建立现代方式，家庭自组织生效就会有生活。

家庭有正常生活才能落实责任，家庭责任感和功能转换都要回归到家庭生活改进。一是家庭生活正常家庭责任才能有着落。家庭责任新变化固然要求生活更新内容方式，克服重物质经济轻精神文化，但问题关键还在于"夫妻之间需要高度的契合是为了要经营全面合作的生活"②，家庭生活才有内涵、有共识、有革新、有质量、有现代家园依托，现代人才会热爱家庭生活而主动尽责。二是现代家风以小见大才能促进家庭尽责。现代家庭生活内容丰富多样，其家政管理科学更是分门别类，但"家庭生活方式是家庭成员的共同生活中，逐步形成的较为稳定的生活模式，实际上就是人们常说的'家风'或'门风'"③，既然民族家风传统深厚悠久，那么抓住家风就抓住了家庭生活的根本，但现代家风建设讲求新视野、新内涵、新规律、新途径，只有厚植以小见大的家风才能建设小中有大的家庭生活，这就是克服"小家子气"，最终担负起养老育幼、相夫教子的根本所在。三是平衡个人的家庭责任与社会参与。当代中国，几乎每个人的前面既有无限希望，又有无限危机；每个人都想成为天下第一，又都没有稳定感、安全感和满足感；每个人都忙碌于收获，又因工作压力而怨声载道；每个人都主张独立自由，又陷入深深"孤离"、因生活不稳定而"四海为家"——就像是被搅拌机在不停搅拌的沙粒，让人自叹无处安身立命。可见体制改革下单位人变为社会人，家庭责任与社会责任不再绝对矛盾，而是相辅相成地相互成全，家庭作为人之生存的第一责任主体，应该避免"树欲静而风不止，子欲养而亲不待"等自责叹息。四是家庭生活守底线才能正常过日子，面对夫妻情感破裂、养老不孝、教子不化、单亲家庭、组合家庭，特别是鳏寡孤独等，国家社会力量必须重点及时介入帮扶，针对困局具体

---

① 马克思、恩格斯：《马克思恩格斯全集》第 4 卷，人民出版社，1995，第 347 页。
② 费孝通：《乡土中国　生育制度　乡土重建》，商务印书馆，2011，第 193 页。
③ 赵忠心：《家庭教育——教育子女的科学与艺术》，人民教育出版社，2001，第 158 页。

所在构建政府和社会力量，构建落实责任主体，确保其家庭基本生活守底线，避免家庭失责成为社会问题的难点。

（三）国家和社会引导促进家庭功能完善构筑尽责能力的底气

国家和社会在完善家庭功能中需要发挥制度引导和调解督促职能，避免家庭责任简化变型为经济责任的无边界趋势。家庭作为人们最基本的社会组织，家庭责任需要物质经济供养功能与情感慰藉、精神关怀及文化教养功能并重，亟待家庭生活与社会生活、家庭养老与社会养老、家庭教育与学校教育衔接担当。因为"家庭关系不单包括今天内部的婚姻和血缘关系，思想、人伦、文化、心理和情感关系、经济关系等，而且还包括家庭和社会发生的复杂的人际交往关系"①。家庭物质生活派生的经济责任无疑是家庭责任的重要内容，"如果没有共同的财产关系、供养关系、夫妇关系和血缘伦理关系，也就无法维持；没有共同的生产和消费关系，也难以有共同的家庭生活"②。同居必有共财，现代家庭处处折射出经济的身影，就连家庭关系破裂往往也以经济方式来处理，但这只是不得已的补救手段。可是，家庭关系不仅是物质功利的，还有人伦道德、思想情感及精神文化等人文风化，家庭关系的本色注定了责任义务的分量，"父亲、子女、兄弟、姊妹等称谓，并不是简单的荣誉称号，而是一种负有完全确定的、异常笨重的相互义务的称呼"③，可见经济责任主要是以物质金钱为责任载体的付出部分，而不是家庭责任的全部。因此，如果说家庭责任随社会发展而变化，那么面对家务劳动经济上无酬、家庭生活是难分彼此的非市场行为，就要避免家庭责任简化为经济责任的无边界变型，以家人身心尽责来还原家庭责任的基本特质。这就要求国家制度和社会力量促进家庭功能完善，及时以法制、调解、教育及帮扶力量化解家庭矛盾，既需要"家庭立法制度应该在这方面有所侧重，倡导家庭成员之间的亲情陪伴，注重成员之间的团结协作，保障所有家庭成员的人格尊严"④，又要发挥村社和公亲

---

①② 毕诚：《中国古代家庭教育》，商务印书馆，1997，第 7 页。
③ 马克思、恩格斯：《马克思恩格斯选集》第 4 卷，人民出版社，1972，第 24 页。
④ 李桂梅、张翠莲：《基于正义视域的儒家家庭伦理创新性发展》，《伦理学术》2018 年第 1 期。

的调解督促，避免家务事纠纷因"家丑不外扬"的老观念而连锁反应、家庭责任难题成为家庭矛盾的导火索而恶性循环。

家庭责任也是社会责任，家庭功能转化完善与社会进步要求及家庭社会工作状况有关。一是国家家庭政策宏观规划及科学实施是完善家庭功能的导向力和原动力。国家、社会与家庭应在有效的制度安排下协调行动，提供政策导向与制度机制保障，落实注重家庭、家风、家教倡导培植家庭责任合力，家庭功能建设应纳入单位村社等国家基层治理体系建设，结合社会治理创新对家庭责任作出安排；纠正家庭责任制度化始终处在失语失策的状态，现代家庭管不了的，国家和社会就要协调力量管理治理，如借鉴唐朝"给侍制度"[①]和国外社区的经验综合创新，建立特殊特困家庭、社会化养老服务及家庭矛盾及时处理等综合服务网络，化解妇女生育、子女教养、老有所依等突出问题。新颁布的《中共中央 国务院关于优化生育政策促进人口长期均衡发展的决定》《中华人民共和国家庭教育促进法》《中共中央 国务院关于加强新时代老龄工作的意见》，就是完善家庭生育、教养功能、家庭养老功能的重大改进突破。二是以当代家庭巨变和生活需要为参照系转化家庭功能。家庭核心结构从"血亲主位"变为"婚姻主位"，家庭外围结构从"父子轴心"到"夫妻轴心"变化，需要协同家庭结构变迁完善内部自组织功能，优化代际关系的孝道关爱、婚姻关系的忠义情怀；家庭首要功能从"生育合作社"变为"社会人的摇篮"，家庭功能应兼顾抚养赡养与文化教养及子女社会化；家庭基础功能从"社会生产单位"变为"生活消费单位"，家庭功能应从物质生产向经济消费转化；家庭派生功能从"经济政治共同体"变为"心理文化共同体"，家庭功能应从物质供养向情感交流及精神关怀转化[②]。最终，贯通家庭价值自觉、家庭生活改进来完善家庭自组织功能这一家庭首要功能，以此驱动家庭责任感责任心，激活家庭主体功能，更新同居共财的生产消费功能、相依为命的抚养赡养功能、相濡以沫的情感交流功能、情义生成的休闲娱乐功能、先入为主的文化教养功能。三是配套建设中国特色的家庭社会工作来具体统筹协调服务完善家庭功能，对夫妻失和家庭、代际冲突家庭、特殊特困家庭、亲子

---

① 李锦绣：《唐代制度史略论稿》，中国政法大学出版社，1998，第357—364页。
② 参见丁文、徐泰玲：《当代中国家庭巨变》，山东大学出版社，2001。

关系障碍家庭、有问题少年家庭、身心障碍家庭，需要组织协调政府与人民团体相结合、专业性与群众性相结合、专业人员与组织相结合，以综合性服务指帮助求助的家庭发展，并运用自身及社会资源，增强家庭日常功能，改善家庭关系、改进家庭生活和解决家庭问题。可见当下中国就养老育幼、夫妻情感、文化教养及睦邻乐群等重点，急需村社和社区因地制宜地介入，引导帮扶家庭功能完善。因为，"社会关系，狭义地说来，只发生那种相互能推己及人的人间"①。

综上可见，在开启全面建设社会主义现代化国家新征程的宏大视域下，家庭是一个细小而又基本的因子，有着内在的责任机理与担当机制，承载着独特的生活功能与社会使命，"家庭是一个伦理实体，需要由责任和义务来维系。责任的完成依仗于个体情感、理智和社会制度等条件"②。应对家庭责任新变化新问题需要内外联动，家庭内部需要从家庭责任感、生活自组织和功能转化这三维建设形成贯通合力；家庭外部则要从家庭价值激励、家庭生活底线、家庭功能开发、制度服务跟进及家庭社会工作对接等方面着手联动。现代人应该有社会担当也要家庭尽责，两者在责任感上不但不矛盾，反而高度一致相互成全，因为自古"天下之本在国，国之本在家，家之本在身"③，今天社会现代化根系家庭现代化及人之现代化，家庭建设文明紧紧支撑着社会和谐进步及人之文明修身，社会成功转型需要家庭文明和谐来巩固。中国革命使国人从封建家庭的愚昧落后中解放，改革开放让千家万户脱贫致富，今天从小康之家乘势而上迈向现代化，需要与时偕行地明德尽责有担当，这于家于国于人，既是一个事关千千万万个家庭日常生活维系的小问题，更是一个作为社会细胞有生命力而成就现代安家立人的大事情，自然是民族现代化新征程的关键领域与重要支撑。

【执行编辑：夏晨朗】

---

① 费孝通：《乡土中国　生育制度　乡土重建》，商务印书馆，2011，第 193 页。
② 李桂梅、郑自立：《当代中国乡村家庭伦理的变迁》，《伦理研究》2017 年第 6 期。
③ 《孟子·离娄上》。

浅论家庭的现代演变与启示

骆月明*

【摘　要】 在现代哲学中其实很难为家庭找到标准规定，随着现代化的时代浪潮对中国家庭精神纽带和伦理道德产生的冲击，家庭的稳定对社会秩序来说仍具价值。而学界研究较多的是家庭的外部形态或家庭的内在样式，鲜少探讨现代家庭的哲学内涵，尤其欠缺技术哲学的视角。揭示现代家庭形成与发展的几个重要维度，新增技术视角来研究家庭，这对丰富哲学社会科学具有重要意义。

【关键词】 家庭；契约；物化；斯蒂格勒；霍奈特

2019年，北京某妇产医院遭到一名单身女性对争取冻卵事宜的起诉，2021年再次开庭时该女子称还未收到法院宣判结果。2020年，第十三届全国人大三次会议表决通过了《中华人民共和国民法典》，该法典由包括婚姻家庭编等七编构成，其中在婚姻家庭编中就设置了离婚冷静期制度等条例。2021年全国"两会"期间，国家卫健委在官方网站公开了2020年"两会"期间的关于"允许具备医学指征的未婚女性保存生育力"等相关提案的答复函，指出目前单身女性冻卵不符合我国有关法律规定。2022年全国"两会"期间，有人在提案中表示，对单身大龄女性或暂时找不到适合结婚对

---

* 骆月明，同济大学人文学院哲学系博士研究生，主要研究方向为外国哲学。

象而主观意愿保存生育力的女性，应放开生育力保存。

事实上，中国是世界上最关注家庭人伦的民族之一，"有天地，然后有万物，有万物，然后有男女，有男女，然后有夫妇，有夫妇，然后有父子，有父子，然后有君臣"①。西方继承了亚里士多德对家庭的观念，"如果一个人未能生活于一个有良好法律的社会，他最好自己来履行提高他自己的孩子与朋友的德性的责任"②。自古以来，一定历史时间段、一定社会制度下和一定地区内的人们均无法摆脱家庭的作用。

"时代的现代化从本质上说是技术的现代化。"③ 现代化技术已经渗透到了生活的各个方面，现代家庭也不例外。西方较早进入现代化，因此在探讨家庭的哲学意蕴时引进西方的概念来反观我国现代家庭的发展势态仍大有裨益。本文首先从契约论、唯物史观、法哲学等角度概览现代家庭观的形成，然后从社会批判的视角简析物化家庭，进而用技术的视角反思现代家庭，以便学界就社会主义核心价值观等问题展开较为深入的探讨。

一　现代家庭观的演变

（一）社会契约论者的家庭观念

霍布斯把一切具有统治意味的权力视为人为的契约之结果，包括家庭中的父权。他认为家庭不是基于亲情构建起来的伦理式产物，而是基于个体构建起来的契约式关系。洛克认为夫妻之间首先是一种契约关系，男女之间是一种平等关系。他在霍布斯式契约论的基础上提出了理性和财产。卢梭在霍布斯和洛克之外提供了社会契约论的另一重要版本。卢梭非常重视家庭教育，他认为父母对孩子的教养具有不可推卸的责任。

康德认为婚姻作为家庭的基础是一种两性间的自然交往关系。两性结合，对于动物而言是一种自然本能，对于人而言则是一种法律关系。康德采取"物的方式的人身法权"来理解婚姻。"这些自由存在者通过交互影

---

① 李道平：《周易集解纂疏》，潘雨廷点校，中华书局，1994，第313页。
② 〔古希腊〕亚里士多德：《尼各马可伦理学》，廖申白译，商务印书馆，2003，第314页。
③ 〔法〕斯蒂格勒：《技术与时间1：爱比米修斯的过失》，裴程译，译林出版社，2012，第8页。

响，按照外在自由的原则构成由一个整体的诸成员组成的社会，这个整体就叫家庭共同体——这种状态以及在这种状态中的获得方式，既不是通过专横的行为，也不是通过纯然的契约，而是通过法则发生的。"① 康德认为婚姻是占有和享受对方的性器官。"如果一男一女愿意按照他们的性属性而彼此享受，那么他们就必须不可避免地结婚，这种必须是依据纯粹理性的法律而规定的。"②

（二）现代家庭的唯物史观基础

路易斯·亨利·摩尔根于1877年出版了《古代社会》（别名《人类从蒙昧时代经过野蛮时代到文明时代的发展过程的研究》），在《家族观念的发展》篇章中概述了不同婚姻制家庭的发展。马克思以摩尔根的研究为基础，在《摩尔根〈古代社会〉一书摘要》中调整了摩尔根著作的顺序，即原始社会生产力的发展—原始婚姻与家庭的发展—氏族的发展与解体—国家的产生。马克思的这种写作结构说明意识形态产生于物质条件，社会存在决定家庭观念、私有观念与政治观念。恩格斯批判性地继承了《古代社会》的研究成果，在《家庭、私有制和国家的起源》中进一步阐发了唯物史观。

摩尔根和恩格斯在家庭问题的理论研究方面做出了卓越贡献。摩尔根把五种家庭形式排列起来，揭示了家庭形式和亲属制度之间的关系，第一次勾勒出了人类的家庭发展史。恩格斯则在考察家庭发展规律及其客观经济条件的基础上，分析了家庭的起源、本质、内在矛盾以及未来家庭发展的根本趋势。

在摩尔根看来，财产观念的产生及财产继承权的问题，与一夫一妻制家庭的建立密切相关。"当财产开始大量产生和想把财产传给子女的愿望使世系由女性改变为男性下传时，父权制的真正基础才第一次确立起来。"③ 摩尔根的主要目的不是为了考察文明时期的社会制度，而是为了考察原始社会家庭的历史发展和氏族组织的基本特征，因此他并未涉足资产

---

① 〔德〕康德：《康德全集》第6卷，中国人民大学出版社，2007，第286页。
② 〔德〕康德：《康德全集》第6卷，中国人民大学出版社，2007，第287页。
③ 〔美〕L. H. 摩尔根：《古代社会》，杨东莼、马雍、马巨译，商务印书馆，1977，第387页。

阶级家庭及其本质，这一点不同于恩格斯。恩格斯以唯物史观为指导，把家庭当作一个历史的现象来考察。

恩格斯认为家庭起源于现实生活条件而非起源于人们的宗教观念，资本主义社会家庭的本质是以私有制为前提而建立起来的男人对女人的统治。一方面，文明社会的一夫一妻制根本不妨碍丈夫公开或秘密的多偶以及妇女的公开卖淫；另一方面，妻子的通奸变得不可避免。这种内在矛盾既是两性之间的对抗，也是社会阶级之间的对抗。

（三）法哲学的家庭释义

在《法哲学原理》意义下，婚姻是一夫一妻制的父母和子女组成的核心家庭（尽管这种家庭到了 17 世纪才出现，到了 18 世纪才通行）。黑格尔认为婚姻是具有法的意义的伦理性的爱。在我国，1912 年《中华民国临时约法》中明文规定中国实行一夫一妻制，因各种历史缘由终未能全面落实，直至 1950 年 5 月 1 日起施行《中华人民共和国婚姻法》，中国才真正彻底确立了一夫一妻制。

从表面上看，黑格尔的家庭、市民社会和国家与儒家的齐家、治国、平天下相似。实质上，《法哲学原理》中的伦理体系，其形态在前后关系上仍有辩证的逻辑线路，而儒家的伦理体系则是家—国含混难分。然而，两者均有致命内伤：前者拒绝接受社会契约论，后者没有产生契约论的条件。同时，两者均把个体消融于国家权力之中，前者认为"国家是伦理的现实"，个体只有在国家中才能获得"自己的实体的自由"[1]，后者在"忠孝不能两全"时，则必舍孝而尽忠。

道德伦理之"良知"在以性善论为前提的中国儒家那里占有重要地位，而在黑格尔那里，"良知是在同自身相处时最深层次的内心孤独，在这种孤独中一切外在的东西和限制统统消失了，彻头彻尾地返回到自己的内心中来……过去的感性时代有外在的东西和所与的东西摆在眼前，即宗教或者法"[2]。这种孤独的良知，在跨越了过去的外在权威之后立足于现代世界，因缺少对立面和规定性而消融为完全无力的东西，成为无内容的东西，成

---

[1] 〔德〕黑格尔：《法哲学原理》，范扬、张企泰译，商务印书馆，1995，第 253 页。
[2] 〔德〕黑格尔：《法哲学原理》，范扬、张企泰译，商务印书馆，1995，第 136 页。

为现代人的空虚①。为了摆脱这种空虚性，人们就想抓住某种结实的东西②。

二 霍奈特社会批判的物化家庭

霍奈特（Axel Honneth）作为法兰克福学派的社会批判理论的新一代继承人，以重新诠释黑格尔哲学的姿态，集中分析当代社会的"物化"问题。"从当代社会结构的先决条件中，构思一种自己的正义理论。"③ 霍奈特在《自由的权利》中把自由分为法定自由、道德自由和社会自由等不同类型。"家庭在人类历史上不是一个生物学恒定不变的常量；它的机制形态，总是在做着一种经常性的变化，这种变化导致它的核心职能，比如孩子的社会化。"④

霍奈特认为在黑格尔或施莱尔马赫意义上的家庭关系模式中，家庭被看作是实现社会自由的一个重要地点。"一个家庭成员的自由，应该在其他家庭成员的自由中得到确认和满足，因为家庭的机制化，也就是相互补充的角色义务起的作用是，女人作为母亲，她的情感需要可以在她的丈夫和孩子那里得到满足；男人作为父亲，以他的工作和收入，赢得妻子和孩子的敬佩，满足了他对公众威望的追求；而孩子最终在父母亲的关心和照顾下，成长为一个有独立性的个人，而这正是社会对他的期望。所有这一切都属于那种想象，都似乎实现我们自然的自由，只有通过满足角色义务互补性的方式，这种以理想形式虚构的市民阶层家庭形式的画面，影响了现代社会规范的自我形象至少有 150 年之多。"⑤

现代家庭的内部关系发生了结构变化：其一是原先教育和照顾孩子的职能被社会机构所取代，其二是妻子们设法进入劳动市场以期赢得公众认可和社会尊严。在承担家务和教养孩子方面，丈夫和妻子之间传统的依赖关系没有了滋生的土壤。在从父权制向平等的婚姻伙伴关系的结构变革中的

---

① 〔德〕黑格尔：《法哲学原理》，范扬、张企泰译，商务印书馆，1995，第 141 页。
② 〔德〕霍奈特：《不确定性之痛：黑格尔法哲学的再现实化》，王晓升译，华东师范大学出版社，2016，第 49 页。
③ 〔德〕霍奈特：《自由的权利》，王旭译，社会科学文献出版社，2013，第 12—13 页。
④ 〔德〕霍奈特：《自由的权利》，王旭译，社会科学文献出版社，2013，第 243 页。
⑤ 〔德〕霍奈特：《自由的权利》，王旭译，社会科学文献出版社，2013，第 245 页。

第一个结果是递增的离婚率，随后表现出的是现代家庭的脆弱性。在伙伴型家庭关系中，"男女相互都作为一个完整的人，在爱情的具体需求中相遇；随着时间的推延，如果有一人在其中感受不到爱了，原先的特殊情感也会随之消失，那么他也就会觉得自己在规范上有权利，不必去尽力完成其他家庭成员期待他承担的义务"①。

在霍奈特的"社会自由"理论中，"由于从孩子那里父母看到反射他们爱情的'客观物化性'，黑格尔和他的同时代人还能够直接把家庭想象为一种孩子生产的协定：因为孩子确实是父母的性统一的自然结果，孩子的身体形态给予他们当初的情感以一种终身可见的证明"②。然而，在现代伙伴型婚姻关系中，父母抚养长大的孩子未必是自己生物学意义上的孩子，孩子反射的是这种伙伴型父母双方的相互承认关系。霍奈特这里对黑格尔的家庭释义做了某种修正与补充。

如果说消融代沟并表现出一种解放在过去仅仅存在于想象之中，那么今天的现代家庭通过主体互动的自由形式来忘却和消除生物年龄的界限则已变成现实。"孩子在他们父母的晚年成了他们父母的'父母'，他们的行为象征着人的生命在社会性台阶上的轮回。"③这种孩子们把老人当作儿童来照顾的家庭模式，类似中国传统社会的"含饴弄孙""父慈子孝"。然而，受市场经济和城市人口流动及其他相关因素的影响，这种对前现代社会的乡愁式家庭生活有逐渐变成遥远的记忆之趋势。

三 对现代家庭的技术思考

在物化问题上，霍奈特对人们借用互联网进行交往的新方式是持怀疑态度的，这种怀疑态度遭到了不少学者的指责，指责他没有看到互联网扁平的联系方式和多维的交往途径，指责他没有看到互联网具有降低政治精英在公共空间之权力的重要性以及提升社会底层民众之自由的积极作用。斯蒂格勒作为走在技术前沿的学者之一，早已敏锐洞察到了技术这种高级

---

① 〔德〕霍奈特：《自由的权利》，王旭译，社会科学文献出版社，2013，第264页。
② 〔德〕霍奈特：《自由的权利》，王旭译，社会科学文献出版社，2013，第267页。
③ 〔德〕霍奈特：《自由的权利》，王旭译，社会科学文献出版社，2013，第272页。

知识的双面性。技术的力量之所以如此有效力，主要是因为它使整个知识工具能随之往前走。

新的技术时代的人类正在也必将加入网络和各类群组中，建立在共同领土上的集体性先前保存的、给人安全感的自然性已从这些网络和群组中丧失殆尽①。"虚拟空间"并不是一个有别于"现实空间"的另一种空间，而是世界自我投映所借助机制的拓展，它具有出众且前所未有的实效性，并促生了一个新的假想空间，既为"我们"打开了新的天地，也为谎言时代开启了新的大门：这是一种新的"电影"②。家庭是以婚姻为基础、以血缘为纽带的一种组织形式，事实上，网络也是一种组织形式，是交联着"什么"与"谁"的社会体系与技术体系相互较量的产物③。

"一切来自后自然状态的事物都可以被称作技术。"④ 斯蒂格勒独树一帜地把人性建立在技术上，认为"技术史同时也就是人类史"⑤。在人↔技术的双向延异中，技术发明人，人也发明技术。他的技术观点主要源于古生物学、历史学、民族学等领域积累的大量技术资料，尤其是吉尔、勒鲁瓦-古兰和西蒙栋分别建立的技术体系、技术趋势和技术具体化概念，其中技术体系的转换会定期地引起社会体系的动乱⑥。

斯蒂格勒认为，技术问题就是哲学问题。他在《自动化社会》论述了成立于2006年的基因测序公司23andMe，已经将高性能计算机技术应用到基因和表现遗传学的医学上了，并且在数字化技术方面投入巨资——某种明确的优生学目标⑦，这会对新一代家庭及其结构带来新影响。

---

① 〔法〕斯蒂格勒：《技术与时间2：迷失方向》，赵和平、印螺译，译林出版社，2010，第212页。
② 〔法〕斯蒂格勒：《技术与时间3：电影的时间》，方尔平译，译林出版社，2012，第183—184页。
③ 〔法〕斯蒂格勒：《技术与时间2：迷失方向》，赵和平、印螺译，译林出版社，2010，第165页。
④ 〔法〕斯蒂格勒：《技术与时间1：爱比米修斯的过失》，裴程译，译林出版社，2012，第144页。
⑤ 〔法〕斯蒂格勒：《技术与时间1：爱比米修斯的过失》，裴程译，译林出版社，2012，第147页。
⑥ 〔法〕斯蒂格勒：《技术与时间1：爱比米修斯的过失》，裴程译，译林出版社，2012，第354页。
⑦ Bernard Stiegler, *Automatic Society*, *Volume 1: The Future of Work*, Polity Press, 2016, p. 253.

我国传统家庭自新文化运动以来便屡遭批判与诟病，这里有其积极进步的一面，也有由市场经济催生出来的个体自由在多个方面的消极表现，比如，精神上的孤独空寂、群体上的难以认同、价值取向上的虚无主义、文化观念上的相对主义等。换言之，技术革新也带来了各种生态危机、精神困境和道德缺失等问题。对于成熟的现代社会，关键在于能够确立其中的积极作用并摒弃消极后果。

在宗教教义看来，家庭养育孩子无价，这必须有别于市场中的有价。我国《宪法》第49条规定："夫妻双方有实行计划生育的义务。"《妇女权益保障法》第51条规定："妇女有按照国家有关规定生育子女的权利。"《人口与计划生育法》第17条规定："公民有生育的权利。"2001年出台、2003年修订的《人类辅助生殖技术规范》第13条规定："禁止给不符合国家人口和计划生育法规和条例规定的夫妇和单身妇女实施人类辅助生殖技术。"

尽管霍耐特和斯蒂格勒那些罅隙的理论设计中含有不少低级错误，且在相关理论的辨析上表现出了理论判断力的不足，但两位思考者，尤其是斯蒂格勒对技术的思考亦有其深刻之处。斯蒂格勒关于技术的思考能有效切入现代家庭，而对于家庭问题，哲学从来没有现成的标准，哲学的反思也从来没有停止过，我们所追问的对象在哲学思潮的历史流变中应该允许有不同角度的解答。

四　结　语

美国维克森林再生医学研究所（WFIRM）长期致力于用3D打印、组织工程等技术制造各种器官，多年来先后发明了人造膀胱、人造阴道和尿道。2020年6月29日又在《自然·生物技术》（*Nature Biotechnology*）发表文章宣布使用生物工程技术修复的"人造子宫"让兔子产下了存活后代。他们希望这种技术最终能够取代子宫移植手术，让患有子宫功能性障碍的女性有机会孕育后代。人造子宫虽然在应用层面会解决实际问题，但在伦理层面必将面临伦理争议。

我国有关法律文件尚未明确肯定或否定单身女性的生育权，因此受传统价值和公序良俗等观念影响，近年来我国法律层面对单身女性实施辅助生殖技术仍有所限制。"冷冻卵子"等技术成为国内外单身女性的关注点和需求点。对支持者来说，冻卵既是技术，更是进步的象征——让女性拥有人为暂停生物钟的能力，让女性在面对岁月与自然法则时能摆脱焦虑。对于反对者来说，冻卵既是科技对女性生育的解放，更是逆自然法则的表现，且冻卵技术的未知性仍待质疑与验证。

人造子宫、冷冻卵子等技术可能会让女性拥有选择权，即便这些技术目前仍不如想象中的那般万能，但是随着技术的发展、观念的转变，尤其是巨大资本市场利益的推动，这些应用技术前景势必会成熟起来，同时带来各种伦理争议，彼时家庭又该以何种意义构建？生殖技术的代孕或冻卵等对家庭人伦造成冲击，其他各种现代技术对家庭模式和家庭意义亦产生影响。

诚如斯蒂格勒所言："时代的现代化从本质上说是技术的现代化。"[1] 现代化是时代发展的核心要义。现代家庭如何不受现代化的影响？技术的现代化又如何不影响着现代家庭？现代家庭的现代意义就在于寻找到现代技术的现代哲学意蕴。对家庭的技术追问是否能为深渊中的问题指引道路，需另辟文字予以论述。

【执行编辑：刘　冰】

---

[1] 〔法〕斯蒂格勒:《技术与时间1:爱比米修斯的过失》，裴程译，译林出版社，2012，第8页。

道德属性与第二性

——简论麦克道威尔对唯科学论的反思

袁褚*

【摘　要】　道德属性的实在与否，是元伦理学讨论中的重要话题。新休谟主义伦理学认为，自然科学的研究给予我们一些实在论标准。据此标准，道德属性并不是客观存在的属性，而是人的情感或态度的投射物。新休谟主义往往通过类比颜色等第二性的策略来达到其论证目的。与此针锋相对，麦克道威尔认为，自然科学在哲学研究中并不拥有权威性，我们应该避免陷入唯科学论。本文将首先以麦凯为代表，阐述新休谟主义伦理学的基本观点和实在论标准，然后介绍麦克道威尔对麦凯唯科学论的批评，最后指出麦克道威尔对唯科学论的指责以及这一指责本身的意义和局限。

【关键词】　道德属性；道德实在论；麦克道威尔；唯科学论

道德属性及其事实是不是世界的一部分？道德实在论者认为，如同自然科学的研究对象（自然属性）是世界的一部分，道德属性也是真实世界的一部分。进一步地，道德断言适合依据真假来评价，或者说是适真的（truth-apt）。然而，道德实在论者的观点并不被新休谟主义的伦理学家认

---

*　袁褚，上海大学马克思主义学院哲学系硕士研究生，主要研究方向为外国哲学。

同。新休谟主义伦理学的代表人物包括情感主义者艾耶尔（A. J. Ayer）、约翰·麦凯（J. L. Mackie）和西蒙·布莱克本（Simon Blackburn）等人，这些理论家从不同的角度质疑了道德实在论，例如非认知主义者艾耶尔质疑道德判断的适真性，认为道德判断并非表达信念，而是表达非认知性的情感和态度。麦凯的错论（error theory）则认为，尽管道德判断是适真的，但是由于不存在道德属性，所以道德判断都是假的。毋庸置疑，新休谟主义伦理学极大地受到休谟思想的影响。休谟认为，我们的世界包括两部分：一部分是真实存在的客体，另一部分则是心灵借用内在情感的色彩对自然对象的"装点"或者"涂抹"。由此，后一部分并不是客观存在的，而是以一种新的形式出现的心灵的创造物①。与休谟划分的两个部分相对，新休谟主义伦理学共享两个理论信条。第一，他们认为，自然科学包括心理学能达到对世界的完备描述，因此只有自然科学包括心理学的研究对象（自然属性）是客观存在的。第二，当人们用好和坏、舒适、恶心等评价谓词来描述客体时，只是心灵在客体上的"涂抹"。道德属性并非客观存在，而是心灵投射的产物。新休谟主义伦理学在攻击道德实在论的观点时，常采用的策略是将道德属性类比第二性（颜色、口味、气味等），麦凯的错论是运用这一策略的典型。

一　麦凯对道德属性及实在论的质疑

麦凯分析了日常的道德话语体系。在麦凯看来，日常的道德话语确实指向一种客观存在的道德属性。"对道德术语之含义的任何分析，如果忽略了这一客观的、固有的规定性主张，则都是不完整的。"② 麦凯认为，日常理解中的道德属性和价值包含两个不可或缺的特征：一是客观的，二是规定的（prescriptive）。首先，道德属性的客观性意味着道德判断绝不等同于主观的偏好、评价、推荐和赞赏的态度。举例来说，我们在道德上真诚地断言，为了娱乐而虐待动物的行为是恶的。此断言不能等同于某种偏好，即厌恶或者难以接受虐待动物不能等同于厌恶或者不接受某种口味的冰激凌。

---

① 〔英〕休谟：《道德原则研究》，曾晓平译，商务印书馆，2001，第146页。
② 〔澳〕约翰·麦凯：《伦理学：发明对与错》，丁三东译，上海译文出版社，2007，第24页。

厌恶某种口味的冰激凌只是个人的偏好和态度，这种偏好和态度具有极强的主观性，并不具有客观价值。与此相反，道德断言所表达的是一个客观真理，它独立于每个人的偏好和态度。无论个人是否接受，虐待动物这件事情本身就是错误的。道德属性的客观性还意味着存在客观的道德真理，道德判断因指向道德真理具有真值。其次，道德判断还具有规定性，即道德判断能够无条件地指引或者约束人的行为。道德判断具有一种权威性，一旦我们意识到道德真理，就会无条件地去按照道德真理的要求行动。对此，麦凯援引了康德的定言命令来说明，"一个定言命令将表达行为的一个理由，这个理由在并不视行为者任何当前的欲求而定的意义上是无条件的"①。定言命令之所以是定言的，即是道德真理对人的影响并不依赖人的任何特定的欲望，否则便是假言命令。

根据麦凯的观点，日常的道德判断指向了客观的和规定性的道德真理；换言之，在日常的道德话语的理解中，道德真理和客观价值是世界构造的一部分。当我们进行道德思考和做出道德判断时，我们是在谈论真实世界构造中的某一部分并对之做出回应。我们可以把麦凯的观点简化为如下的命题。

价值命题1：在日常道德话语的理解中，存在着客观的和规定的道德属性。

但是，悖谬的是，麦凯马上就否证了这个命题。麦凯认为，无论对道德话语进行多么精确的概念分析都不可能解决道德属性的存在论问题。"善是什么这个问题不能通过发现'善'这个词是什么含义或人们在习惯上是怎么说、怎么做的而得到最终彻底的解决。"② 他的言下之意是，尽管日常的道德断言确实指向了客观的道德真理，但道德真理存在与否，还是要由自然科学提供的实在论标准来决定。对此，麦凯类比第二性来论证上述观点的合理性。在麦凯看来，与对日常的道德理解类似，在日常话语对颜色的理解中，我们倾向于将颜色作为客观存在的属性而把颜色归属于物体自身。例如，那张桌子是红色的。这个日常的知觉论断把红色这种属性归属于桌子，但是，自然科学对颜色现象的分析却与此相反。

---

① 〔澳〕约翰·麦凯：《伦理学：发明对与错》，丁三东译，上海译文出版社，2007，第18页。
② 〔澳〕约翰·麦凯：《伦理学：发明对与错》，丁三东译，上海译文出版社，2007，第7页。

从哲学上而言，洛克在《人类理解论》中区分了第一性（primary qualities）和第二性（secondary qualities）。洛克认为，第一性诸如形状、广延、运动和静止、数目是物体真正拥有的性质。第二性诸如颜色、声音和味道等并非物体本身所具有的属性，它们是第一性作用于我们的感官所产生的。桌子的红色是桌子表面的微粒运动反射特定频率的光造成的视觉现象，桌子并不具有红色这种属性。在这个意义上，第二性并不是物体自身的客观存在的属性。与此有关，在科学地解释颜色现象时，如果人们仅仅通过第一性就足以解释清楚，那么完全没有必要假定颜色属性的存在。麦凯给出的理由是"物理学的考虑表明，并没有好的理由假定这样一些特征，即类似于我们第二性观念的绝对客观（thoroughly objective）特征"①。因此，关于颜色属性的说明必须由自然科学的研究来决定，而日常话语对颜色概念无论怎样加以分析，都不可能给出一个关于颜色地位的正确的说明。对此，麦凯的论点可总结为如下命题。

颜色命题：在日常话语的颜色理解中，存在着绝对客观的颜色属性。但是在自然科学的最佳解释中，并不存在客观的颜色属性。因此日常的颜色属性概念就是一种投射错误（project error）。

这个命题表明，颜色属性如果不出现于自然科学对颜色现象的最佳解释中，就没有必要假定颜色属性的存在。进一步地，麦凯还将道德属性与第二性建立关联。由于第二性没有与之相应的原型而不具有实在性，与颜色属性类似的道德属性也相应地无法与第一性相提并论，它也就无法获得自然科学的最佳解释，而道德属性一旦不出现在自然科学的最佳解释中，事实上也就不存在客观的道德属性。因此，日常道德话语理解中客观存在的道德属性将同样是一种投射错误。

价值命题2：依据自然科学提供的实在论标准，并不存在客观的和规定性的道德属性。

为此，麦凯提出了怪异性论证（queer）来支持价值命题2。麦凯指出，从本体论上来说，"假如存在着客观的价值，那么它们将是一类非常奇怪的实体、性质或者关系，这些东西完全不同于宇宙中的任何其他东西。"② 具

---

① J. L. Mackie, *Problems from Locke*, Oxford University, 1976, p. 18.
② 〔澳〕约翰·麦凯：《伦理学：发明对与错》，丁三东译，上海译文出版社，2007，第27页。

体而言，按照价值命题1，道德价值是客观的和规定性的。如果道德事实是具有规定性的客观事实，即无条件地给予人以行动理由的一种实体，那么道德事实就不能是自然事实。自然事实并不能无条件地给予人以行动理由。试想如下自然事实——这里有一张桌子，即便我真诚地报告了这个事实，但是这并没有给予我以任何理由去做出任何行动。关于欲望的自然事实则不然，比如我现在感到饥饿，那么，这个自然事实也许会给予我去填饱肚子一个理由。但是，欲望给予理由的方式并不像道德事实所要求的那样绝对必然，欲望驱动人的行为往往带有偶然性。举例来说，即便我现在感到饥饿，我可以马上去寻找食物填饱肚子，但是我也可以因为有重要的工作需要完成，所以我不选择去填饱肚子。因此，世界上没有自然事实可以无条件地给予行动以理由，这就构成了麦凯所说的怪异性的本体论条件：道德事实的特征与自然事实（自然科学的研究对象）相冲突。

其次，从认识论上来说，"假如我们意识到它们，那么这得要通过某种特别的道德知觉或直觉的能力，它完全不同于我们认识其他事物的通常方式"①。如果道德真理完全不同于自然科学的研究对象，那么道德真理如何能被人认识到呢？有一些道德实在论者诉诸直觉来解决认识论问题。但是诉诸直觉的观点广受诟病，直觉是一种非常神秘的官能，与自然科学所允许的认识论相冲突。麦凯认为，由怪异性论证出发，就可以得出价值命题2。

综合来看麦凯关于道德属性的两个命题。

价值命题：在日常道德话语的理解中，存在着客观的和规定的道德属性。但是，根据自然科学的实在论标准，并不存在客观的和规定性的道德属性。日常理解中的道德属性和价值就是一种投射错误。基于此，麦凯的错论指出，道德判断是适真的，但是由于不存在道德属性，所以道德判断都是假的。例如，某人断言"当今法国国王是秃子"。首先这个论断是适真的，可以为真为假。其次，由于当今的法国没有国王，所以这个论断是假的。类似地，关于道德属性存在的基本判断都是假的。因此，日常理解的道德话语使我们的思考陷入彻底的错误之中。实际上，日常理解中道德属

---

① 〔澳〕约翰·麦凯：《伦理学：发明对与错》，丁三东译，上海译文出版社，2007，第27页。

性貌似的实在性是心灵情感和态度投射的产物。"比如说,如果一种真菌令我们厌恶,那么我们可能会倾向于把肮脏(foulness)这种非自然的性质归于真菌自身。"①

在麦凯的理解中,自然科学的研究提供了我们关于世界的最好的理论。因此对于某一具体属性的存在与否,关键在于该属性是否在自然科学的理论中占据一席之地。但是,问题在于,自然科学的理解能否构成一个普适的标准,能否仅仅因为道德属性是怪异的而由此否认道德属性的存在?具体而言,在数学哲学中有实在论和反实在论的争论,难道我们可以通过指出数学对象的实在是"怪异的"就否定数学哲学中的实在论吗?显然,不同领域的研究对象的实在性应当是取决于该领域的具体研究。在先于特定领域的具体研究之前,根据外在标准否定对象实在性的做法是不合适的。麦克道威尔敏锐地意识到麦凯论证的缺陷,并且同样类比第二性来从正面说明道德属性的地位。

二 麦克道威尔的批评

麦凯认为,一方面,日常话语理解中的颜色一定指向"绝对客观"的属性,但是,另一方面,自然科学对颜色现象的解释并不需要颜色等客观属性,他以此否定了日常经验的理解。他主张,关于颜色属性的讨论进一步启示我们,道德属性同样是一种投射错误。针对麦凯的类比和相关论证,麦克道威尔提出了一个相应的反驳:麦克道威尔认为,麦凯关于颜色属性的观点是错误的,麦凯对道德属性的解释也是有问题的。

麦克道威尔认为,首先,麦凯错误地解读了日常话语理解中的颜色。麦凯的错误之处在于,麦凯的"绝对客观"是一种非常狭隘的本体论标准,正是由于这种对"客观"的狭隘理解,麦凯无法真正理解并接受颜色和道德属性的客观存在。麦凯意义上的"绝对客观"的属性指在不依赖人的知觉能力的情况下仍然可以得到定义的属性。洛克划分的第一性符合麦凯"绝对客观"的标准。以形状为例,试想一个正方形的定义,即正方形是指

---

① 〔澳〕约翰·麦凯:《伦理学:发明对与错》,丁三东译,上海译文出版社,2007,第32页。

四条边都相等并且四个角都是直角的四边形。对正方形的定义并不需要预设人的知觉能力，所以第一性的"绝对客观"可以在脱离主体知觉能力的情况下得到定义。然而，在麦凯看来，对颜色等属性的定义上并不能脱离人的知觉能力，因此颜色等第二性并非事物的"绝对客观"属性，而是心灵投射的产物。

麦克道威尔则认为："毫无疑问，一个给定的东西的红色是基于其表面的微观纹理性质，但是一个仅仅以这些术语来理解的谓词——不根据对象看上去怎样——不会是一个红色的第二性的归属。"① 与麦凯不同，麦克道威尔认为，仅仅从物理学上解释颜色现象并不是颜色属性的真正归属，颜色属性的存在与否要根据颜色经验的现象来考虑。在颜色经验中，观察者感知到颜色的确是客观存在的。日常理解中的颜色，没有任何误导性的地方。在麦克道威尔看来，颜色属性是客观的，但是并非麦凯理解意义上的"绝对客观"。

进而，麦克道威尔对颜色属性下了一个定义，在他看来，颜色等第二性是一些倾向性（dispositional）属性，比如，红色是正常的观察者在正常的感知条件下倾向于看成红色的那种属性。关于倾向性属性，它的要点在于对诸如颜色这些属性的定义不能脱离某些知觉现象，然而这并不意味着颜色不是客观存在的属性。由此可见，麦克道威尔与麦凯在对"客观"一词的理解上有所不同。在麦凯看来，绝对客观乃是完全独立于人的知觉能力而客观存在的属性，这些属性是自然科学的研究对象。而麦克道威尔则摆脱了麦凯对客观性的狭隘理解，麦克道威尔提出的倾向性属性丰富了客观概念的内涵，在他看来，颜色属性作为倾向性属性虽然与主体的知觉能力相关，但仍然是客观的属性。在这里，与麦凯的错论相比较，麦克道威尔提出用倾向性属性来定义和解释颜色，这更符合日常现象的直觉。

麦克道威尔指出，既然扩展后的客观性能给予颜色经验一个恰当的说明，那么扩展的客观性将同样为价值和道德真理的客观性提供说明。因为道德属性和颜色属性具有一些共同点，比如，两者都是反应依赖的

---

① John McDowell, *Mind Value and Reality*, Harvard University Press, 2002, p. 134.

(response-dependence)，即必须根据它们所引起或造成主体的反应来理解。不过，颜色属性造成主体的知觉经验，而道德真理则给予主体以理由而引发行动。麦克道威尔肯定道德属性和颜色属性的客观地位，这种理解有助于充分解释道德现象和颜色经验。

其次，在道德现象上，麦克道威尔反对用投射模型解释道德经验。投射模型否认道德属性的实在性，而将道德属性的解释完全抛入主观标准中，即认为客观的道德属性不过是人的某些反应的投射。必须承认，麦凯的投射模型在解释某些案例时是十分出色的。比如，在日常话语中，当我们报告"某种真菌非常肮脏"，我们会将"肮脏"这种属性归属给真菌。但是按照麦凯的解释，肮脏属性并不是真菌本身所具有的，而是人们把自己的反应投射于真菌上。但是，在麦克道威尔看来，道德谓词或者评价谓词不适合通过投射模型说明。比如，在一个幽默的案例中，我们认为某件事情是令人感到愉悦（amusement）的。依据投射模型，真正让人们感到愉悦的仅仅是人们将自己的反应投射在事情上面，而在真正的世界中并不包含任何愉悦性这样的属性。这样的解释不会令人奇怪吗？如果令人高兴的东西是我们的投射形成的，那我们怎么能感到愉悦呢？反之，如果赋予愉悦性以实在的特征，那么就可以证明做出发笑的反应是正当的（merit），因为那件事情确实是令人愉悦的。如此，实在性特征能够为我的反应提供辩护（validate）。对此，麦克道威尔认为，存在客观价值的解读更加有利于促进人类的自我理解。

最后，麦克道威尔还指出，麦凯错误的根源在于一种唯科学论（scientism）的盲目信仰。新休谟主义伦理学潜在地假定，自然科学在关于真理的哲学反思中具有一种基础地位。而且，除了自然科学所研究的属性和事实，不可能存在其他种类的属性和事实。与此相反，麦克道威尔阐述了他对实在论标准的看法。"正确的实在论测试不是该属性是否在某些被支持的解释中完成了自己的工作，而是解释者能否一致否认其实在。"[1] 因此麦克道威尔并不认为自然科学的理论可以提供一个放之四海而皆准的实在论标准。在某个属性是否实在的问题上，既要考虑到该属性自然的物理发

---

[1] John McDowell, *Mind Value and Reality*, Harvard University Press, 2002, p. 142.

生过程，又要慎重对待人们的对该属性的日常经验和感知。

三 麦克道威尔对唯科学论的指责

在对麦凯的伦理学作出批评的同时，麦克道威尔进一步对麦凯的理论基础作出了批判性的反思。麦克道威尔指出，新休谟主义的伦理学存在一个根深蒂固的观念，即认为自然科学的理论提供了何物存在的实在论标准，这些标准在伦理学的研究中同样具有权威性。这种根深蒂固的观念实际上源自对自然科学方法论的不合理构想，比如新休谟主义的唯科学论的世界观在伯纳德·威廉姆斯的《笛卡儿：纯粹研究的规划》中得到了集中的体现。

与麦凯不同，威廉姆斯并不认为第二性是一种投射错误。但是，他认为，在一个好的理论中，第二性仍然是要被消除的。威廉姆斯的理由是，与特定的主体经验相关的属性在一个完备的知识体系中是要被消除的，因为与特定主体经验相关的知识都是一种局部的（local）和狭隘的知识，而不是真正客观的知识，真正的知识是不包含特定人类经验的概念构成的，自然科学真正研究的是世界本身，而不是世界看上去是怎样的问题。换言之，威廉姆斯认为，真正的知识的进步必须要不断地消除主体经验和概念的影响，走出人类构造的特殊性，从而实现绝对的知识。"我们认为，有一个关于实在的概念，能够矫正特殊的情况和其他不同观察者的特殊性，并且这种思想最终导致一个世界概念，这个世界独立于任何观察者的特殊性。"[1] 对威廉姆斯而言，达到客观世界的绝对知识的唯一途径就是自然科学的方法。科学研究本身是一种纯粹的研究方法，没有被人的相对性和狭隘所污染。科学方法是人们认识实在的唯一合法途径，这种方法帮助我们真正认识到事物自身。

在麦克道威尔看来，威廉姆斯的观点是对自然科学方法论的不合理构想，这种不合理表现在两个方面：一方面，在自然科学的发展历史中，并不是所有时期的自然科学理论都可以总结出统一的方法论标准。另一方面，

---

[1] Bernard Williams, *Descartes: The Project of Pure Enquiry*, Routledge Press, 2005, p. 226.

如果科学发展是不断消除认识中的主观性，最后达到绝对客观的过程，那么，事实上，我们很难设想，自然科学理论的发展是朝着如此特定的目标前进的。

具体而言，麦克道威尔指出，首先，自然科学方法本身是在历史中不断发展变化的，特定历史时期的自然科学受到当时特定文化的影响，因此很难总结出适用于所有时期的一致的科学方法论标准。由此，如果自然主义者给出特别详细的标准来刻画自然科学的方法，就难免遗漏某些时期的科学理论的特征，从而失去客观性。如果自然主义者以特别概括的方式来刻画自然科学的方法，那么这种刻画就会流于空洞而缺乏实质内容。正如库恩用"革命"来刻画自然科学方法论的巨大差异，事实上，我们很难想象自然主义者如何得出统一的科学方法论标准。此外，退一步讲，即便我们可以假设自然主义者总结出了一套相对确定的标准，那这些标准为何在不同领域（如伦理学或者数学哲学）中也具有权威性呢？

其次，自现代以来，自然科学的发展深刻地改变了世界，也改变了人类的生活，与此相关，在思想和理论领域，自然科学及其思维也扩张了其主导地位。在麦克道威尔看来，自然科学思想的盲目扩张实际上就是一种唯科学论的偏见，这种偏见理应引起人们的深刻反思。显然，唯科学论在自然科学的范围内获得了形而上的使用。不仅如此，唯科学论的运用范围还扩展到了伦理学等领域，而且，自然科学在伦理学中的扩展方式多种多样，比如，有的学者认为，道德属性的实在性取决于它能否在经验的因果解释中出现，有的学者论证的依据以是否符合自然科学的理论来说明……无论如何，这些理论的前提中已经暗含了道德属性是非实在的。因此在这些前提下，论证是乞题的（beg question）。正如麦克道威尔分析的，我们一旦假定这一点，即所有与世界发生的关系都必须在自然科学所提供的框架中分析，那么，道德属性的出路不可避免地就只有以下两条：道德属性要么属于这个认知框架，要么不属于这个认知框架。如果道德属性属于这个认知框架，这又不可避免地意味着要把道德属性还原为自然属性。而如果道德属性不属于这个认知框架，也即是说道德属性要么是非实在的幻象，要么是非认识的情感或者态度。

可以说，麦克道威尔对唯科学论的批评推进了元伦理学讨论的进程，不仅如此，麦克道威尔所主张的倾向论为理解道德实在开辟了可供借鉴的方向。但是，另一方面，麦克道威尔对唯科学论的指责仍存在一定的局限性，即它只能反驳实质自然主义，而不能反驳方法自然主义。实质自然主义认为世界只包含自然属性，所有值得认识和讨论的东西都属于科学理论。因此实质自然主义伦理学是乞题的。在后天的探究之前，实质自然主义凭借科学的某种实在论标准先天地排除掉了非自然的道德属性。麦凯的错论就是一种实质自然主义的典型。

自然主义者能否避免潜在的唯科学论的预设，从而消解麦克道威尔的指责？这显然是可能的，雷尔顿的方法自然主义伦理学就并不先天预设任何自然科学的标准。方法自然主义采用后天的解释方法来说明伦理学领域内的人类实践，它虽然承诺借助于自然科学和社会科学研究中经验的方法来研究伦理学，但是并不先天地承诺道德属性就是自然属性，一切都取决于后天的研究。因此，先天地断言道德属性是自然属性或是非自然属性都是不合理的。总之，对唯科学论的指责仅仅能驳斥预设自然科学本体论标准的实质自然主义，而针对一种方法论的后天的自然主义的反驳则需要更多论证的辅助与支持。

【执行编辑：张艳芬】

价值实践问题研究

Research on Value Practice

"人类卫生健康共同体"历史地位、价值原则及理论渊源

贺善侃[*]

【摘　要】"人类卫生健康共同体"是通往马克思提出的"自由人联合体"的必经途径之一。依据马克思的设想,"自由人联合体"的实现,需要两个重要条件,即"自由人"的产生与"共同体"的形成。"自由人"即全面发展的人是形成"自由人联合体"的先决条件。同时,各种"共同体"的形成是走向"自由人联合体"的重要途径。"人类卫生健康共同体"是"人类命运共同体"的具体化,打造"人类卫生健康共同体"是构建"人类命运共同体"的基础条件之一。"人类卫生健康共同体"的构建绝非应对全球性公共卫生事件的应急之举,而是有重要战略意义的长远之策。"人类卫生健康共同体"与"人类命运共同体"同是"共同体",有着一致的价值目标与内涵要求。"人类卫生健康共同体"秉持"生命至上""合作共赢"价值原则,其理论渊源分别可以追溯到马克思"人的自由全面发展"理论及马克思"自由人联合体"及其相关的"共同体"思想和国际合作思想等。

【关键词】　人类卫生健康共同体;人类命运共同体;自由人联合体

---

[*]　贺善侃,东华大学马克思主义学院教授,主要研究方向为马克思主义哲学。

在全球抗疫的关键时刻，国家主席习近平在与世界多国领导人通电话时，发出"打造人类卫生健康共同体"的倡议和主张。在第 73 届世界卫生大会视频会议开幕式上，习近平主席再次强调："我们要坚持以民为本、生命至上"，"共同佑护各国人民生命和健康，共同佑护人类共同的地球家园，共同构建人类卫生健康共同体"①。"人类卫生健康共同体"不仅与"人类命运共同体"有着不可分割的联系，而且是通往马克思提出的"自由人联合体"的必经途径之一。

一 马克思"自由人联合体"的内涵及实现条件

"自由人的联合体"是马克思、恩格斯建立在人类社会文明发展一般规律之上的对人类未来美好生活愿景的理论构想。恩格斯在给卡内帕的回信中，揭示了自由人联合体的本质内涵，他认为，如果"要用几句话来概括未来新时代的精神"，"除了《共产党宣言》中的下面这句话……，我再也找不出合适的了：'代替那存在着阶级和阶级对立的资产阶级旧社会的，将是这样一个联合体，在那里，每个人的自由发展是一切人的自由发展的条件'"②。

在《资本论》中，马克思曾更简明地把社会主义和共产主义称为"自由人联合体"，指出，这是比资本主义社会"更高级的、以每个人的全面而自由的发展为基本原则的社会形式"③。

对于"自由人联合体"，可从伦理、经济、政治三个层面揭示其丰富内涵。

在伦理层面，"自由人联合体"是针对资本主义私有制下"异化劳动"这一不道德现象，旨在扬弃异化劳动所造成的人与人之间的疏远、冷漠、敌视，呼吁实现人与人以及人与社会之间的和谐关系。

在经济层面，"自由人联合体"是针对资本主义雇佣劳动制即资本主义

---

① 《习近平在第 73 届世界卫生大会视频会议开幕式上的致辞》，《人民日报》2020 年 5 月 19 日。
② 马克思、恩格斯：《马克思恩格斯选集》第 4 卷，人民出版社，2012，第 647 页。
③ 马克思、恩格斯：《马克思恩格斯文集》第 5 卷，人民出版社，2009，第 683 页。

人剥削人的生产方式，旨在消灭人剥削人现象，消灭资本主义私有制，根本变革生产方式，以彻底消除资本主义生产方式中的阶级对立和阶级冲突，根除资本主义矛盾，实现劳动者的自由联合、自由劳动。

在政治层面，"自由人联合体"是早在作为青年黑格尔派的马克思那里已经萌芽的"政治自由""理性自由"，即期望建立一种在自由理性基础上的具有普遍意义的理性国家的思想发展。完成了世界观转变的马克思通过对资本主义社会的深入剖析，认识到，只有当人类进入共产主义社会，市民社会与政治国家之间的矛盾才能解决，人民才能实现高度自治，国家消亡，被"自由人联合体"所取代。在"自由人联合体"中，没有阶级对立与剥削，没有剥削者与被剥削者之分，每一个人都能自由而全面地发展，人与人之间团结互助、融洽和谐，每一个人都是社会的主人。

总之，"自由人联合体"中的"自由人"，在伦理上实现了人性的解放，在经济与政治上摆脱了剥削与压迫，成为社会的真正主人。

依据马克思的设想，"自由人联合体"的实现，需要两个重要条件，即"自由人"的产生与"共同体"的形成。

（一）"自由人"的产生是实现"自由人联合体"的先决条件

何为马克思所说的"自由人"？在马克思看来，与"自由王国"相对应的"自由的人（自由发展的个人）"，即"丰富（个人自由全面发展的丰富性）的人"。具体表现为：（1）具有高度的科学文化水平和多方面技能，能自觉运用自由时间来充分地发挥和全面地发展自己的能力；（2）不仅具有丰富的物质生活，而且具有丰富的精神生活；（3）具有高度的思想和道德水平，能自觉地把个人融化在社会和集体中；（4）突破狭隘的地域性，成为"世界历史性的、真正普遍的个人"。马克思、恩格斯在《共产党宣言》中指出："每个人的自由发展是一切人的自由发展的条件。"[①] 亦即"每个人的自由发展"是实现"自由人联合体"的条件。

这个思想彰显了"自由人联合体"注重人的全面发展的历史向度。马克思"自由人联合体"的思想与马克思"人的全面发展"的思想是一脉相

---

① 马克思、恩格斯：《马克思恩格斯选集》第 1 卷，人民出版社，1995，第 294 页。

承、高度一致的。

马克思认为，人的发展是衡量社会进步的不可或缺的价值尺度，社会进步的最高目标不仅仅是社会生产力的高度发展、社会财富的充分涌流，更为根本的是实现人的全面、自由、和谐的发展。

人的全面发展、自由发展、和谐发展构成了马克思主义关于人的全面发展理论的基本内容。

人的全面发展是相对于片面发展而言的。马克思对人的全面发展作过如下描述："人以一种全面的方式，也就是说，作为一个完整的人，占有自己的全面的本质"①，人的"视觉、听觉、嗅觉、味觉、触觉、思维、直观、感觉、愿望、活动、爱"②等都获得了"现实性的实现"，人真正成了自己的主人，人的丰富个性得到全面实现③。

人的自由发展是相对于不自由而言的。马克思认为，在共产主义社会之前的"史前"社会里，人在自然界、社会面前都是相对不自由的，只有到了生产力高度发展并消灭了阶级剥削与压迫的共产主义社会，人才能真正成为自然界的主人、社会的主人，才能真正获得自由，实现自主性的、自觉自愿地自由发展。

人的和谐发展是相对于单一的或某一方面畸形发展，即所谓"单面人"而言的。它强调人的各方面的相互协调发展，指人与自然、人与社会、人与人以及个人与自身等各种关系达到和谐统一的状态。它不仅指每个人自身的物质和精神、感性和理性、现实和理想、创造和享受等的合理平衡；而且指每个人在自由地展现自己丰富个性、发挥自己多方面才能时，还要注意同他人、社会、自然界保持协调与和谐关系。

显然，有了这样的"自由人"，"自由人联合体"的形成才有基础和条件。

（二）各种"共同体"的形成是走向"自由人联合体"的重要途径

"自由人联合体"是人类本质规定性的彰显和人类社会发展趋势的合

---

① 马克思、恩格斯：《马克思恩格斯全集》第42卷，人民出版社，1979，第127页。
② 马克思、恩格斯：《马克思恩格斯全集》第42卷，人民出版社，1979，第125页。
③ 马克思、恩格斯：《马克思恩格斯全集》第42卷，人民出版社，1979，第126页。

理展开。

"自由人联合体"的思想揭示了作为个人的"自由人"必须"联合"起来，构成共同体。就如马克思所说："人的本质不是单个人所固有的抽象物，在其现实性上，它是一切生产关系的总和。"① 既然如此，那么，"自由人"必然不能以"单个人"形式生存与发展，必然倾向于形成单个人之间的关联性互动、合作、联合，形成各种"共同体"。人的社会本质决定了人与人之间通过交往互动以形成各种共同体的必然趋势。"自由人联合体"的思想恰恰深刻揭示了人类社会这一发展趋势的合理展开。

这就是说，"自由人联合体"并非从天而降、并非凭空产生。它产生于"自由人"自觉自愿地通过互动交往、共享合作并共担责任而形成各种共同体，诸如政治共同体、经济共同体、文化共同体、健康共同体等的过程中，期间，必然伴随着人类共同体意识的觉醒、共同体战略的实施以及共同体思想的普及。从这个意义上说，"人类卫生健康共同体"的构建绝非应对全球性公共卫生事件的应急之举，而是具有重要战略意义的长远之策。在人类历史过程中，"人类卫生健康共同体"占有重要历史地位。

二 "人类命运共同体"与"人类卫生健康共同体"

在人类走向"自由人联合体"的过程中，少不了"人类命运共同体"，而"人类命运共同体"的构建又少不了"人类卫生健康共同体"。

当然，"人类命运共同体"与"自由人联合体"在社会主体、科学内涵、实践基础、实现形式诸方面，都有明显的差别，不能把两者等同。

就社会主体看，"自由人联合体"着眼于获得解放的全人类，是未来的"自由人"及其由"自由人"组成的"自由王国"；"人类命运共同体"则着眼于生活于当代社会中的各国各民族人民。

就科学内涵分析，"自由人联合体"指的是一种崭新的社会形态，即人类社会未来发展的最高形态；"人类命运共同体"指的则是在追求本国利益

---

① 马克思、恩格斯：《马克思恩格斯选集》第1卷，人民出版社，1995，第56页。

时兼顾他国合理关切，在谋求本国发展中促进各国共同发展，旨在"建设持久和平、普遍安全、共同繁荣、开放包容、清洁美丽的世界"①，而非某种特定的社会形态。

就实践基础而言，"自由人联合体"的实现基础是高度发达的社会生产力、充裕的社会财富，以及保障"自由人"权益的社会制度，概言之，即共产主义的经济基础与上层建筑的统一。"人类命运共同体"则仅仅是基于当代世界人类实践基础之上而提出的全球治理方案。也就是说，"人类命运共同体"的构想只能基于现实世界各国参差不齐的生产力状况、意识形态、社会制度现状，以及当代世界政治、经济、科技、文化的整体发展水平。

就实现形式而言，"自由人联合体"作为一种新的社会形态——共产主义社会形态，其实现必须经过经济基础与上层建筑的全面、深刻的社会革命，是一次社会形态、社会各方面制度的质的飞跃。"人类命运共同体"则是在不根本触动各国既定社会形态、社会制度和意识形态的前提下的国际关系上的某些局部性变革。其结果并非创建一种新的社会形态，而是旨在构建一种新型的国际关系。

总之，"自由人联合体"的实现条件比"人类命运共同体"的实现条件更高。然而，实现"自由人联合体"的条件不是一蹴而就的，这些条件的创建、成熟需要经过一个渐进的、漫长的过程。"自由人联合体"也不是以一个"大一统"的整体形式而呈现，而是多样性、差异性与一致性的统一。人类在迈向"自由人联合体"的历史进程中，会逐渐形成各种类型、各种区域性的"共同体"，并由此为阶梯，由量变—积累，最终达到质变，实现向"自由人联合体"的飞跃。

"人类卫生健康共同体"与其他各种"共同体"如亚洲命运共同体、欧洲命运共同体、中国—东盟命运共同体、中拉命运共同体、中非命运共同体、网络空间命运共同体等一样，都是"人类命运共同体"某历史阶段、某区域的具体体现，都是通往"自由人联合体"的一个个阶梯、一个个环节。这些"共同体"的构建都是为未来社会即"自由人联合体"的建立和发展营造社会基础，包括物质基础、制度基础、思想基础等。

---

① 习近平：《习近平谈治国理政》第 3 卷，外文出版社，2020，第 46 页。

从这个意义上说，构建"人类命运共同体"，也就是在探索、推进人类进步事业，让马克思、恩格斯设想的人类社会美好前景——"自由人联合体"在"地球村"内逐渐得以实现。

"人类卫生健康共同体"的构建正是这种努力的一个重要组成部分。

所谓"人类卫生健康共同体"，即各国坚持生命至上、全球一体、平等尊重、合作互助的基本原则，通过建立健全全球公共卫生安全长效融资机制、威胁检测预警与联合响应机制、资源储备和资源配置体系等合作机制，建设惠及全人类、高效可持续的全球公共卫生体系，筑牢保障全人类生命安全和健康的坚固防线。打造"人类卫生健康共同体"是当人类面临威胁全人类生存的公共卫生危机时的必然举措。

"人类卫生健康共同体"是"人类命运共同体"的具体化，打造"人类卫生健康共同体"是构建"人类命运共同体"的基础条件之一。这是因为，打造人类命运共同体，首要条件是保障人类的生命健康。卫生健康是人类一切活动的基础。可以说，没有人类的生命健康，就没有人类的一切。实践证明，构建人类卫生健康共同体是对国际社会应对全球公共卫生危机的长远之战略规划，也是应对百年未有之大变局下不稳定性不确定性的最佳回应。

"人类卫生健康共同体"与"人类命运共同体"同是"共同体"，有着一致的价值目标与内涵要求，其突出表现就是"共同体意识"。

共同体意识，即世界各国休戚与共、守望相助、平等相待、谋求可持续发展的总体意识。无论是基于利益还是责任或其他基础而形成的共同体，都是一个有机整体，都应携手相助、凝心聚力、共同面对外来的各种挑战。

人类命运共同体与人类卫生健康共同体都是基于这种共同体意识的。共同体意识包括四个方面，即：休戚与共的整体意识、守望相助的合作意识、平等相待的包容意识与可持续发展意识。打造人类卫生健康共同体与人类命运共同体都必须秉持这四种具体的共同体意识。

面向全球的共同体意识以全人类为基本立足点，重视人类价值，谋求人类永久的和平发展，谋求习近平主席在第三届中国国际进口博览会开幕式主旨演讲中所说的世界各国"共同开放、共担责任、共同发展"。虽说这种精神具有一定的崇高性和超现实性，但在面临袭击人类的全球性灾难时，它体现的国际人道主义精神将是指引人类共同应对灾难的一面旗帜，凸显了国际人道主义精神的最基本内涵，也是要人类生存发展必须坚守的底线。

首先，作为世界流行性疾病的病毒蔓延是不分种族与国界的，无论是发达国家还是发展中国家，都不能置之度外，尤其在"你中有我、我中有你"的全球化时代，更是不存在一个可以完全阻隔的"孤岛""世外桃源"。面对汹涌而来的流行性病毒，唯有确立休戚与共的整体意识，依靠人类的整体力量，协同作战，才能战胜病毒这一人类的共同敌人。只有全球疫情得到有效控制，各国人民的生命健康才能得到保障。

其次，一旦出现肆虐全球的流行性疾病，传播范围必然极其广泛，传播速度极为迅速，尤其在当今，病毒借助现代化交通工具，破坏性更是难以估量。新冠病毒突发性、跨界性的特征决定了任何"自扫门前雪"的单打独斗、孤军奋战都无济于事，唯有发扬守望相助的合作意识，凝聚全球力量，采取协调一致的国际应对措施方能奏效。实际上，人类历史的发展始终伴随着与各种疾病与灾难的抗争。国际社会共同抗击艾滋病、埃博拉、禽流感、甲型H1N1流感的事实证明，团结合作才能凝聚最大的合力，携手抗疫才能最大限度地保护人类的生命健康。本着守望相助的合作意识，世界各国应当基于人道主义精神，积极参与全球健康治理，携手打造人类卫生健康共同体。

再次，一旦面对全球公共卫生事件，世界需要的是平等相待的包容意识，而并非狭隘的偏见和歧视。依据平等相待的包容意识，必须始终倡导和坚持多边主义，建立和完善维护公正合理、互商互谅、同舟共济、互利共赢的多边协调机制；必须秉持"共商共建共享"原则，在尊重各国主权的前提下，寻求实现和保障全人类共同利益的最大公约数，最大限度地捍卫各国人民的生命权与健康权；必须反对单边主义，尽力把单边主义的影响降到最低。

三 "人类卫生健康共同体"秉持的价值原则及其理论渊源

（一）"生命至上"原则及其理论渊源

"人类卫生健康共同体"作为惠及全人类、高效可持续的全球公共卫生体系,必然秉持"生命至上"基本原则。世间万物,人是最宝贵的。人命关天、敬畏生命,这是中国传统文化最重要的理念之一。"生命至上"原则的理论渊源可以追溯到马克思"人的自由全面发展"理论。马克思所说的"人的自由全面发展"涵盖了个人、集体和全人类在卫生健康方面的发展。可以说,人的卫生健康发展是人的自由全面发展的最基础内涵,或者说根本保障。

马克思"人的自由全面发展"的内涵极为丰富,涵盖"德智体美劳",即从肉体到精神的多个层面的发展,其中所说的"体",即"体力""体能",显然包括人的卫生健康方面。马克思十分注重"体"的发展,他明确指出:"通过社会化生产,不仅可能保证一切社会成员有富足的和一天比一天充裕的物质生活,而且还可能保证他们的体力和智力获得充分的自由的发展和运用。"① 可以说,在"德智体美劳"中,"体"是最基本的。若忽视涵盖人的卫生健康的"体"的发展,人的自由全面发展就是一句空话。从这个意义上说,"生命至上"的"至上"即是"最基本""舍此便无其他"的意思。"生命至上"是人的自由全面发展的应有之义。

不过,这里有一个如何处理个人、集体乃至全人类的关系问题。马克思所说的个人,始终是社会中的人,是社会关系的总和。马克思指出:"他的生命表现,即使不采取共同的、同他人一起完成的生命表现这种直接形式,也是社会生活的表现和确证。"② 马克思所说的"自由人联合体",虽说是指作为个体的"自由人"的联合体,但此时的人类形成了一种全新的个人形态——全面发展形态。这是全面把握劳动和享受、物质和精神、类和个人等关系,全面地占有自己的本质力量的完全的个人;此时的个人已成为普遍的社会化的个人。

显然,当代的个体还远未达到"全面发展形态",个体与群体、社会的矛盾也远未得到圆满解决。个体与群体、与社会、与"类"的冲突还远未消失。当个体与群体、与社会、与"类"产生矛盾的时候,为了保全某群体、社会乃至全人类,个体舍生忘死,作出必要的牺牲,也是完全必要的。这并未违背"生命至上"的原则。

---

① 马克思、恩格斯:《马克思恩格斯选集》第 3 卷,人民出版社,2012,第 670 页。
② 马克思、恩格斯:《马克思恩格斯文集》第 1 卷,人民出版社,2009,第 188 页。

(二)"合作共赢"原则及其理论渊源

"人类卫生健康共同体"作为"共同体",履行"共同体意识",必然秉持国际的"合作共赢"原则。依据这一原则,面对全球性的公共卫生事件,各国应该做到同舟共济、守望相助、互通有无、进退有序。"合作共赢"原则的理论渊源同样可以追溯到马克思"自由人联合体"及其相关的"共同体"思想和国际合作思想等。马克思、恩格斯早在创立科学社会主义时就萌生了国际合作思想,《共产党宣言》《共产主义原理》中都体现了这一策略思想。

在《共产主义原理》中,恩格斯指出:"单是大工业建立了世界市场这一点,就把全球各国人民,尤其是各文明国家的人民,彼此紧紧地联系起来,以致每一个国家的人民都受到另一个国家发生的事情的影响。"① 恩格斯由此断言:共产主义革命"是世界性的革命,所以将有世界性的活动场所"②。在《共产党宣言》中,马克思、恩格斯则公开发出"全世界无产者,联合起来"③ 的号召。

列宁继承并发展了马克思、恩格斯这一思想,提出了殖民地半殖民地人民建立统一战线的思想,发出了"全世界无产者联合起来""全世界被压迫者联合起来"共同反对帝国主义的口号。

在不同的历史时期,国际合作的性质和具体目标是不同的。在迄今为止的世界历史进程中,先后经历过20世纪30—40年代的反法西斯国际合作、20世纪二战后冷战年代的反帝反霸国际合作,以及20世纪末伊始的以构建和谐世界为目标的新型国际合作。"人类命运共同体"的提出,体现了当今全球化日益深化的社会发展趋势,把国际合作提升到又一个新的高度。

"人类命运共同体"的理念超越种族、文化、国家与意识形态的界限,为思考人类未来提供了全新的视角,也为构建新时代国际合作提供了全新的价值引领。把国际合作提升到了从未有过的高度、广度和深度。这一价值引领即是"合作共赢"价值原则的引领。

在"合作共赢"价值原则引领下的国际合作是新型的国际合作。它不

---

①② 马克思、恩格斯:《马克思恩格斯选集》第 1 卷,人民出版社,1995,第 241 页。
③ 马克思、恩格斯:《马克思恩格斯选集》第 1 卷,人民出版社,1995,第 307 页。

具有如同历史上的世界反法西斯国际合作和反霸国际合作那样的鲜明的阵营对垒性质,而是突破一切种族、文化、国家与意识形态的界限,具有更高的全球视野和全人类胸怀。在价值基础上,它超越了冷战意识、敌对阵营的划分;在实现途径上,以"文明交流、互鉴、共存观"超越了"文明隔阂、冲突、优越观";在价值追求上,以对话协商、合作共赢、包容发展超越了"单边主义"。以"合作共赢"为价值引领的新时代国际合作不寻求全球主导权,而是旨在建立一个广泛的全球伙伴关系。

这种新型国际合作的价值引领实质上是在当代条件下倡导马克思早就提出的"共同体"意识。根据马克思的观点,共同利益是共同体得以建立的根源。马克思认为,人们奋斗的一切都与他们的利益有关。利益是人类共同体的黏合剂。漫长的人类发展史实际上是一部不断从狭隘的、地方性的、民族性的人类共同体(如民族、国家、家庭、家族、地域、社区共同体等)向更大范围、更大规模的人类共同体扩展的历史。"人类命运共同体"作为全人类的共同体,乃是人类共同体发展的最高形式。利益共享、责任共担、命运与共,是"人类命运共同体"的内在要求。

作为"人类命运共同体"具体表现形式的"人类卫生健康共同体"正是以践履"合作共赢"价值原则、倡导新型国际合作关系为根本宗旨的。从某种意义上说,"人类卫生健康共同体"丰富了"人类命运共同体"的形式与内涵,为马克思设想的"自由人联合体"提供了特殊历史条件下的特殊形式。

综上所述,"人类卫生健康共同体"在人类进步的历史进程中,具有重要的历史地位;"人类卫生健康共同体"的提出,则在推进人类全面而自由发展、向"自由人联合体"迈进的历史进程中具有重要的战略意义;"人类卫生健康共同体"秉持的"生命至上""合作共赢"等基本价值原则不仅具有重要的现实意义,而且对于唤醒全人类的"共同体意识"具有重要的深远的历史作用。

【执行编辑:刘 冰】

新时代党的领导方法创新与建设质量提升的价值意蕴

王金伟

【摘　要】　党的领导方法必须以实现党的自身价值为基本遵循，党的建设质量提升必须以价值引领为基本前提。新时代党的领导方法既在领导的"两个必须法"、领导出发点与领导原则、领导作风、领导路线等方面传承了中国共产党百年来的领导方法精髓，又是在此基础上联系当代的世情、国情、党情，做出了进一步的创新与发展。党的领导方法创新对提升党的建设质量有着积极的意义，它有助于推动党的先进性建设与纯洁性建设，解决党的建设面临的根本问题与时代课题。通过党的领导方法创新来提升党的建设质量，必须坚持自我革命与质量强党的领导理念、实事求是与以人民为中心的价值原则、问题导向与调查研究的实践路径、队伍建设与制度扎牢的建设总要求。

【关键词】　党的领导方法；党的建设质量；价值意蕴

党的领导方法关系到党的执政之基、发展之本，它从根本上影响着党

---

* 本文系上海市哲学社会科学规划课题"'规范性力量'视角下新时代中国共产党形象的国际传播研究"（2020BKS006）阶段性成果。

** 王金伟，上海大学马克思主义学院助理研究员，研究方向为思政教育、人工智能。

的建设质量。习近平总书记指出，马克思主义政党的先进性和纯洁性不是随着时间推移而自然保持下去的，共产党员的党性不是随着党龄增长和职务提升而自然提高的。进入新时代以来，党的领导方法只有"以加强党的长期执政能力建设、先进性建设和纯洁性建设为主线"①，才能有效地保障党的建设质量，贯彻新时代党的建设总要求，彰显中国特色社会主义最本质的特征。

一 新时代党的领导方法创新的价值蕴含

新时代党的领导方法既传承了中国共产党人百年来的领导方法的价值目标，又在此基础上联系当代的世情、国情、党情，做出了进一步的创新与发展。

(一) 党的领导方法创新：精神的追根溯源

新时代党的领导方法创新始终建立在对其传统领导方法追根溯源的基础之上。具体来讲，新时代党的领导方法传承集中表现在领导的"两个必须法"、领导出发点与领导原则、领导作风、领导路线等价值呈现层面。

第一，领导的"两个必须法"。"两个必须法"最早由毛泽东同志在《关于领导方法的若干问题》（1943年）一文中指出，即"一是一般与个别相结合，二是领导与群众相结合"②。其中，所谓"一般与个别相结合"，即坚持普遍性与特殊性的统一、个性与共性的统一；所谓"领导与群众相结合"，即要求党的领导干部始终在坚持群众思想、群众路线的基础上，加强党在思想、组织、路线、作风、军事斗争等方面对最广大人民群众的领导。历史证明，各代中国共产党人都遵循着"两个必须法"这一领导方法的科学方法论。如江泽民同志指出，"各级领导干部必须善于动员和组织群众一道奋斗"，"对党和人民的事业高度负责"以及"必须坚持走群众路线，始

---

① 中共中央宣传部：《习近平新时代中国特色社会主义思想学习纲要》，学习出版社、人民出版社，2019，第224页。
② 毛泽东：《毛泽东选集》第3卷，人民出版社，1991，第897页。

终与群众同甘共苦"①等。进入新时代,以习近平同志为核心的党中央,始终发扬"两个必须法",并将其深入地融入了新时代中国特色社会主义建设与党的质量提升中去。以"一张好的蓝图一干到底"为例,习近平总书记指出,只要建设蓝图是好的,就要以钉钉子精神一茬茬干,当然,"我们的认识和工作也要与时俱进,看准了的要及时调整和完善"②。同时,他强调党的领导要始终以民为本、对人民负责,"不搞劳民伤财的'形象工程'"③等。这些都是对"两个必须法"遵循价值目标前提下的积极贯彻与有效落实。

第二,领导出发点与领导原则。中国共产党人一切工作的出发点在于把人民群众的根本利益放在第一位,在于坚持党的领导与人民主体性的统一。从毛泽东同志提出的"全心全意为人民服务"、邓小平同志提出的"社会主义本质论"、江泽民同志提出的"以人民群众为本"、胡锦涛同志提出的"以人为本"到习近平总书记强调的"以人民为中心",都是这一方面的深刻体现。有了领导的出发点,就需要建基其上的领导原则。对此,毛泽东同志指出:"这里是两条原则:一条是群众的实际上的需要,而不是我们脑子里头幻想出来的需要;一条是群众的意愿,由群众自己下决心,而不是由我们替代群众下决心。"④简言之,即需要原则与自愿原则。习近平总书记在"不忘初心、牢记使命"主题教育工作会议上指出,要"引导广大党员干部坚守人民立场,树立以人民为中心的发展理念,增进同人民群众的感情"⑤,正是基于毛泽东同志倡导的两条基本领导原则做出的科学决断。

第三,领导作风。中国共产党人始终强调领导作风的重要性,并在坚持实事求是、解放思想、求真务实、与时俱进的基础上提出了具有时代特色的相应策略。毛泽东一方面高度重视对学风、党风、文风的整顿,坚决反对主观主义、宗派主义、党八股,即"三要三不要"⑥;另一方面积极倡导新三大作风,即"理论和实践相结合的作风,和人民群众紧密地联系在

---

① 江泽民:《江泽民文选》第 2 卷,人民出版社,2006,第 141—146 页。
②③ 习近平:《习近平谈治国理政》第 1 卷,外文出版社,2014,第 400 页。
④ 毛泽东:《毛泽东选集》第 3 卷,人民出版社,1991,第 1013 页。
⑤ 习近平:《习近平谈治国理政》第 3 卷,外文出版社,2020,第 525 页。
⑥ 毛泽东:《毛泽东选集》第 3 卷,人民出版社,1991,第 812 页。。

一起的作风以及自我批评的作风"①。邓小平同志在《加强党的领导,整顿党的作风》(1975 年)中强调要坚决贯彻毛泽东关于"三要三不要"的作风指示②,在《坚持党的路线,改进工作方法》(1980 年)中重点强调要在发扬民主集中制的基础上克服官僚主义③。江泽民同志特别强调领导干部在作风建设中的表率作用④,胡锦涛同志指出党性修养是每个领导干部的终身课题⑤。进入新时代,以习近平同志为核心的党中央不断强化从严治党,"坚决反对形式主义、官僚主义、享乐主义和奢靡之风"⑥,并将其作为"我们党区别于其他政党最显著的标志"⑦,正是贯彻与完善党的领导作风的重要体现。

第四,领导路线。中国共产党人的领导路线主要涉及群众路线、军事路线、政治路线、经济路线、组织路线、思想路线等方面。以毛泽东同志为核心的党中央正是在领导路线的建立与完善中缔造了新中国。新中国建设的经验与教训使得改革开放以来的中国共产党人特别强调组织路线的重要性。如邓小平同志指出,"组织路线是保证政治路线贯彻落实的"⑧,江泽民同志指出,"加强党的组织建设,为实现党的政治路线提供有力保证"⑨等。对于组织建设,邓小平同志同时指出了"整党不能走过场和思想战线不能搞精神污染这两个问题"⑩,江泽民同志指出了"必须加强党风廉政建设,深入开展反腐败斗争"⑪。胡锦涛同志也特别强调要加强党的先进性与纯洁性建设,他一方面指出"共产党员要以实际行动保持先进性"⑫,即始终坚持中国特色社会主义道路、改革开放立场、群众路线以及社会主

---

① 毛泽东:《毛泽东选集》第 3 卷,人民出版社,1991,第 1094 页。
② 邓小平:《邓小平文选》第 2 卷,人民出版社,1994,第 13 页。
③ 邓小平:《邓小平文选》第 2 卷,人民出版社,1994,第 282 页。
④ 江泽民:《江泽民文选》第 2 卷,人民出版社,2006,第 139—149 页。
⑤ 胡锦涛:《胡锦涛文选》第 3 卷,人民出版社,2016,第 196—206 页。
⑥ 中共中央宣传部:《习近平新时代中国特色社会主义思想学习纲要》,学习出版社、人民出版社,2019,第 234 页。
⑦ 中共中央宣传部:《习近平新时代中国特色社会主义思想学习纲要》,学习出版社、人民出版社,2019,第 222 页。
⑧ 邓小平:《邓小平文选》第 2 卷,人民出版社,1994,第 193 页。
⑨ 江泽民:《江泽民文选》第 1 卷,人民出版社,2006,第 408 页。
⑩ 邓小平:《邓小平文选》第 3 卷,人民出版社,1994,第 36 页。
⑪ 江泽民:《江泽民文选》第 1 卷,人民出版社,2006,第 408 页。
⑫ 胡锦涛:《胡锦涛文选》第 1 卷,人民出版社,2016,第 262 页。

义道德风尚弘扬;另一方面指出党员、干部要思想纯洁、队伍纯洁、作风纯洁、清正廉洁、严明纪律等①。进入新时代,习近平总书记指出,要把党建设得更加坚强有力,应该加强政治建设这一党的根本性建设、贯彻新时代党的组织路线、强化反腐斗争、加强作风建设等②,都是贯彻共产党人领导路线的深刻体现。

(二)党的领导方法创新:内容的丰富发展

在传承百年来党的领导方法的基础上,中国共产党人立足新时代进行了一系列的内容丰富。以下,从关涉较深的四个方面展开。

第一,"两个必须法"的新时代意蕴。中国特色社会主义建设进入新时代,赋予了"两个必须法"以新的时代内涵。一是"一般与个别相结合"的新时代意蕴。一方面,中国共产党人紧抓新时代中国特色社会主义建设的主要矛盾,始终把满足人民对美好生活的需要作为基本目的,把实现中华民族伟大复兴的中国梦作为主要目的,把推动自由个性的社会实现作为根本目的;另一方面,中国共产党人时刻注意统筹新时代中国特色社会主义建设中的次要矛盾,并促使其为解决主要矛盾服务。二是"领导与群众相结合"的新时代意蕴。新时代党的领导并不束缚于传统的领导方法,而是依据新时代我国的主要矛盾变化与人民群众的根本利益诉求转换,做出了适时适度适宜的改善与完善。具体来讲,一方面,中国共产党人总是依据新时代国情、党情,深入群众之中,倾听他们的心声、归纳他们的利益诉求、发现他们的现实生活问题,并据之形成正确的领导意见;另一方面,中国共产党人总是依据具体的实际情况统筹全局,合理地安排具体环节的工作重心,严格防范主观主义和官僚主义的错误。

第二,"以人民为中心"价值与党的生命线实践的融合。习近平总书记针对新时代党的领导出发点指出,"时代是出卷人,我们是答卷人,人民是阅卷人"③。为了有效地坚守党的领导出发点,解决好出卷人、答卷人与阅卷人的关系,深入推动"以人民为中心"的领导出发点与作为党的生命线

---

① 胡锦涛:《胡锦涛文选》第 3 卷,人民出版社,2016,第 577—582 页。
②③ 中共中央宣传部:《习近平新时代中国特色社会主义思想学习纲要》,学习出版社、人民出版社,2019,第 222—239 页。

的群众路线有机融合,成为新时代的必然抉择。在新时代中国特色社会主义建设中,我们党的领导尽管形式上是以"共产党人"为主体的,但实际主体依旧是最广大人民群众,"如果自诩高明、脱离了人民,或者凌驾于人民之上,就必将被人民所抛弃"①。为此,在坚守群众路线的同时,新时代的共产党人总是一方面着力于考究最广大人民群众的主体结构,即不仅要关注他们的当前需要,还要关注其长远需要;不仅要关注其物质需要,还有关注其精神需要,等等。另一方面着力于依据最广大人民群众的需要激发其自愿性、主动性与创造性。新时代党的领导并不是空喊群众路线,而是要在领导的过程中接地气、汇生气、贴民意;并不是走过场,而是要"深入研究新形势下群众工作的规律和特点"②。

第三,制度束权、反腐从严与自我革命的作风改革。进入新时代,以习近平同志为核心的党中央开展了全面深入的领导作风革命,对共产党人进行了"刮骨疗毒"。党的十八大以来,从"把权力关进制度的笼子里""运用智慧推进反腐倡廉工作",到"三严三实""两学一做""四个意识",再到"不忘初心、牢记使命""以新的理念、思路、办法、手段解决好党内存在的各种矛盾和问题"③,中国共产党人从束权、反腐以及自我革命方面做出了深入的新时代探索。一是制度束权。新时代党的领导尤其强调制度对权力监督、监管的重要性,不断健全权力运行和监督体系,努力"形成不敢腐的惩戒机制、不能腐的防范机制、不易腐的保障机制"④,依靠制度真正实现责权对应、权为民用。二是反腐从严。对于反腐倡廉,新时代党的领导重点集中于"常""长",即"一个是要经常抓,一个是要长期抓"⑤,关键在于"坚持依法治国和以德治国相结合"⑥,筑牢拒腐防变的思

---

① 习近平:《习近平谈治国理政》第1卷,外文出版社,2014,第28页。
② 中共中央宣传部:《习近平新时代中国特色社会主义思想学习纲要》,学习出版社、人民出版社,2019,第222—239页。
③ 习近平在"不忘初心、牢记使命"主题教育工作会议上的讲话[EB/OL]. http://www. 12371. cn/2019/06/30/ARTI1561887112428887. shtml.
④ 中共中央纪律检查委员会、中共中央文献研究室:《习近平关于党风廉政建设和反腐败斗争论述摘编》,学习出版社、人民出版社,2015,第121页。
⑤ 习近平:《习近平谈治国理政》第1卷,外文出版社,2014,第386页。
⑥ 中共中央纪律检查委员会、中共中央文献研究室:《习近平关于党风廉政建设和反腐败斗争论述摘编》,学习出版社、人民出版社,2015,第140页。

想道德底线，重点是抓住领导干部这个"关键少数"①，基本要求在于"严"，即严以修身、严以用权、严以律己。三是自我革命。新时代共产党人的自我革命，不仅时刻以制度束权、反腐从严作为外在保障，而且注重从内部自我着手革命，即"实现自我净化、自我完善、自我革新、自我提高"②。"四个自我"既张扬了中国共产党人最鲜明的品格，又强化了党同人民的共生关系。

第四，政治建设、组织建设与思想建设的高度融合。根据新时代党和人民的生活实际，中国共产党人对传统的领导路线进行了时代规划、调整与建设。一是从根本上紧抓政治建设。"党的政治建设决定党的建设方向和效果"③，离开了政治建设，党的根基就会动摇。对此，以习近平同志为核心的党中央始终坚守政治立场，"严肃党内政治生活"④，以党和人民的意志为意志，努力提升领导干部的政治能力、营建生态性的政治氛围、从全人类的视角推进人类命运共同体建设，确保党的领导地位不动摇等。二是从实践中推进党的组织建设。中国共产党自成立以来就重视组织建设，改革开放以来其重要性尤为明显。进入新时代，中国共产党人始终坚持新时代党的组织路线，注重组织体系建设，努力发展群团事业，着力人才干部队伍建设，在选人用人方面做出了深入的改革。三是在"路"上推进党的思想建设，特别是理想信念建设与党纪党风建设。一方面，"理想信念是共产党人的'钙'"⑤，不管是共产主义的真理信仰，还是中国特色社会主义的共同理想，都需要"路"上党的正确领导，需要广大人民群众的拥护与支持。新时代中国共产党人很睿智地看到了这一点，并始终将其看作自身评判的标杆。另一方面，党纪党风关乎党的根基，它们是新时代中国共产党人的"高压线"与"测量计"。以习近平同志为核心的党中央始终重视党的

---

① 中共中央纪律检查委员会、中共中央文献研究室：《习近平关于严明党的纪律和规矩论述摘编》，中央文献出版社、中国方正出版社，2015，第91页。
② 中共中央宣传部：《习近平新时代中国特色社会主义思想学习纲要》，学习出版社、人民出版社，2019，第223页。
③ 中共中央宣传部：《习近平新时代中国特色社会主义思想学习纲要》，学习出版社、人民出版社，2019，第225页。
④ 习近平：《习近平谈治国理政》第2卷，外文出版社，2017，第180页。
⑤ 中共中央宣传部：《习近平新时代中国特色社会主义思想学习纲要》，学习出版社、人民出版社，2019，第228页。

纪律建设与作风建设，并将其作为加强党的建设的关键深入开展，正是基于这一层面的现实考量。

二 新时代党的领导方法创新对提升党的建设质量的价值引领

习近平总书记指出："保持党的先进性和纯洁性，巩固党的执政基础和执政地位，是党的建设面临的根本问题和时代课题。"[①] 新时代党的领导方法创新有助于提升党的建设质量，进而解决党的建设面临的这一根本问题与时代课题。具体来讲，可以从党的先进性建设与纯洁性建设两个层面对之进行探讨。

（一）党的先进性建设层面的价值引领

党的先进性是实现党的领导的根本保障，脱离了党的先进性，其引导力、说服力就会下降。新时代党的领导方法创新，对提升党的先进性具有积极的效用，即促使党的建设走向时代化、科学化与大众化。

其一，促进党的建设走向时代化。在新时代创新党的领导方法，需要"同自己时代的现实世界接触并相互作用"[②] 并促使其获得"所属世界的属性"，它有助于推动党的建设走向时代化，即彰显时代特色、回应时代诉求与引领时代发展。网络信息化时代、大数据时代的到来与新时代的社会主义主要矛盾变化，使得党的领导方法一方面不再局限于传统，而是在形式上更具网络化、数字化与高精尖化，内容上更具规律性、针对性与预见性。另一方面在彰显时代化价值意蕴的同时，不断实现创新性发展与创造性应用，并据之引领时代进步与社会发展。以大数据时代党的领导方法革新为例，基于相互关系的大数据技术的发展以及在此基础上的算法演进、人工智能推进，能够使得党的领导方法更显科学性、精密性、针对性与预见性，党的建设更具说服力与引导力。

---

① 习近平：《习近平谈治国理政》第 1 卷，外文出版社，2014，第 367 页。
② 马克思、恩格斯：《马克思恩格斯全集》第 1 卷，人民出版社，1995，第 220 页。

其二，促进党的建设走向大众化。党的领导方法归根结底是服务于人民的，它只有走向大众，才能提升党的建设质量。新时代党的领导方法创新始终坚守"以人民为中心"的基本价值原则，推动了党的建设的大众化规律与大众化实践的有效结合，进一步提升了党的建设质量。一方面，新时代党的领导方法创新始终遵循需要原则与自愿原则，把握好了党的建设大众化的价值导向，契合了最广大人民群众的根本利益，彰显了人文精神的时代特征，为新时代党的建设摸索出来一套适应大众诉求的大众化规律。另一方面，新时代党的领导方法创新以其生动性的话语宣传、灵动性的方式转变以及自觉性的问题导向，为新时代党的建设深入大众提供了实践基础。以群众路线的践行为例，习近平总书记指出，要"把党的优良传统和新技术新手段结合起来，学会通过网络走群众路线，提高做好群众工作的本领"①，正是这一层面的深刻体现。

其三，促使党的建设走向科学化。新时代党的领导方法创新本质上属于科学化的活动，它有助于提升党建的理论思维的科学性、管理方式的科学性以及实践方法的科学性。一是提升党建理论思维的科学性。新时代党的领导方法创新为党的建设提供了科学的理论思维，并集中表现在底线思维、战略思维、辩证思维、创新思维、学习思维等层面，它为提升党建工作的科学性、创造性与预见性提供了理论基础。二是提升党建管理方式的科学性。新时代党的领导方法创新为党建管理提供了科学的管理理念、管理原则与管理制度，如自我革命与质量强党的管理理念、实事求是与以人民为中心的管理原则以及反腐的惩戒机制、防范机制、保障机制的制度建构等。三是提升党建实践方法的科学性。新时代党的领导方法创新为党的建设提供了科学的实践方法，如坚持问题导向、注重调查研究、强化队伍建设、依靠钉子精神等。

（二）党的纯洁性建设层面的价值引领

党的纯洁性是实现党的领导的现实支撑，脱离了党的纯洁性，党就会失去群众基础、失去存在依据，甚至面临亡党的危险。新时代党的领导方

---

① 中共中央宣传部：《习近平新时代中国特色社会主义思想学习纲要》，学习出版社、人民出版社，2019，第47页。

法创新，对提升党的纯洁性有着积极的效用，即促使党的建设走向生态化、阳光化与廉洁化。

其一，促使党的建设走向生态化。党的生态性既表现为党员干部的上下级关系、同级关系处理，党员干部的自我革命与社会革命的有机统一，干部任用制度的完善，干部政绩的生态考核等，又包括党的领导思维、管理手段、评估手段的有机协调、完善等。新时代党的领导方法创新打破了传统的党建生态，并使其逐步走向正轨、守正出新、面向未来。一是使得党的建设不再拘泥于传统，克服了理论套用、不切实际、走过场的顽症，依据新时代实际做出了策略调整，使其不断根据现实变化正规化。二是使得党的建设面向生活，即面向广大人民群众的需要与党自身的需要、面向国内新时代中国特色社会主义建设的需要与国际共产主义运动的需要等。事实上，只有面向生活，党的建设才能走向时代、走向大众、走向科学，才能永葆根基。三是使得党的建设能够面向未来筹划自身。未来意味着可能性，意味着自我创新。新时代党的方法创新是中国共产党人立足新时代做出的未来筹划，它为党的先进性建设提供了时代引导，为党的生态化建设起到了"提纲挈领"的效用。

其二，促使党的建设走向阳光化。新时代党的领导方法创新始终旨在"让人民监督权力，让权力在阳光下运行"[1]，它有助于推动党的建设阳光化。一方面，中国共产党"两个先锋队"的性质决定了它是人民的党，是为人民服务的党。新时代党的领导方法创新彰显了共产党的这一性质，使得党的建设不像资产阶级政党那样搞暗箱、谋私利，而是使得党的建设更加透明、见光、接地气。在新时代中国特色社会主义建设中，中国共产党人始终树立问题意识、注重调查研究、关注人民意向、全面从严反腐，从而"在党的阳光的沐浴下，为实现中华民族伟大复兴的中国梦时刻准备着"[2]。另一方面，新时代党的领导方法创新始终强调自我革命与质量强党、强调以人民为中心自觉接受人民监督、彰显人文精神的时代特征，从而使得党的建设更具监督性、自省性与光明性，为党的长期执政与科学执政创造了坚实的基础。

---

[1] 习近平：《习近平谈治国理政》第1卷，外文出版社，2014，第391—392页。
[2] 习近平：《习近平谈治国理政》第1卷，外文出版社，2014，第185页。

其三，促进党的建设走向廉洁化。党的廉洁化是其长期执政的基本保障，是其获取最广大人民群众认同的现实基础。新时代中国共产党人在党的领导方法创新中始终强调要"以零容忍态度惩治腐败、坚决遏制腐败现象蔓延势头"①，正是基于这一点做出的现实考量。新时代党的领导方法创新能够促使党的建设更具廉洁性，并集中表现在敦促党员自律、强化执政问责、严肃党内政治生活等。一是敦促党员自律，即促使党员加强党性锻炼、树立党章意识、自觉落实"三严三实""两学一做"、树立清正廉洁、公道正派的价值观，自觉抵制本位主义、宗派主义、好人主义等。二是强化执政问责，即建立巡察制度、监督机制、问责体制，扎牢权力问责笼子，确保执政为民、权为民用、利为民求。三是严肃党内政治生活，即为创造风清气正、生态和谐的政治氛围，严格落实党的作风建设、组织建设、纪律建设等，自觉执行新时代党内政治生活准则，坚决抵制不良生活风气的侵染等。

三 通过新时代党的领导方法创新提升党的建设质量的策略

通过创新新时代党的领导方法来提升党的建设质量是一项系统工程。从领导理念、领导原则、实践方法以及保障建设层面对其做出深入的考察与分析，成为现实的必然抉择。

（一）贯彻自我革命与质量强党的价值理念

自我革命不仅是中国共产党最鲜明的品格，更是党的领导方法创新的内在品格和价值追求。从本质上讲，自我革命就是自我评价基础上的自我批判，即主体与自身建立主客体关系，并在发挥主体能动性的基础上揭示蕴涵于主客体关系中的价值规律。广大党员干部要贯彻自我革命的价值理念，需要在发挥主体能动性、建立自我评价关系、展开自我批判三个方面着手。一是发挥主体能动性。意识是行为的先导，广大党员干部要始终树

---

① 中共中央纪律检查委员会、中共中央文献研究室：《习近平关于党风廉政建设和反腐败斗争论述摘编》，学习出版社、人民出版社，2015，第91页。

立使命意识、忧患意识、党性意识,并据之激发自我革命精神,真正实现自我革命的自愿与自觉。二是建立自我评价关系。构建自我评价的价值关系,要求广大党员干部一方面确立客体的范畴,即自身的思想动态、行为表现、信仰状况等,另一方面建构主体的能动反应机制,即在自主自愿的基础上将客体反映到主体意识中来。三是展开自我批判。它要求广大党员干部一方面确立主体评价标准,即依据党的理论、新时代中国特色社会主义建设的要求、人类社会发展的诉求,形成对客体的权衡比较,另一方面整合价值信息并对之做出批判性的反思。

质量强党是新时代党的领导方法创新的根本指导思想,它是党坚持自我净化、自我完善、自我革新、自我提高的总体理路呈现。为了有效贯彻质量强党的领导理念,应该至少做到以下三点:一是把提升党的政治建设质量放在首位。作为党的各项建设的总指引,政治建设的质量直接关系到党和国家的生存与发展。各党员干部应该把党章精神、"两个维护"、"四个意识"、"四个自信"、政治生态等作为党的政治建设评估的因变量,把党性培养、政治立场与政治能力等作为党的政治建设评估的自变量,在自变量的深入变革中改善因变量,协同推进党的政治建设质量提升。二是实现思想建党与制度建党的同向同行。思想建党意味着补精神之"钙",它需要将新时代国情、科学理论认同以及党的宗旨有机结合起来,自觉破除封建迷信、资产阶级价值观等的侵蚀,并通过党的制度建设加以护航。制度建党意味着巩固思想之"基",它旨在制约、监督公权力,并以思想建设为基础,实现党的法律法规制度建设的党章遵循。要而言之,两者只有同向同行,才能使得党的建设质量巩固提升。三是将党的纪律建设与意识形态工作建设有机结合起来。意识形态工作建设的前提是人民群众对党的领导认同,而这一认同首先建立在党自身的纪律建设方面,因为纪律建设是党建之本,是党在人民群众树立权威形象的"高压线"。对此,广大党员干部既要守正遵纪、落实"五个必须",又要运用监督执纪做到防微杜渐。

(二)坚持实事求是与以人民为中心的价值原则

实事求是在创新新时代党的领导方法过程中并不是守成的原则,相反,它始终在时代化实践的过程中丰富自身的价值蕴含。与新时代党的建设要求紧密关联，"实事"可以理解为新时代中国特色社会主义建设的基本国情、党情与世情，"求是"可以理解为在新时代中国特色社会主义实践中积极探求加快社会主义现代化建设的规律、实现中华民族伟大复兴的实践规律、推动党的长期执政能力建设、先进性与纯洁性建设的基本规律等。党的领导方法创新只有坚持实事求是的领导原则，才能有效提升党的建设质量，真正兴党兴国。对此，广大党员干部要扎根新时代中国特色社会主义实践和广大人民群众日常生活，坚持把实事求是作为党的领导的基本思想方法与工作方法，努力从实践中汲取理论，以先进的理论规范实践，坚持通过"从群众中来"了解群众意愿、需要以及发现、总结群众的创造性经验，并通过改造创新党的领导决策，真正做到"到群众中去"。

新时代党的领导并不意味着要脱离广大人民群众，相反，"必须坚持人民主体地位，坚持立党为公、执政为民"①。换言之，中国共产党作为最高政治领导力量，在新时代中国特色社会主义建设中始终处于执行主体的地位，而实际主体是最广大人民群众。在资本主义社会，作为执行主体的资产阶级政党与实际主体总是处于脱节、游离的状态，因而其领导力、建设力等具有历史的局限性。中国共产党作为"两个先锋队"，在新时代中国特色社会主义建设中不仅代表了实际主体的利益，而且是实际主体的核心，它始终以满足人们的美好生活需要为现实目标，得到了广大人民群众的拥护与支持，从而使得实际主体与（作为实际主体核心的）执行主体实现了历史的统一，有着其他政党难以比拟的领导力与建设力。对此，新时代党的领导方法创新一方面要求党根据人民群众的需要制定并遵循适应时代的奋斗目标，另一方面要坚持作为广大人民群众核心的中国共产党的领导主体地位，"不能把主体的核心与主体错位"②。

（三）坚持问题导向与调查研究的实践方法

问题导向是我们党的主要领导经验。从毛泽东同志领导人民推翻三座大山、建立人民民主专政的新中国，到改革开放以来的社会主义现代化建

---

① 习近平：《决胜全面建成小康社会　夺取新时代中国特色社会主义伟大胜利——在中国共产党第十九次全国代表大会上的报告》，人民出版社，2017，第21页。
② 陈新汉：《核心价值体系导论》，上海大学出版社，2016，第257页。

设、新时代中国特色社会主义建设,问题导向都发挥着不可替代的中坚作用。问题导向作为马克思主义的鲜明特点,有着发现问题、分析问题与解决问题三大结构蕴含。首先,"问题无处不在、无时不有,关键在于善不善于发现问题"[1]。新时代党的领导要始终把握时代特色、群众意愿以及历史动态,聚焦新时代社会建设与党的建设这一关键主题,深入思考和准确把握其中的各类问题。其次,分析问题要准确把握好共性与个性、主要矛盾与次要矛盾、矛盾的主要方面与次要方面,确立解决问题的主要方向,把马克思主义辩证法适地适时地应用于分析问题中去。最后,解决问题要考虑战略全局、人民福祉与发展导向,要始终扎根于人民群众生活,瞄准核心问题、抓准重点问题、解决实际问题。

调查研究作为我们党的传家宝,是问题导向的深化与提升,它着力破除形式主义、教条主义、经验主义与官僚主义,坚持理论与实践相结合、群众路线与社会实践相结合以及创新调研与制度保障相结合。一是理论与实践相结合。一方面,党的调查研究只有从实践中汲取经验并上升至理论,并用理论指导实践,才能有效地提升党的建设质量。另一方面,调查研究不仅能生成理论,而且能够依据社会变化、民情变化、事件变化等修正、规范理论。二是群众路线与社会实践相结合。一方面,党的调查研究不能脱离群众,要始终虚心听取群众的意见、反映群众的意志、解决群众的需要,坚决贯彻群众路线;另一方面,要以社会实践作为检验标准、规范标准以及指导标准,即检验调查研究方案是否可行、规范调查研究方向与方法等。三是创新调研与学习相结合。党的调查研究从来没有也不可能有固定不变的模式,要依据实际变化、时代要求、群众舆情等做出具体问题具体分析,要积极推动传统方法的创造性应用与创新性发展。如党的"麻雀解剖法"可以依据信息化与大数据优势做出改进,它通过运用大数据的量(大)、质(准)、速(高)优势,可以对社会事件做出全面性统筹与个性化解决。当然,创新调研的前提在于学习,"中国共产党人依靠学习走到今天,也必然要依靠学习走向未来"[2]。广大党员干部不仅要学好马克思主义

---

[1] 中共中央宣传部:《习近平新时代中国特色社会主义思想学习纲要》,学习出版社、人民出版社,2019,第248页。

[2] 习近平:《习近平谈治国理政》第1卷,外文出版社,2014,第407页。

理论、党的政策、路线、方针等看家本领，更要面向时代、面向大众、面向科学，努力在应用中学习、在学习中应用。

（四）坚持队伍建设与制度扎牢的保障建设

新时代党的领导方法创新及其建设质量提升的关键在于队伍建设，在于对广大党员干部的教育、规范及其自我革命的深入开展。一是从广大党员干部的教育层面讲，既要统筹政治教育、组织教育、思想教育与纪律教育，又要抓好领导干部这个"关键少数"，强化其不忘初心、牢记使命意识，发挥其榜样示范作用，真正将习近平新时代中国特色社会主义思想融入广大党员干部的思想与实践中去。二是从广大党员干部的规范层面讲，要继续深入推进反腐倡廉工作，将"三严三实""两学一做""四个意识""两个维护"等作为评判广大党员干部领导思维的评价标杆，全面落实党内监督与党外监督制度，强化巡视制度，以全面从严治党的决心优化中国共产党人的队伍。三是从自我革命的层面讲，广大党员干部应该坚定共产主义信仰、社会主义共同理想，用理想规范现实，强化自律意识、学习意识，发扬钉钉子精神，自觉培育科学思维能力、贯彻党的建设总要求、遵循党的思想路线、政治路线、组织路线、群众路线等。

制度扎牢是新时代党的建设的关键屏障，它为党的领导方法创新与建设质量提升提供了真正的保障和支撑。对此，至少应从三个方面强化党的制度建设。一是依据党章建立健全党内各项规章制度，规范党的领导方向、领导方案与领导策略，对各级各类公权力做出合法性规制，真正做到权力界清、制度管用有效。二是要强化党内监督制度，弥补自我革命与自我监督的诸多不足，促使党员干部不敢腐、不能腐、不想腐。为此，不仅要加强自上而下与自下而上的监督制度建设，推进同级监督、日常管理监督，更要建立纪律、监察、派驻与巡视结合的全覆盖监督格局。三是深入推进党内各项制度的规范性使用与创造性应用。一方面，制度具有权威性、规制性与强制性，其使用应该具有规范性。如果制度不是服务于最广大人民群众、不符合国情与党情，制度施行呈不用甚至滥用的境况，它就背离了制度制定的初衷。由此，对党内各项制度要慎重使用、有效使用。另一方面，制度的使用方式一定程度上影响着制度效用。新时代党内各项制度的使用应该结合实际与大众需求，实现网络化、数据化、大众化等。

  由此可知，党的自身发展必须以党所确立的价值目标为根本追求。党的建设作为实现中华民族伟大复兴的伟大工程，必须长期建设并不断巩固。党的建设质量提升是推动党的建设的根本动力，持之以恒推动党的建设质量提升是实现党的自身建设的重要方略。党的建设质量水平高低与党的领导水平具有密切关系，领导方法又是领导水平在工作实践中的具体表现形式，因此，以党自身的价值建设为引领，以党的领导方法创新为路径，全面提升党的建设质量和水平成为新时代党的建设任务的重中之重。

【执行编辑：刘　冰】

后金融资本主义时代的信息剥削问题

姜浩正[*]

【摘　要】 在新自由主义和美国霸权领导下的全球化时代，传统产业资本主义进一步演化为国际金融资本主义，这也就意味着阶级间的剥削关系和对象都发生了一定程度的变化。在国际金融资本主义的后期，信息权力作为一个影响因素，其重要性开始愈发显现。它不仅可以帮助行为体获得更大的资本获益，也能在某种程度上对每个个体的行为模式进行追踪，进而对现有的文化、道德、价值观等概念进行再建构。因此，在新的社会发展阶段，关于信息权力的剥削应当获得与传统资本剥削相近的重视度，从而更好地面对以高度发达的信息技术为基础的未来社会结构变化。

【关键词】 资本主义；全球化；信息权力；金融资本

一　不同资本主义演化时期的资产阶级与国家关系

经典的共产主义理论发展基于工业革命后兴起的工人阶级，工人阶级

---

[*] 姜浩正，日本立命馆大学国际关系研究生院硕士研究生在读。主要研究方向为东亚地区的经济制度化合作、发达信息技术下的社会结构变化等。

和以工厂主为代表的资产阶级长期处于剥削和被剥削的关系，工人很大程度上甚至只是机器的附庸①。这时的世界处于产业资本主义的支配之下，也符合当时的社会发展情况和产业结构。这时广义上的资产阶级，除了上述的工厂主之外，也包括了相对于前者享有一定特权的贵族阶级②。对于这时的资产阶级而言，无产者仅仅只是他们的赚钱工具，每一个人都被打上了其所拥有的现实经济价值，每一段关系都以能否赚钱进行衡量③。此外，值得一提的一个特征是国家在这个时期对于资产阶级而言的特殊意义。以当时的英国资产阶级为例，从资本主义精神出发，自由竞争的逻辑充斥在他们生活的每一个维度上。"自由竞争不能忍受任何限制，不能忍受任何国家监督，整个国家对自由竞争是一种累赘，对自由竞争来说，最好是处在一个完全没有国家制度的状态，每个人都可以随心所欲地剥削他人，比如说，就像在朋友施蒂纳的'联合会'里那样。但是，对于资产阶级来说，无产阶级同样是必不可少的；资产阶级即使为了使无产阶级就范，也不能不要国家，所以他们就利用国家来对付无产阶级，同时尽量使国家离自己远些。"④ 由此可见，此时的资本主义思想，已经将国家从原本的神圣地位拉到了利用工具的层级，但是由于资产阶级与国家机器的相对分离状态，传统的国家形式不被资产阶级所重视，依然相对地保持其独立性。

　　传统的产业资本主义随后通过金融与产业的结合，转向了垄断资本主义阶段。在这一阶段，一些掌握垄断行业的大资本家开始与国家机器产生了更大的联系。他们所拥有的庞大资本与实际资源，对于一个国家而言已经是不能忽视的重要组成部分。同时，他们也可以通过国家的存在，协助自己获得更大的政治资本，并引导法律的设置，以满足资本主义在这一阶段对于利益的更大程度追求。综上所述，垄断资本主义阶段相比起产业资本主义阶段，国家的存在受到了更大的重视，但是其作为加强资本掠夺和剥削的工具性并未产生实质性改变，仅仅是基于某种程度上资产阶级与国家的贵族（特权）阶级在这一阶段产生了同化，垄断产业特别是金融相关

---

① 匡萃坚：《国际共产主义运动史　马克思主义的诞生　国际共产主义运动的兴起》，《上饶师范学院学报》1984年第3期。
② 马克思、恩格斯：《马克思恩格斯全集》第2卷，人民出版社，2005，第564页。
③ 马克思、恩格斯：《马克思恩格斯全集》第2卷，人民出版社，2005，第565—566页。
④ 马克思、恩格斯：《马克思恩格斯文集》第1卷，人民出版社，2009，第478页。

行业的大资产阶级与国家的重要部分构建了密不可分的联系。希法亭在《金融资本》这一著作中对于资本主义的变化与金融资本本身进行了理论性的解释。在他的描述中,金融资本脱胎于产业资本之中,是资本最高和最抽象的表现形式①。在垄断资本主义阶段,金融资本与产业资本的联系变得更加紧密,同时伴随着资产阶级垄断组织对资源的进一步集中,自由竞争的精神逐渐被集中垄断的行为所代替。

在经历了两次世界大战和冷战之后,尤其在战后新自由主义和美国霸权领导下的全球化时代背景下,垄断资本主义最终在20世纪后半期逐渐演化为了国际金融资本主义②,这也就意味着阶级间的剥削关系和对象也都在这些转变中发生了新的变化。金融资本主义之所以时常被冠上"国际"的前缀,就是因为单一资本所涉及的范围不再是一国国境以内,而更多地渗透到了区域乃至全球范围。此时剥削现象依然表现为对于剩余价值的攫取,然而在国际金融资本主义和金融全球化的影响之下,这里的剩余价值不再限于个体或区域,而是全球范围的整体剩余价值池。国际资本所能攫取的剩余价值将大大超过原本一个特定国家所能提供的限制,并产生了跨境剥削体系,包括了相关的金融法律与货币汇兑协议。同时,与之前的产业资本主义与垄断资本主义相比,金融资本主义与国家的关系上也再次转变。如果说产业资本主义的崛起受益于社会生产力的发展所带来的生产关系变化,基于自由竞争的精神而与国家保持一定的距离;垄断资本主义试图将资源与权力进一步集中,因此加强与国家政府的联结和同化;那在金融资本主义阶段,金融资产阶级则是试图将国家本身视作其资本的一部分,在金融领域模糊国家体系的存在。

国际金融资产阶级共同体所拥有的共同价值,在某种程度上超过了民族与国籍认同。正是因为金融体系的全球性,得以使这样的共同价值获得更便利的传播和发展,并且在一些领域绕开了国家机器的监管。以美国为例,既作为美国的央行又作为世界的央行,美联储高度独立于美国政府的政策独立性,一直被认为是国际金融体系得以长期运行的重要保障之一。

---

① 〔奥〕鲁道夫·希法亭:《金融资本》,晏智杰译,华夏出版社,2010,第1页。
② 杨承训、张新宁:《国际超级金融垄断资本主义盛衰论》,《马克思主义研究》2013年第1期。

然而从美国政府的角度而言，美联储所做出的一些判断和相应的操作并没有将美国整体的利益最大化，但往往将金融资产阶级的利益最大化。这也是为何美国的执政党在有些时期，会尝试更多地干预美联储的判断：当来自中下层人民的需求达到一个级别时，美国政府必须对美联储的行事准则进行干预，即便这样做有时候会违背放任的新自由主义潮流，并有损于美国的整体国际形象。但是，从总数和比例而言，美国的金融资产阶级是世界上最大的一部分，并且是美国政治力量的重要金源和背后支持势力，因此美国政府的干预一定是有限度的，不会伤害金融资产阶级的利益，甚至于在更长远的角度有利于他们进一步进行全球剥削的行为。一个自由流通的全球市场，无疑是对金融发展的巨大促进点。然而在战后的几十年中，发生的多次区域及全球性的金融危机，已然证明了一个不受足够监管和控制的金融游戏，只会让更少的人获益，其代价则是全球经济的破坏和国家利益的损失。从理论上进行分析，不难得出其根本原因就在于收益与风险的天平上，收益被越来越少数的阶层获取，而风险则被越来越多的阶层所分担。当风险累积到一定程度时，则会爆发系统性的经济危机，危机的恶果所带来的收入下降、就业困难也往往被中下阶层所消化，而金融机构和国家机器为了稳定市场而进行的流动性支持，则反而使得金融资产阶级或在此期间得了更大的额外收益。这就是为何经济危机的周期性存在已成事实，并没有使多数发达国家政府和金融资产阶级对国际经济体系进行根本性的改良，因为他们恰恰是经济危机的直接受益者，甚至是利用经济危机来进行合法的利益收割。尽管如此，在这场所有人都参与其中的游戏里也出现了一些内生的新变化。是否成为获益者的决定性因素不再仅仅限于社会权力以及资本量，信息权力（power of information）的存在开始展现出更大的重要性。

二 信息权力在国际金融资本主义时期的演化

在国际金融资本主义时期，从资本的角度考虑，被剥削的往往是资本量相对较少的一方。任何的个人和组织基于其资本拥有量和信息权力，都同时处于一种双重模式之下，即剥削在这两方面弱于自己的对象的同时，也被这两方面强于自己的对象所剥削。需要注意的是,这里的主体与对象之间,并不一定哪方在资本和信息两方面都占据优势,仅需一方在两者结合运用能力强于另一方时,即可发生实质性的剥削。譬如一个具有可观资本但缺乏信息权力的个体,也可能成为一个相对缺乏资本但具有可观信息权力,同时善于结合运用这两者的另一个体所剥削的对象。用一个具体的例子来说,两家在偏远地区经营类似农产品的企业,一家主要通过传统模式进行商业运作,而另一家则选择了网络平台进行销售。在信息咨询企业的指导下,即便资本水平不如前者,通过网络平台销售的企业往往能获得更大的收益,这是信息权力在市场竞争环境下所带来的优势。另一方面,互联网企业在过去一段时间内的迅速发展,不仅仅基于其创造的新价值,在一定程度上其实也夺取了一部分既有产业的未来发展价值。尽管在现实当中,往往更加关注的是它们所带来的与别的产业协同发展的新路线,以及信息科技所伴随的高效物流与信息流。

如上文所谈到的,在这个新的社会发展阶段,每一个人几乎都扮演着剥削与被剥削的双重角色。近年来民间热议的基金、理财等概念,其实从资本的角度考虑,本身也是通过分享对特定企业与特定行业的收益增长,而获得超额收益。然而这些资本增长的实质,基本也是通过这些企业对于国内或国际特定对象群体的剥削而获得的,因此在资本集中的加持下所获得的额外收益,分配到投资者的身上,其实就是获取的剥削成果的一部分。这样的现象从金融市场刚刚开始发展的时候其实就诞生了,但是全球化时代与金融系统的高速发展,为全民参与这个资本剥削系统提供了最合适的条件。因此,现在已经很难像产业资本主义阶段一样,用剥削者或被剥削者的二分法去定义一个个体了,几乎每个个体在有一定资本积累的前提下,都会直接或间接地参与这个系统。另一个全球化时代的趋势则更能证明这一点:经济增长的速率远远低于资本收益增长的速率①。这使得单纯只通过工作获得工资的个体,在时代发展中难以赶上运用资本积累获得额外收益的个体,反向推动了每一个有条件的个体参与到金融游戏当中。这样的参与,让多数人感受到自己仿佛也是资本的获益者,并削弱了他们对于金融

---

① 〔法〕托马斯·皮凯蒂:《21世纪资本论》,巴曙松等译,中信出版社,2014,第26—28页。

资本系统剥削本质的反思与批判。然而即使参与到了这个系统当中，大部分人特别是信息权力较低的个体，被剥削的利益都大于分享到的剥削利益，因为往往他们所分享到的那部分资本剥削而来的利益，本身的剥削对象就包含着他们自身。也就是说，人们在资本运作中所获得的利益，有一部分本身就是从他们的身上被剥离出来的。在价值层面，他们的资本获益冰山之下，还隐含着潜在的"税收"。另外，在社会伦理层面，因为几乎每个人都成了直接或间接的剥削者，同时劳资双方的基本矛盾，被掩盖在了复杂的金融网络、分配系统之下，甚至通过精心的制度设计而将矛盾转移到了劳动者之间①，所以有必要基于新的社会环境和制度体系对于原本的资本主义伦理体系进行新的改造。否则当更多的人意识到根据过去的道德环境塑造的这一层资本"原罪"后，可能会对未来的资本与信息控制更为纵容，从而失去自下而上的社会意识进步的可能。

近年来，互联网企业的监管逐步地从资本领域扩展到了信息领域，这表现出全球政府在信息权力的控制上有了新的认识。从微观的角度，以互联网企业为代表的高科技企业，掌握了包括个人基本信息、生活模式、个人喜好甚至详细的国家道路信息等大数据，这些内容在人工智能的协助下可以分析并勾勒出每一个人的生活轨迹，并能在一定程度上预测未来的走向。当这些信息被资本所单独垄断时，未来的体系性剥削可能演化为低成本但高针对性的"私人定制"模式。同时，这样的背景性剥削将会披着消费主义和娱乐主义的外衣，让人更难察觉其被剥削的实质，而是将自己的利益损失与生活成本扩大归咎于自身"选择"的投资失败和收入与支出的不平衡。但是这些日趋繁杂的投资选择，往往是被大信息权力者所定制的信息茧房所引导向他们收益最大化的方向；而不平衡的收入与支出，则是信息垄断下的分配与再分配制度的系统性缺陷。除此之外，还存在一种特殊的信息权力所带来的制度性剥削，即信息系统控制方的选择性操作。例如在近年来争议极大的加密货币领域，以及在黑天鹅事件发生后的国际金融系统，由于它们基本都依赖于网络数据的交换，因此都或多或少地发生过"拔网线""服务器断电"等操作，以保证自身利益的最大化，防止一般

---

① 秦子忠：《大数据时代的剥削与不正义》，《浙江社会科学》2021 年第 12 期。

用户在突发事件后的最高点卖出以及最低点买入。哪怕这样的行为不符合原有的契约精神,但是在通过意外突发物理情况的伪装后,此类的行为得到了程序上的辩护,因此很少会被监管和律法部门实行进一步的调查和处理。然而,在任何一次此类事件中,一般用户被收割的资本都是天文数字,并且没有任何抗辩的可能性,这正是因为双方在信息权力上极大的不平衡导致的。

三 资本主义的未来发展与信息剥削

信息权力所带来的新形式的剥削可能包括两种:一种是以信息和知识为基础的价值生产,以及其为全球剩余价值池所泵入的额外价值①,成为被金融资产阶级所剥削的新目标,即对于信息行业本身创造的新价值的攫取。而另一种,则是利用在位者的资本与信息优势,而通过既有金融游戏规则和其他的规范性惯例,进行背景性、系统性的剥削。随着全球化的进程,特别是新兴经济体的崛起,资本与信息在这一剥削关系中的决定性比重也发生了相应的改变。国际金融资本主义的后期,进入了一种新的阶段。有的人将其称为监控资本主义②,因为信息的控制者有能力监控每个提供信息的个体在网络世界乃至现实生活中的个人轨迹。而从更实质的角度说,这应该被称为一种信息资本主义,因为信息的掌控是这个时期资本形态中更基本的建构元素。与此同时,信息与资本的关系深深地刻入了整体社会关系当中。

此外,政府根据其性质可能也存在剥削和被剥削共存的情况。一个政府对国家整体的掌控能力(主要表现为对外政策的自主性与对内政策的控制力)越小、一个国家的服务业(主要表现为金融部门)的比例越大,国有资产被私有化的程度就越高,国家被整体性剥削的程度也就越高。这种剥削既是资本意义上的,又是其他社会权力意义上的。在苏联解体、国际

---

① Duncan K. Foley, Rethinking Financial Capitalism and the "Information" Economy, *Review of Radical Political Economics*, 2013, 45 (3).
② Shoshana Zuboff, Big Other: Surveillance Capitalism and the Prospects of an Information Civilization, *Journal of Information Technology*, 2015, 30 (1).

共产运动趋于平淡之后，大国之间的竞争性质发生了改变。相比其过去的以军事和意识形态竞争为核心，美国领导下的新自由主义全球秩序下的竞争越来越倾向于政治经济综合实力的竞争[①]。在这样的时代背景下，哪怕部分的新兴经济体在国家总体经济实力有望追上传统发达国家，甚至在军事领域也逐渐呈现与发达国家实力接近的趋势，依然难以撼动以西方发达国家联盟为代表的现有新自由主义国际秩序。这是因为，除了长期军事优势以及意识形态传播所带来的既有政治影响力外，对现有国际经济与金融体系的长期运作和规则制定的能力，已然成了发达国家相对于新兴经济体的最大结构性优势。哪怕新兴经济体希望成为现有秩序的挑战者，但是无论如何它们目前的经济与金融结构，仍然是大致基于战后基本的经济体系，遵从西方经济学规律。这就如同站在大楼上的建筑师，他希望创建新的大楼，但是这同时意味着他脚下的大楼至少有一部分会垮塌。即使不考虑发达国家秩序维护上的在位者优势，实现的难度也不言而喻。现如今，金融资本主义已然发展到了一个新的阶段，在这个阶段，信息权力占据了越来越重要的地位。占据优势的行为主体对于信息的掌控能力，不再只是像传统的产业资本主义，或者垄断资本主义阶段的资本一样，通过对政治、社会结构、文化的影响来达到自身的经济目的，而是在有意地塑造以上这些社会维度本身。这样的信息权力地位变化，很难说会在未来带来怎样的国际结构改变，这取决于每一个国际行为体的具体投入和相关成果：它既可以成为构造信息茧房、维护现有秩序长期对大多数人进行系统性剥削的工具，也可以成为世界经济政治格局迈向更公平、更透明的新纪元的有利帮手。

因此，信息剥削的问题，在当前的社会环境下具有被更多讨论的意义。严格地说，信息剥削不能算是一个新的概念，因为其自古有之，只是很少把它放在明晰的理论框架下进行谈论。随着科技尤其是通信技术的进步，交流方式多元化、及时性强，同时让每个人在理论上有机会可以享受自由的信息流。但是这种权力和机会被大型科技公司、网络服务商以及政府部门所垄断，即由少数人垄断并有实力剥削大多数人的信息权。信息的获取能力作为金融资本时代最重要的一项非实体资源，被剥削的结果就是进一

---

① Kamal Fatehi & Gita Taasoobshirazi, Contemplating the Future: Mutating Capitalism, *Thunderbird International Business Review*, 2019, (1-9).

步加深了多数个体的实体资本被剥削的程度，这也极大地体现在了全球化进程中不断被拉大的贫富差距[1]，以及频繁加剧的文化割裂[2]。此外，在文化层面，国家、民族观念、道德观念和普遍价值观的塑造和导向也变得越来越依赖于新的信息传播途径，即包括现代信息转播手段在内的趋同力量，成了塑造个体与组织的"认知文化支柱"（cognitive-cultural pillars）的主要方式[3]。但是在这种途径同样被信息垄断的情况下，极易成为各类主体"证明"自身正当性和对手不正当性的工具。最关键的一点是，它不同于金融资本的垄断和剥削，它不存在既有的机制去进行有效的监督和限制——即便是金融领域的监督，目前也仅仅处于发展的初期，即"道高一尺、魔高一丈"式的补偿性发展。即使国家作为最后担保人和社会契约的载体，也不能像监督资本一样去监督信息权的运用（虽然金融监督从总体而言也亟需逐步完善）。这是因为从根本上而言，国家从传统上来说并不依赖金融资本而存在（尽管大部分的现代化国家都已经很难脱离金融资本而存在），但是自诞生之日起便依赖于信息的传递与构建而存在。在古代，一个国家的范围，并不仅仅依靠其经济实力和军事力量，而是基于国家这个被建构的社会概念和国民这个身份概念被传达和接受的区域。资本本身，特别是金融资本的发展主要产生于资产阶级革命以后，而国家意识之诞生则基于普遍的信息沟通，只是在当前表现为特定对象对于信息的掌控性更强、信息的传递载体发生变化。更明确地说，现存的国家体系不可能做到为了保障大部分人的信息权力而进行相关的监督和最后裁决，因为国家权威的存在就是基于一定程度的信息不对等和有选择性的信息传播。作为人的价值判断依据的信息本身，如果没有对真的性质的保障制度，则会让人逐渐失去对何为真的信念，从而最终使得整个群体从上到下都丧失对于信息的传统判断和辨析真伪的意志。即便是掌握最多真相和信息透明权以及资本权力的阶层，也会在相互之间的博弈与猜忌，以及对于信息控制能力的滥用下

---

[1] Axel Dreher & Noel Gaston, Has Globalization Increased Inequality? *Review of International Economics*, 2008, 16（3）.

[2] Geir Lundestad, Why Does Globalization Encourage Fragmentation? *International Politics*, 2004, 41（2）.

[3] William Richard Scott, *Institutions and Organizations: Ideas and Interests*, Thousand Oaks, CA：Sage Publications, Inc., 2014.

而减少整体的信任感。

结　　论

目前来看，很难寻找到关于这个问题的直接答案，即如何去减少甚至尽可能消除这种自古有之，却愈演愈烈的信息剥削状况。因为作为解决其他问题可能方案，国家、个体，以及现存的主要跨国行为体模式，都在解决这个问题上存在着难以跨越的壁垒。如果先将解决该问题的途径悬置起来，在只考虑信息剥削（部分）消除的社会时，不难想到的一个可能特征是：随着信息的透明度和可信度的上升，国家作为一个社会意识的权威性必然下降，随之而来的社会和文化问题也将浮出水面。而就如同工人阶级在产业资本主义时期，是深入资本主义系统，并与以工厂主为代表的资产阶级直接对立具有不可调和的矛盾一样，在信息资本主义时代，也一定有着一批阶级群体受到环境极大的影响，甚至本身就是环境的一个重要组成部分。但与此同时，他们也具有改变环境意识的潜力，亟待觉醒相关的矛盾意识。精确地找出这一群体，并对此进行深入的分析和研究，是解决当前时代全球性信息剥削问题的重要切入点。

【执行编辑：杨　丽】